浙江省社会科学重点研究基地（江南文化研究中心）社科规划课题成果

浙南方言谚语文化研究
—— 以温州、台州和丽水为考察对象

涂海强 著

中国社会科学出版社

图书在版编目(CIP)数据

浙南方言谚语文化研究：以温州、台州和丽水为考察对象／涂海强著.
—北京：中国社会科学出版社，2019.9
ISBN 978-7-5203-5006-8

Ⅰ.①浙⋯　Ⅱ.①涂⋯　Ⅲ.①吴语-谚语-文化研究-浙江　Ⅳ.①H173

中国版本图书馆 CIP 数据核字（2019）第 200596 号

出 版 人	赵剑英
责任编辑	宫京蕾
特约编辑	李晓丽
责任校对	石春梅
责任印制	李寡寡

出　　版	中国社会科学出版社
社　　址	北京鼓楼西大街甲 158 号
邮　　编	100720
网　　址	http://www.csspw.cn
发 行 部	010-84083685
门 市 部	010-84029450
经　　销	新华书店及其他书店

印刷装订	北京君升印刷有限公司
版　　次	2019 年 9 月第 1 版
印　　次	2019 年 9 月第 1 次印刷

开　　本	710×1000　1/16
印　　张	21
插　　页	2
字　　数	344 千字
定　　价	108.00 元

凡购买中国社会科学出版社图书，如有质量问题请与本社营销中心联系调换
电话：010-84083683
版权所有　侵权必究

目　录

第一章　谚语与文化概说 …………………………………………（1）
第一节　研究概况 …………………………………………（1）
　　一　方言谚语的本体研究 ……………………………………（1）
　　二　方言谚语的文化研究 ……………………………………（2）
第二节　研究的方法 ………………………………………（4）
第三节　研究的重点内容 …………………………………（4）
第四节　研究的目的与意义 ………………………………（5）
第二章　浙南婚恋谚语文化研究 ………………………………（6）
第一节　择偶对象上：德行甚于容颜 ……………………（7）
　　一　女子意愿 …………………………………………………（7）
　　二　男子意愿 …………………………………………………（8）
　　三　男女共同意愿 ……………………………………………（10）
第二节　男女地位上：重视女性，男女对等 ……………（11）
第三节　家庭纠纷上：主张"和合"，以"和"为贵 ……（12）
第四节　荣辱观上：主"一夫一妻"，知荣明辱，相濡以沫 ……（14）
第五节　婚恋观上：婚恋自由，爱我所爱 ………………（16）
第三章　浙南家教谚语文化研究 ………………………………（19）
第一节　家庭伦常教育 ……………………………………（19）
　　一　家庭关系："和"家、兴家、治家 ………………………（20）
　　二　亲族关系：孝亲与宗亲 …………………………………（26）
　　三　夫妇关系：重在讲信修睦 ………………………………（32）
　　四　婆媳关系：谨遵温顺守礼 ………………………………（33）
第二节　子女教育 …………………………………………（36）
　　一　进步的子女生育观 ………………………………………（37）
　　二　家庭教子观 ………………………………………………（40）

第三节　生活勤俭 …………………………………… (47)
　　　一　用财节，自养俭 ………………………………… (48)
　　　二　精打细算 ………………………………………… (50)
　　　三　居安思危，未雨绸缪 …………………………… (51)
　　　四　勤勿惰，俭以省 ………………………………… (53)
　　第四节　行为训诫 …………………………………… (59)
　　　一　防盗 ……………………………………………… (59)
　　　二　戒色 ……………………………………………… (61)
　　　三　戒赌 ……………………………………………… (64)
　　　四　防火 ……………………………………………… (67)
　　　五　居住与行旅 ……………………………………… (68)
第四章　浙南服饰谚语文化研究 ………………………… (71)
　第一节　实用功能 …………………………………… (72)
　第二节　审美功能 …………………………………… (72)
　　　一　美饰自身 ………………………………………… (73)
　　　二　提倡素饰 ………………………………………… (74)
　　　三　好质轻文 ………………………………………… (75)
　　　四　量体饰度 ………………………………………… (77)
第五章　浙南饮食谚语文化研究 ………………………… (80)
　第一节　民以食为"天" ……………………………… (81)
　第二节　食疗养生 …………………………………… (84)
　第三节　烹调有术 …………………………………… (88)
　第四节　饮酒观 ……………………………………… (91)
　第五节　饮茶观 ……………………………………… (92)
第六章　浙南养生谚语文化研究 ………………………… (94)
　第一节　运动养生 …………………………………… (95)
　第二节　饮食养生 …………………………………… (99)
　　　一　饮食卫生 ………………………………………… (100)
　　　二　节制食欲 ………………………………………… (102)
　　　三　饮食保健 ………………………………………… (103)
　第三节　起居养生 …………………………………… (105)
　　　一　睡眠养生 ………………………………………… (106)

二　习惯养生 …………………………………………… (108)
　第四节　调情养生 ………………………………………… (110)
　第五节　治未病的预防思想 ……………………………… (113)
　　一　老人健体防病 …………………………………… (114)
　　二　病症迹象预防 …………………………………… (114)
　　三　疾病态度预防 …………………………………… (115)
　　四　治病方法认知 …………………………………… (116)

第七章　浙南乡土谚语文化研究 ……………………………… (118)
　第一节　方俗文化 ………………………………………… (119)
　　一　随遇而安 ………………………………………… (119)
　　二　婚庆洞房 ………………………………………… (120)
　　三　墓葬行为 ………………………………………… (121)
　　四　岁时节令 ………………………………………… (122)
　第二节　风土文化 ………………………………………… (129)
　第三节　乡戏文化 ………………………………………… (133)
　　一　戏台文化 ………………………………………… (133)
　　二　戏曲功夫 ………………………………………… (135)
　　三　道德文化 ………………………………………… (137)

第八章　浙南经济谚语文化研究 ……………………………… (139)
　第一节　农业文化 ………………………………………… (140)
　　一　劝农务本思想 …………………………………… (141)
　　二　人地共生 ………………………………………… (143)
　　三　勤力运作 ………………………………………… (144)
　　四　节令农事 ………………………………………… (146)
　　五　田间管理 ………………………………………… (156)
　第二节　林业文化 ………………………………………… (168)
　　一　林业致富 ………………………………………… (169)
　　二　林业生态文明 …………………………………… (171)
　　三　林业栽培 ………………………………………… (172)
　　四　林业管理 ………………………………………… (176)
　第三节　畜牧文化 ………………………………………… (177)
　　一　畜牧效益 ………………………………………… (178)

二　饲养方法 …………………………………………（179）
　　三　相畜技巧 …………………………………………（182）
第四节　渔业文化 ………………………………………（183）
　　一　节令捕鱼 …………………………………………（184）
　　二　观察物象捕鱼 ……………………………………（186）
　　三　市场行情 …………………………………………（187）
第五节　商业文化 ………………………………………（188）
　　一　诚信不欺 …………………………………………（189）
　　二　审度市场 …………………………………………（190）
　　三　多谋精干 …………………………………………（192）
　　四　其他特质 …………………………………………（193）

第九章　浙南社交谚语文化研究 ……………………………（196）
　第一节　工作 ……………………………………………（197）
　第二节　谈吐 ……………………………………………（200）
　第三节　应酬 ……………………………………………（204）
　第四节　亲邻 ……………………………………………（210）
　第五节　交友 ……………………………………………（215）
　第六节　集体与团结观念 ………………………………（218）
　　一　集体观念 …………………………………………（219）
　　二　团结观念 …………………………………………（220）
　第七节　训教 ……………………………………………（220）

第十章　浙南气象谚语文化研究 ……………………………（224）
　第一节　气象预测 ………………………………………（225）
　　一　与云相关谚语 ……………………………………（225）
　　二　与雷闪相关谚语 …………………………………（229）
　　三　与雾露相关谚语 …………………………………（232）
　　四　与日月星辰相关谚语 ……………………………（234）
　　五　与虹霞相关谚语 …………………………………（239）
　　六　与霜雪相关谚语 …………………………………（241）
　　七　与风雨相关谚语 …………………………………（243）
　　八　与节令气象相关谚语 ……………………………（245）
　　九　辩证看待天气的其他相关谚语 …………………（247）

第二节 物候记载 …………………………………………（251）
    一　禽畜类谚语 …………………………………………（252）
    二　动物类谚语 …………………………………………（253）
    三　虫类谚语 ……………………………………………（254）
    四　河鲜谚语 ……………………………………………（255）
    五　用具类谚语 …………………………………………（255）
附录　浙南方言谚语语料 …………………………………………（258）
参考文献 ……………………………………………………………（316）
后记 …………………………………………………………………（328）

第一章 谚语与文化概说

浙南方言语汇异常丰富，比如成语、俗语、惯用语、歌谣、谚语及歇后语等。尤其是方言中的谚语，语言结构多样，以单句、复句或短语的结构凝聚着浙南老百姓的智慧与生活体验。它语言形式活泼，亦庄亦谐，或喻或劝地反映了浙南地区独特的民俗文化。谚语语义形象生动，内容极其繁丰，包罗万象，涉及人世间的万事万物。方言谚语是中国重要的非物质文化遗产，在21世纪的社会主义核心价值观体系中彰显着独特的文化魅力。

第一节 研究概况

目前对方言谚语的研究主要集中在两个方面：方言谚语的本体研究与方言谚语的文化研究。

一 方言谚语的本体研究

学界对方言谚语的研究，关注较多的是语言本体，即表层结构的研究，比如谚语的界定、谚语的句法结构、语义特征和修辞特色等。学界在这方面取得了一定的研究成果，但研究的方言比较单一，过于狭窄。代表性的谚语专著有武占坤、马国凡等编著的《谚语》（内蒙古人民出版社，1980），王勤的《谚语歇后语概论》（湖南人民出版社，1980），郭绍虞的《谚语研究》（天津人民出版社，1980），以及武占坤的《中华谚语研究》（河北大学出版社，2000）等，学者对谚语的认知取得了共识，认为谚语结构凝练，生动活泼，以口语的形式，总结人民群众的生活经验和集体智慧，具有传授经验和教训规劝的功能。除专著外，学者也发表了一定数量的谚语语言研究的论文。比如温端政《谚语的语义》[1]，探讨谚语的语义

---

[1] 温端政：《谚语的语义》，《中国语文》1984年第4期。

层次，比如本义和派生义、单义性和偏义性以及同义谚语和反义谚语，此书中对语义做了深入的分析，是语义研究的代表作。谷晓恒《青海汉语方言谚语的句法结构及语义特征分析》①，指出青海方言谚语以紧缩复句为主，语义类型有：意合性谚语、深层语义谚语、偏义复合语义谚语和直接组合性谚语。陆勤《扬州方言谚语的句法结构分析》②，研究扬州方言谚语的句法结构，把谚语分成单句型、复句型和紧缩型三种类型。李丽颖、曾芳《湖南湘乡方言谚语的隐喻认知阐释》③，研究湘乡方言谚语的修辞特色，认为湘方言谚语具有节奏鲜明、通俗质朴和语义含蓄的特点。李金梅《山西方言谚语语义研究》④，通过研究山西方言谚语的语义结构，指出其语义构成方式主要有五种，如白描法、夸张法、引申法、比喻法和借代法等，通过这五种方法，山西方言谚语的语义具有描绘性和贬义性。王利《山西壶关方言谚语的句法、语义、修辞特点分析》⑤，指出山西壶关方言谚语具有语法结构复杂、语义内容丰富、修辞特点鲜明等特征。以上研究方言谚语的语言本体，注重语言表层结构的研究，忽视了谚语语用层面的研究；注意到不同地方方言谚语的语言研究价值，忽略了中国不同方言区谚语的对比研究和多种方言谚语的挖掘，研究者关注方言谚语的视域受到了很大的局限性，这与方言语汇学学科的建立与发展有一定的关系。

二 方言谚语的文化研究

方言谚语的文化研究，即深层结构的研究，主要挖掘谚语的文化底蕴。方言谚语是文化的活化石，反映了地域的文化差异与变迁，具有重要的文化价值，是民族文化的载体。当前学者探究谚语文化内涵的成果具有

---

① 谷晓恒：《青海汉语方言谚语的句法结构及语义特征分析》，《青海民族学院学报》2007年第4期。

② 陆勤：《扬州方言谚语的句法结构分析》，《扬州教育学院学报》2011年第1期。

③ 李丽颖、曾芳：《湖南湘乡方言谚语的句法结构分析》，《兰州教育学院学报》2011年第2期。

④ 李金梅：《山西方言谚语语义研究》，《语文建设》2014年第1期。

⑤ 王利：《山西壶关方言谚语的句法、语义、修辞特点分析》，《乐山师范学院学报》2015年第1期。

地域性。比如林伦伦《潮汕方言谚语的文化内涵》①,结合潮汕地区的气候特点,探讨了潮汕方言的气象谚语,比如"春蒙雨,东蒙露""九月雷,猪兔槌"等,并通过潮汕谚语研究了潮汕经济和潮汕人的生产经验。研究方法具有一定的借鉴价值。练春招《从客家谚语看客家的家庭观和家庭制》②,根据客家家庭具有中国传统家庭的共通性,同时客家是在离乱的迁徙和艰苦生活的斗争中生存发展下来的特殊群体,书中探究了客家人的家庭观和家庭制,具有创获。言岚《方言谚语的地域文化解读——以醴陵方言谚语为例》③,研究湖南醴陵地区的谚语,认为湖南湘东地域文化的精髓是农耕文化和儒家文化中的重义轻利、贵和尚中的特质。梁永红、吕佳佳《襄垣方言谚语的文化内涵》④,研究了襄垣方言谚语的地域文化,如地形与气候、农业生产、风俗习惯、家庭伦理观、为人处事观、教育观、择业观、饮食保健、孕育经验、人生感悟及规劝诫勉等,认为襄垣方言谚语是襄垣人民生产和生活经验的总结,是智慧的结晶,对后人起着传授经验和警诫的作用,并指出挖掘和探讨方言谚语是了解和认识襄垣地域文化的重要途径。刘艳平《定襄方言谚语与当地物质文化》⑤,从衣、食、住、用、行、生产等方面研究定襄方言谚语的物质文化。对方言谚语文化展开多方面研究的是夏明宇的系列论文,如《揭露官场腐败 劝人廉洁自律——渝西方言谚语中的渝西廉政文化精华探析》、《金凭火炼 人靠心交——渝西方言谚语中的渝西社交文化精华探析》、《渝西方言谚语中的渝西养生文化精华探析》、《关注兴亡 看重气节——渝西方言谚语中的渝西道德文化精华探析》、《薄利多销 和气生财——渝西方言谚语中的渝西商贸文化精华探析》及《鸠鸣天雨 雀噪天晴——渝西方言谚语中的渝西物候文化精华探析》等,作者立足渝西方言探讨方言谚语中的廉政文化、社交文化、养生文化、道德文化、商贸文化和物候文化等,这为方言谚语的文化研究提供了多维思考的角度。

---

① 林伦伦:《潮汕方言谚语的文化内涵》,《汕头大学学报》1990年第7期。
② 练春招:《从客家谚语看客家的家庭观和家庭制》,《福建师范大学学报》(哲学社会科学)1995年第4期。
③ 言岚:《方言谚语的地域文化解读——以醴陵方言谚语为例》,《船山学刊》2009年第2期。
④ 梁永红、吕佳佳:《襄垣方言谚语的文化内涵》,《长治学院学报》2011年第1期。
⑤ 刘艳平:《定襄方言谚语语义研究》,硕士学位论文,广西师范大学,2011年。

另外通过方言谚语研究浙南文化的学者有盛爱萍的专著《瓯越语语汇研究》①，研究瓯语语汇反映浙南人的宗族文化、商贸文化、农耕文化、民俗特点等，研究价值显著，有很大的参考价值。但瓯语语汇主要局限于温州一带的方言，还没有完全体现浙南方言谚语的特色，研究的浙南文化还有很多挖掘和探究的空间。

第二节　研究的方法

本书是通过属于浙南地域的温州、台州和丽水方言谚语的语料分析与研究，挖掘浙南地区的江南文化内涵，采取的研究方法主要有：共时比较与历时分析相结合、语言分析与文化发掘相结合、民俗学与人类学相结合以及方言谚语的田野调查法。通过《浙江省民间文学集成》的谚语收录以及方言定点的田野调查，可以深入挖掘浙南的系列文化内涵。

第三节　研究的重点内容

本书重点研究方言谚语反映的浙南文化，如婚恋文化、家教文化、中医文化、社交文化、服饰文化、饮食文化、乡土文化和经济文化以及气象文化等。

根据调查和整理的方言谚语语料，分类研究温州、台州和丽水三地方言谚语所代表的浙南文化特征。拟研究浙南的经济文化，比如农业、林业、畜牧、渔业以及商业等方面。拟研究的家教文化，比如立志、修养、意志、学习、伦常、子女教育和为人处世等方面，以传承和弘扬进步的家风。拟研究的婚恋文化，比如择偶对象、男女地位、家庭纠纷、荣辱观、和谐观、婚恋自由和生育观以及幸福观等方面。拟研究的中医文化，比如养生文化，涉及的要素，如岁时、时令、饮食、锻炼、信仰与习俗等方面。拟研究的社交文化，比如个人与集体的关系、工作、谈吐、应酬、交友、邻里关系、权势与机遇等方面。拟研究的服饰文化，比如与服饰相关的颜色、装扮、荣辱、相貌、勤俭等方面。拟研究的饮食文化，比如口味、营养、茶酒、烹饪、训诫等方面。拟研究的乡土文化，比如方俗、风

---

① 盛爱萍：《瓯越语语汇研究》，人民出版社2011年版，第247—355页。

土、乡戏等方面。拟研究的气象文化，比如气象预测与物候的记载等。

本书在研究方言谚语反映浙南文化时，侧重点在温州方言谚语文化的挖掘上，因为温州是浙南文化的典型代表，台州方言谚语重在挖掘社交文化，丽水方言谚语重在挖掘气象文化。温州、台州、丽水共同组成浙南方言谚语的文化集群代表。本书注重温州、台州和丽水共同文化的挖掘与探索，同时凸显共时比较中某地域特有的文化内涵。

第四节 研究的目的与意义

方言谚语是地方文化的活化石，是民族文化的载体，生动、活泼地反映了地域的文化差异与变迁，具有重要的文化价值。本书的研究可以探究浙南的民俗文化，挖掘地域文化的内涵，有助于保护非物质文化遗产，传承民族文化，弘扬社会主义核心价值观，树立正确积极的文化观，推进社会主义精神文明建设和构建社会主义和谐社会。

第二章 浙南婚恋谚语文化研究

方言谚语是中国重要的非物质文化遗产，在 21 世纪的社会核心价值观体系中彰显着独特的文化魅力。温州方言谚语代表浙南文化，语言结构主要以单句、复句等句法形式凝聚着浙南老百姓的智慧与生活体验。它语言形式活泼、内容形象生动、语义通俗易懂，或亦庄亦谐，或喻或劝地反映了温州地区特有的民俗文化。笔者以浙江文艺出版社1990 年出版的浙江省民间文学集成分卷《温州市歌谣谚语卷》为语料库，穷尽调查反映温州民俗婚姻文化的谚语，共计 96 条。温州方言谚语总的看来有三种形式：单句形式、紧缩句形式和复句形式。统计结果如表 1-1 所示。

表 1-1　　　　　　　　　　婚恋文化谚语

谚语形式	单句形式		紧缩句形式		复句形式		合计
	主谓	非主谓	意合	关联	意合	关联	
数量	9	2	5	0	69	11	96
百分比	9.38%	2.08%	5.21%	0%	71.88%	11.46%	≈100%

数据表明，温州方言有关婚恋文化方面的谚语以复句为主，包括紧缩复句，两种复句都是以意合方式占主流地位，占百分之七十多，而以关联词方式形成的复句仅占十分之一左右。单句形式的方言谚语数量较少，说明温州民俗在口语传承文化中，更多地倾向于使用复句形式，这是语义表达口语化、通俗化的需要，有利于实现谚语简约的价值。谚语在体现语法形式与语法意义之间的关系时，主要依靠语序，虚词的运用较少，这是受到了语言经济原则的制约。这与王鸿雁调查汉语谚语的句法形式特点时提出的结论基本一致，她指出："意合法在复句式谚语中占 48%左右，关联法在复句式谚语中占 2.6%左右。从构成复句的分布来看，一般多为单

句,但也有相当一些复句中的分句为紧缩句,这在复句中占14%左右。"①这表明汉语方言谚语在句法形式上形成的等级序列是意合复句→关联复句→单句。

温州方言谚语以不同的句法形式与修辞方式反映了浙南独特地域的文化特征,其中婚恋文化,在择偶对象、男女地位、家庭纠纷、荣辱观、和谐观、婚恋观等方面,彰显着进步的社会文化特质,值得在21世纪的跨越式发展中传承与发展。尤其对当前各种新媒体的婚恋网站和相亲节目,能传播正念的婚恋思想与健康向上的生活行为。

第一节 择偶对象上:德行甚于容颜

一 女子意愿

温州男女在挑选夫婿或妻子时,他们深受中国礼仪之邦的教化,关注品德甚于物质财富,夫妻交往重在交心。如谚语:

(1) 会选选儿郎,不会选选田庄。
(2) 会拣拣女婿,不会拣拣世界。

在女子看来,择偶要慎重,在"田庄"等财产面前,她们选的是比"田庄"更重要的"儿郎",而且要"慧眼识珠",选好儿郎。"世界"原本是佛家用语。如《佛典选读·世界篇》有《阎浮洲品第一》记述佛言:"比丘,如一日月所行之处,照四天下。如是等类,四天世界,有千日月所照之处,此则名为一千世界"。②"大千世界"指物质世界,佛典中也称之为"器世间",与"众生世间"相对。在挑选夫婿方面,"世界"指世业家产。因此挑选好"女婿",注重的是德行,而不是家大财大的花花世界。

在择偶方面,有时父母与女儿的意愿相左,如谚语"爹娘盘算金和银,女儿盘算人和心"。父母看重的是嫁妆的贵重与否,女儿考虑更多的

---

① 王鸿雁:《汉语谚语的句法形式特点分析》,《广西社会科学》2005年第8期。
② 林国良:《佛典选读》,广西师范大学出版社2006年版,第67页。

是男子的人品与心性。在她们看来，嫁妆的多寡并不是最重要的，只要有个好老公，就不用害怕没有依靠，比如"勿怕箱橱空，只要有个好老公"。"箱橱"指代嫁妆。明代中后期，整个社会风尚盛行奢靡之风，王瓒、蔡芳等在《弘治温州府志》指出永乐年间"冠婚丧祭，邻里相资，虽间阎之家，颇存揖让之风焉"①。蔡克骄、刘同彪等在《明代温州民俗文化》中指出弘治初期"惟初婚及节序、喜庆、归宁父母、则饰珠翠、服锦绣，不为常焉"②，而到了弘治后期，人们嫁女以"财气相高"。据蔡克骄等考证，当时"嫁娶之时各逞华丽，僭用金银头面、锦绣衣服，倾资破产亦所不惜，愚下小民日渐月染，预恐嫁娶难，辄将女子淹死"。温州方言谚语也反映了女子出嫁时，父母为嫁妆忧心忡忡。比如"养猪赔一半，养女赔爻完""奶儿赔钱货，不赔赔条裤""养女容易嫁女难"。有时父母在嫁女与娶媳妇上喜悦与忧愁格外分明，如"嫁女儿满间鼻涕，娶新妇满屋漆气"，这种奢靡之风在老一辈的父母心中根深蒂固。为了高昂的嫁妆，父母煞费苦心，而女子希望找到的是品行可靠的男子，不在乎对方是否富有，也希望对方不计较嫁妆的多寡，如谚语"摸新妇勿要实箱实笼，只要新妇十指搦搦动"与"千杠万杠，不如轿底一杠"，就是告诉男子，不要看重嫁妆，只要女子心灵手巧，勤快持家，生活也会幸福。

当然，从明代至明清延续下来的婚恋习俗中，也有束缚女子的陈旧观念，凸显女子对男子的依附，但女子的选择也直接导致婚后的生活质量。如：

（1）嫁凤随凤飞，嫁鸡困草窝。
（2）嫁官做娘子，嫁煴猪翻肠子。
（3）嫁鸡随鸡，嫁狗随狗，嫁犁桩伏地走。

二　男子意愿

在德行与容貌方面，男子注重的也是女子的德行。如谚语：

---

① 王瓒、蔡芳编：《弘治温州府志》，胡珠生校注，上海社会科学院出版社2006年版，第13页。

② 蔡克骄、刘同彪：《明代温州民俗文化》，知识产权出版社2010年版，第43页。

（1）搛妻要德不要色，交友交心不交财。

（2）要拣贤德，勿挑颜色。

在民俗中男子娶妻，德行排在第一位，同女子一样并不看重财产。在男子看来，贤德的女子比貌美的容颜更重要。如西汉董仲舒《春秋繁露·为人者天》说"人之德行，化天理而义"[1]。德行是天意与人事的交感相应，人的德行可以预知行为的得失。德行自古都是王室家族和黎民百姓考量一个人的主要标准。《东周列国志》第七十七回"泣秦庭申包胥借兵　退吴师楚昭王返国"记载："时越方与吴构难，闻楚王复国，遣使来贺，因进其宗女于王，王立为继室。越姬甚有贤德，为王所敬礼。王念季芈相从患难，欲择良婿嫁之。"[2] 因越姬有贤德，才被楚昭王以礼相敬，并为她挑选良婿作为回报。妻子德行的贤惠在择偶中至关重要，否则终身懊悔。《珍珠舶》第一回"谢宾又洞庭遇故"有云："道是娶妻欲以偕老百年，宁可终身不娶，不可娶而懊悔。必须贤德足以主频蘩，才色足以冠一世，方称窈窕淑女，而不负寤寐之求。"[3] 这也说明了德行在婚姻中是维系白头偕老的首要因素。

在择偶对象上，彼此更应像是朋友，互相信任，交友交心，而不是交结财产。《吕氏春秋·贵信》云："交友不信，则离散郁怨，不能相亲。"[4] 如果夫妻不像对待朋友一样，忠诚信任，最后就会心生怨恨，只好离散收场。只有交心的夫妻，才会珍惜到老。如唐代诗人李频《关东逢薛能》诗："何处不相思，相逢还有时。交心如到老，会面未为迟。"[5] 也只有交心的朋友或夫妻，才会相守一生。如白居易《伤唐衢二首》诗："君归向东郑，我来游上国。交心不交面，从此重相忆。"[6] 如果交结财产，一旦失势，最后只能劳燕分飞，各奔东西。如清代《续欢喜冤家》

---

[1] （清）苏与撰：《春秋繁露义证》，钟哲点校，中华书局1992年版，第318页。

[2] （明）冯梦龙改编、（清）蔡元放修订：《东周列国志》，陈先行、李梦生校点，上海古籍出版社2012年版，第539页。

[3] 《中国古代孤本小说集》编写组编：《珍珠舶》，中国文史出版社1998年版，第2371页。

[4] （战国）吕不韦编撰、王利器注疏：《吕氏春秋注疏》，巴蜀书社2001年版，第2391页。

[5] 孙海通、王海燕：《全唐诗》，中华书局1960年版，第6884页。

[6] 同上书，第4676页。

第十九回"木知日真托妻寄子"中"交财财尽两开交,倚势势无各自走"① 就是写照。

对于男子来说,娶个品行端庄的女子是人生大事,娶得好女子,日子滋润红火,否则心生怨恨,一世痛苦。如谚语:

（1）娶亲要娶好姑娘,吃鱼要吃乌鳞鲳。
（2）老安老安,好,老思;不好,老冤。
（3）收成不好一年苦,老婆不好一世苦。
（4）田好割有谷,妻好男有福。

三　男女共同意愿

男子与女子在择偶对象上都有高度的一致性,品行甚于容貌,交友交心甚于交财。因此,温州民俗提倡"男人勿养半天飞,女人勿养吭骨虫",这样的男子与女子是婚姻中摒弃的对象。"半天飞"是说不能安心相守,"吭骨虫"是说抽烟吸毒。但受旧有观念的影响,从明代以来,奢靡攀附之风盛行,男子娶媳妇要找地位不如自己的,而嫁女却要攀附权势与富贵。如谚语:"娶媳要低头,嫁女攀高楼。"这在当代婚姻中,并不值得提倡。

因此择偶的挑选在婚姻中至关重要,男子和女子都有挑选的权利,都有同样的精神诉求。如谚语:

（1）男人怕寻错行,女人怕寻错郎。
（2）戏台下挑不出老婆。
（3）天光吃饱一日饱,老公嫁着一世爽。
（4）买卖做不着是一时,老安揿不着是一世。
（5）养奶儿不要嫁老三,有屋冇正间。

"天光"指早晨,"老安"指妻子。女子除了挑选夫君外,还细心挑

---

① （明）西湖渔隐人:《续欢喜冤家》,双笛国际事务有限公司1994年版,第175页。

选自己的婆家，因为与婆家的相处会影响到日后的婚姻生活幸福，谚语"姑娘拣婆家，心细如绣花"深刻地揭示了女子的心态。

此外，温州男女在择偶方面，比较注重门当户对，认为各行各业都有自己的归属，但这种门当户对的观念，不可执着两端。只要真心相爱，彼此都可以组建家庭。如：

(1) 百货中百客，老太婆中意老伯伯。
(2) 花配花，柳配柳，唱龙船儿配花鼓。
(3) 将对将，兵对兵，梅香对家丁。
(4) 妖精配鬼王，才女配才郎。
(5) 田鸡配虾蟆，河蟹配两头爬。

"梅香"原是府上丫鬟。如《粉妆楼》第十三回"露真名险遭毒手 托假意仍旧安身"有："梅香回道：'你的包袱，那日晚上是我家老爷取到小姐房中去了。'"① "家丁"是府上的杂役人员。《二刻拍案惊奇》卷二十七"伪汉裔夺妾山中　假将军还姝江上"载有："向都司看见，正要请问。旁边一个护身的家丁，慨然向前道：'秀才饮酒不乐，得非为家姬失去否？'"② "梅香"与"家丁"算是门当户对。"两头爬"指"河蟹"的行走方式，横行两侧，匹配的也是这种行走方式的对象。

第二节　男女地位上：重视女性，男女对等

中国自古重男轻女，男女有别。如《诗经·小雅·斯干》③云："乃生男子，载寝之床，载衣之裳，载弄之璋。其泣喤喤，朱芾斯皇，室家君王。""乃生女子，载寝之地，载衣之裼，载弄之瓦。无非无仪，唯酒食是议，无父母诒罹。"男女的出生在中国人心目中的地位截然相反，也预示着男女以后的社会身份。从封建社会发展到当代经济快速增长的温州，

---

① （明）罗贯中：《粉妆楼》，微风草堂文化事业有限公司2001年版，第89页。
② （明）凌濛初：《二刻拍案惊奇》，上海古典文学出版社1957年版，第569页。
③ （汉）毛亨传、（汉）郑玄笺、（唐）孔颖达疏：《毛诗正义》，北京大学出版社1999年版，第689—691页。

女子的地位得到了应有的尊重，正如谚语：

(1) 米巢千钱斗，老安决着揆。
(2) 蜂儿采蜜要好花，寮里全靠女当家。
(3) 人若无妻，如屋无梁。
(4) 小不可无母，老不可无妻。
(5) 一床儿子，不值半个妻。

"决着"指一定要，"揆"是娶义。温州从明代以来，农业生产是社会的主要经济命脉，人力在家务劳作中肩负着重要的担当，女子在家庭中的角色不容小觑。这些方言谚语都重视女性在家庭中的重要地位。明代中后期手工业和商业的繁荣，促进了城镇化的进程，市民阶层兴起，整个社会风俗发生了重大转变，人们在开始崇尚金钱、追求功利的同时，强烈地要求个性解放。为此女子在社会和家庭中的地位也得到了应有的尊重。

同样女子也离不开男子，男女搭配，协调生活，家庭才能完满。男女地位在婚姻中是对等的，并没有严重的重男轻女。如：

(1) 男无女不成家，女无男不成室。
(2) 寮有公，乌朦朦；寮有妣，篱斜斜。
(3) 破箬笠，遮太阳；破老公，遮遮风。

第三节 家庭纠纷上：主张"和合"，以"和"为贵

《韩非子·备内》有"夫妻者，非有骨肉之恩也。爱则亲，不爱则疏"。[①] 男女一旦结为夫妻，彼此就是最亲密的爱人关系。但因为没有自然的血缘纽带，所以夫妻关系的稳定性也不是天然的，彼此之间也会发生矛盾与争执。唯有用"爱"来维系，彼此敬重，才能稳定夫妻之间的关系。温州方言谚语表现的婚恋文化中，夫妻在家庭生活中出现纠纷与矛盾是常有的事，温州男女通常的做法是主张"和合"，以"和"为贵，以使夫妻关系琴瑟和鸣。范婷等指出"和合"文化是中国优秀传统文化的重

---

① （战国）韩非：《韩非子集释》，陈奇猷校注，河洛图书出版社 1974 年版，第 289 页。

要组成部分。① "求同存异"与"和为贵"是其基本的哲学内涵。温州方言谚语中的婚恋文化也倡导着这一精神元素。比如：

(1) 夫妻有有隔夜的气。
(2) 潮水涨快退得快，夫妻打架好得快。
(3) 兄弟相打硬如铁，夫妻和好软如绵。
(4) 白日打一堂，黄昏困一床。
(5) 男人最怕女人泪，女人最怕男人跪。
(6) 人头人，怕老婷。
(7) 亲不亲，枕边人。
(8) 娘家的情好，夫家情长。
(9) 少年夫妻一朵花，人在外面心想家。

"老婷"指老婆，"人头人"指能干出众的人。夫妻之间吵架、打架以及冷战都是日常生活中的常事。遇到这样的纠纷时，夫妻因为是最亲密的爱人关系，白天吵架，晚上就能和好，求同存异，互相敬重。如苏联作家高尔基先生所说，"婚姻是两个人精神的结合，目的就是要共同克服人世的一切艰难、困苦"。② 这表明夫妻没有长久的怨气，在婚姻中夫妻需要共同克服种种矛盾与困难，在真诚的沟通中趋于融合。元代南戏《杀狗记》第六出"乔人行谮"就有"妻是枕边人，十事商量九事成"。③ 夫妻之间凡事应多商量，多沟通。清代《官场现形记》第十一回"穷佐杂夤缘说差使　红州县倾轧斗心思"也说"毕竟夫妻无隔夜之仇，胳膊曲了往里弯"。④

而且夫妻之间的矛盾是彼此的家事，旁人是无须掺和的，否则越理越乱。谚语"两夫妻乱场是常事，隔壁邻舍插嘴多事"，就奉劝人们以"和"为贵，切不可乱添堵。有时夫妻吵架是一时的气，过后就会后悔，因为彼此心底还是眷恋着对方，眷恋着爱情。谚语"酒后方知酒浓，离

---

① 范婷、丁鼎棣：《和合文化的哲学考察与现代价值》，《求索》2009年第9期。
② ［苏］高尔基：《高尔基妙语录》，纹绮编译，甘肃人民出版社1989年版，第11页。
③ （明）毛晋辑：《六十种曲》（第十一册），中华书局1958年版，第12页。
④ （清）李宝嘉：《官场现形记》，桂冠图书股份有限公司1984年版，第143页。

别方知情重",告诉人们只有在你离开的时候,才知道夫妻之道在于用爱来维系,也只有爱才让彼此珍惜眼前人。

有时夫妻遇到矛盾或纠纷,适当的分别也会给夫妻生活带来乐趣,促进关系的和睦。比如"新婚不如小别",但夫妻之间的关系,更多的是需要相互尊重,同甘共苦,同心同德,建立稳固的琴瑟和谐的夫妻关系。这也是中国古人一直倡导的婚恋文化,比如《诗经·小雅·常棣》"妻子好合,如鼓琴瑟"①,又《诗经·郑风·女曰鸡鸣》载:"女曰鸡鸣,士曰昧旦。子兴视夜,明星有烂。将翱将翔,弋凫与雁。弋言加之,与子宜之。宜言饮酒,与子偕老。琴瑟在御,莫不静好。知子之来之,杂佩以赠之。知子之顺之,杂佩以问之。知子之好之,杂佩以报之。"② 这些诗句都传神地表达了夫妻之间的和睦之道。

第四节 荣辱观上:主"一夫一妻",知荣明辱,相濡以沫

中国古代婚姻强调婚姻关系的和谐,对于现代人的婚姻有很大的借鉴作用。温州方言谚语也反映出了温州青年男女朴素的婚姻荣辱观。比如:

(1) 一女勿许两家。
(2) 媛主问送日,长年问冬节。
(3) 田不贶别人做秧田,奶儿不贶人做姨娘。
(4) 宁可代穷人补破裤,决勿贶富人当姨娘。
(5) 若要家不和,摸个小老婆。

"媛主"指未婚姑娘。"送日"是温州的婚姻习俗,指由男家选定婚娶日子,通知女方,因为是送去已确定的婚娶日期,故叫"送日"。"冬节"指冬至时节,是冬至的俗称。"贶"是给义。"姨娘",温州方言指小妾,即小老婆。温州民俗坚决支持"一夫一妻"制,反对"二奶"与

---

① (汉)毛亨传、(汉)郑玄笺、(唐)孔颖达疏:《毛诗正义》,桂冠图书股份有限公司1984年版,第574页。

② 同上书,第294—295页。

"小三"。允诺嫁娶，就绝不三心二意。所以"一女勿许两家""长年问冬节"，以坚守嫁娶两家的信用与维持彼此的真诚关系。温州属浙南一带，是传统农耕文化的发源地。祖辈传承的是"日出而作，日落而息"的耕作生活，田地对于他们来说，比生命还重要。谚语运用对比手法，表现了温州人强烈反对婚姻中不忠行为的坚决意志。他们认为自己的老婆绝不可以去做别人的小老婆。宁愿自己穷点，通过缝补衣裤维持生计，也绝不给富人当妾。这些都反映出温州民俗中对于家庭的坚贞行为，在他们看来当富人或别人的小老婆是耻辱的行为。正如他们信守的理念："若要家不和，搂个小老婆。"可见，"小老婆"的形象在温州人心目中是嗤之以鼻、极为憎恶的。相反，他们对夫妻情义是极为看重的，通过相知相识，最后不离不弃。

费孝通指出："结婚不是件私事，婚姻是用社会力量造成的。"[①] 一旦夫妻确立关系，组建家庭，彼此就是社会的一个单元，就要受到社会习俗与道德规范的制约，以维持和谐的社会关系。《诗经·邶风·击鼓》有载："死生契阔，与子成说。执子之手，与子偕老。"[②] 展现了婚姻中的坚贞、忠诚的美好品质。温州方言谚语也真实地反映了夫妻情分在婚姻中的规约。比如：

(1) 老婆旧的好，衣裳新的好。
(2) 衣不如新，妻不如旧。
(3) 结发夫妻丑也好，粗布缝衣衣也牢。
(4) 三十年朋友，四十年夫妻。
(5) 穿破才是衣，到老才算妻。
(6) 后生夫妻老来伴。
(7) 只有白发夫妻，唔有白发兄弟。
(8) 露水夫妻不长久。
(9) 画起凤凰不如鸡，半路妇人不算妻。
(10) 路头妻，不算亲，同床合被两条心。

[①] 费孝通：《乡土中国 生育制度》，北京大学出版社1998年版，第12页。
[②] （汉）毛亨传、（汉）郑玄笺、（唐）孔颖达疏：《毛诗正义》，北京大学出版社1998年版，第131页。

（11）借来的老安过不得夜。

刘桂华指出："中国传统的婚恋文化在平衡家庭和社会，在规范伦理道德、维护社会和谐等方面有重要作用。"① 温州方言谚语反映的婚恋文化，注重夫妻之间相濡以沫的恩情。夫妻是老来的伴，"朋友""兄弟""路头妻""露水妻""半路妇人"以及"借来的老安"（"老安"指妻子）都不能与朝夕相处、患难与共及同甘共苦的妻子相提并论。这些谚语也极大地警醒现代人要"警防小三"，切不可让"小三"毁了自己的生活。夫妻是了解彼此习性的最佳良友，那些半路相遇之人，因为不了解彼此，最终不得美满。谚语"还未困过三领席，脾气摸不着"，也表达了夫妻情深义重，远胜于"露水夫妻"。"三领席"是三年时间，指时间短暂。赵杰认为"婚姻是民族的一种深层文化"②，温州婚恋文化中的传统特质："一夫一妻，知荣明辱，相濡以沫"也就反映了现代社会婚姻品质的蕴含。

第五节　婚恋观上：婚恋自由，爱我所爱

中国婚姻自古就奉行"父母之命，媒妁之言"。盛爱萍列举浙南婚姻习俗的媒妁角色与程序，如"天上无云不落雨，地上无媒不成婚"③，说明了媒人在婚姻中的重要角色。但媒人也会"耍花嘴"，而且"十个媒人九个'瞎'，不'瞎'粥汤没得喝"，这也说明媒人惯用哄骗的伎俩赚钱或营生。温州方言谚语也反映了青年男女反对媒妁之言，不相信媒婆的保媒。比如：

（1）闲箩莫放灰，闲嘴莫做媒。
（2）小细儿的屁股，媒婆的嘴巴。
（3）十个媒人九个谎，不谎会吃白粥汤。
（4）种田靠雨水，媒人靠媛主。
（5）新娘引到房，媒人甩去爻。
（6）新孺人坐床杠，媒人远远抛。

---

① 刘桂华：《论中国古代婚恋文化对当代婚姻生活的启示》，《齐鲁学刊》2004年第3期。
② 赵杰：《论韩国知识女性的婚恋文化》，《当代韩国》2000年第1期。
③ 盛爱萍：《瓯越语语汇研究》，人民出版社2001年版，第37页。

现代温州男女对传统的封建礼教与陈腐的婚姻习俗有强烈的排斥性，他们反对包办的婚姻，主张婚恋自由，形成新青年进步的婚恋文化。比如：

（1）强扭的瓜不甜，硬凑的婚姻不长。
（2）包办婚姻不美满，强扭瓜儿不香甜。
（3）络麻绳捆不牢夫妻。

在家庭配偶的组建过程中，温州青年男女更注重主体的精神诉求，主打"爱我所爱"的鲜明旗帜。在西方文艺复兴精神影响下，温州民俗追求现代平民间的个人幸福生活。比如：

（1）千金难买心头愿。
（2）生好不如中意好，中意不如情愿好。
（3）喜欢，不怕吃菜干；中意，不管流鼻涕。
（4）情人眼里出西施。
（5）有心上树不怕风，有心嫁人不怕苦。

温州男女步入婚姻殿堂，组建家庭之前，形成了进步的婚恋观。他们在选择配偶时，以主体意愿为主导，一切都以"中意"与否，"愿意"与否为取舍标准，并不是以容貌、财力为先决条件。在他们看来，所有的财富都买不到自己的心愿。只要是自己喜欢的，哪怕吃苦咽酸菜也在所不惜。因为只要"有心"，彼此就能共同创造美满幸福的生活。比如"情人眼里出西施"，通俗的民谚恰如其分地说明了情人眼里的对方是最美最好的，这样的选择才是无怨无悔的。这在清代的世情小说中，屡屡展现了人类在追求自我满足感的喜悦之情。例如《欢喜冤家》第五回"日宜园九月牡丹开"载："蒋青见了牡丹十分啧啧。抬头周围一看，恰好看见了前世冤家。他眼也不转，看着元娘。越看越有趣，正是情人眼里出西施。"[①] 又《二十年目睹之怪现状》第八十七回"遇恶姑淑媛受苦　设密计观察谋差"有："姨太太共是六位。那五姨太太，其实她没有大不了的姿色，

---

① （明）西湖渔隐人：《欢喜冤家》，双笛国际出版社1994年版，第146页。

我看也不过情人眼里出西施罢了；不过有个人情在里面。"①只要你情我愿，彼此中意对方，一切财色都是浮云。

温州方言谚语反映的浙南婚恋文化是温州民俗习惯及文化活动的表现，彰显着民族传统的优秀品质。除了以上的文化特征外，方言谚语在婚姻的时间与养生方面也有所反映。比如："女不过三，男不过四"，"要身体好、搛亲勿早"，"妻大两，黄金日日长；妻大三，黄金堆似山"，"六十年代打照面，七十年代谈恋爱，八十年代带儿来"。这些谚语提倡早婚晚育。在男女岁数上，不介意女子大于男子，而且认为女子大男子二到三岁是好事。在娶亲问题上，身体是婚姻幸福生活的保障，结婚不宜太早，要学会保养身体。这与其他地方的婚姻习俗有差异，但也反映了温州特有的婚恋文化元素。但谚语"穷女早嫁，穷汉晚婚"，在鼓励男子创业、积累财富的同时，也一定程度上扼杀了女性的创造力。

此外，温州婚恋习俗中，有"踏亲舅"与"尚美"的民风。比如谚语："要挑老婆，先看丈母娘。" "媛主生好生不好，觋觋佢父母就知道。" "钶柴觋绺，踏亲觋舅。"男女在相亲时，只要看看丈母娘和对方的舅舅就能推测女子的长相了，这就是叶大兵在《温州民俗大全》中提到的"模姻缘"②。温州女子爱美尚美的天性也为她们的婚姻锦上添花，比如谚语"灯下媛主月下郎"与"只要媛主俊，不怕冇婆家"，以及"媛主十八变，变起观音面"。

通过定性定量地穷尽调查温州方言谚语中反映浙南婚恋文化语义的谚语，文本语言的句式鲜明地传承着中华民族优秀的传统文化。这些婚恋文化的美好元素在温州方言谚语中完好地保留了下来。温州方言谚语反映的浙南婚恋文化在社会主义核心价值观中弘扬着正能量。它表现在择偶对象上：选择德行甚于容颜；男女地位上：重视女性，男女对等；家庭纠纷上：主张"和合"，以"和"为贵；荣辱观上：主"一夫一妻"，知荣明辱，相濡以沫；婚恋观上：提倡婚恋自由，爱我所爱。笔者挖掘温州方言谚语中的婚恋文化，能够引导现代青年一代树立正确的婚恋导向，塑造进步的婚恋意识，在传承积极向上的婚恋品德的同时，创造文明和谐的社会风尚。

---

① （清）吴趼人：《二十年目睹之怪现状》，中国文史出版社2002年版，第499页。

② 叶大兵：《温州民俗大全》，新疆人民出版社1998年版，第238页。

第三章　浙南家教谚语文化研究

传统的华夏民族以农业为主。家庭是农业生产和社会生活的重要载体，而它最为突出的是其教育功能，子女的教育不仅在政府官办的学校和社会民间兴办的私塾中得以传承，也在长辈的言传身教和上行下效中习得。家教就是长辈对晚辈的教育中形成的行为规范，它影响着家族子女立言行事的社会习惯。经过数千年的积淀、实践和总结，中国不同地区形成了特有的传统家教文化。这是中华民族一种特殊的传统文化，也是中国儒家文化的重要组成部分，体现了个人在人伦关系中的权利与义务的实现。

中华民族历来重视家庭教育，先秦时期就有周公对成王的口头训诫和公父文伯母诫子的《母训》，这是家教文化的开端。汉魏六朝至隋唐，是家教文化的发展成熟期，社会上涌现出了大量宝贵的家诫、家训和诗词赋训。宋元明清时期，家教箴言达到空前鼎盛，各种家书、家信、专著以及丛书蔚为大观，比如明代何心隐的《家训》、霍韬的《渭崖家训》，清代张伯行的《家规类编》、刘德新的《徐庆堂十二戒》等。从某种意义上来说，传承数千年的家教文化使儒家伦理道德思想贯穿人生的各个时期或阶段，影响到人生的各个方面。如今浙南地区温州方言谚语反映的家教文化走入了寻常百姓家，这对中华民族的社会主义核心价值观的传承起到了积极的推动作用。

笔者穷尽调查浙江省民间文学集成《温州市谚语卷》，研究温州方言谚语反映的浙南家教文化，认为浙南家教文化主要体现在四个方面：第一，家庭伦常教育；第二，子女教育；第三，生活勤俭；第四，行为训诫等。这些方面都集中反映了温州地区的传统家教文化，是儒家文化的继承与发展。

第一节　家庭伦常教育

家庭伦常教育是规范家族子女在家庭与宗族、父母与子女、夫妇与弟兄哥嫂以及婆媳间等方面的行为规约。温州方言谚语反映的浙南家庭伦常教育集中表现在家庭关系、亲族关系以及夫妇关系与婆媳关系方面。

一 家庭关系："和"家、兴家、治家

(一)"和"家文化

温州方言谚语从正反两方面说明家"和"的重要。中国传统"和"文化提倡"和为贵"。《论语·学而》"礼之用，和为贵。先王之道，斯为美；小大由之。有所不行，知和而和，不以礼节之，亦不可行也"。① 《礼记·中庸》说"喜怒哀乐之未发谓之中，发而皆中节谓之和"②，"致中和，天地位焉，万物育焉"。以上"和"文化的内涵特质，提倡人们言语或行事力求恰到好处，强调天、地、人和谐发展的关系。对于家庭关系的启示，就是要保持人际关系的和睦、团结协作，讲究家族内外关系的和谐与平衡。李韧指出："以和为贵、仁爱亲邻是传统家风家教的重要内容。中华民族是一个崇尚厚德载物、以和为贵、仁爱亲邻的民族，这种民族精神在传统家风家教中得到显著体现。"③ 温州方言谚语也更好地阐释了"家和"的文化传统与正向的价值观，比如：

(1) 家和万事兴，家吵闯大祸。
(2) 家富不如家和。
(3) 一家之福在于和，一生之福在于勤。
(4) 船上不可敲，家庭不可吵。

温州方言谚语从正面强调家"和"的重要地位，它是家庭兴旺、家庭富裕的重要保障。一个家庭的和睦，忌讳在"吵"。如果每个人都为了各自私利，大吵大闹，家族纷争，就会酿成家祸。犹如坐船行舟，不可敲打船帮，"敲"与"翘"谐音，意味要翻船，要沉落水底，一个家庭的幸福与兴旺发达，如果天天像敲打船帮一样争论不休，整个家庭也会衰败沉沦。明清小说在讲述人伦情感时，也常常提及"家和万事兴"的传统家

---

① (魏)何晏注、(宋)邢昺疏：《论语注疏》，北京大学出版社1999年版，第10页。
② (汉)郑玄笺、(唐)孔颖达疏：《礼记正义》，北京大学出版社1999年版，第1422页。
③ 李韧：《家风家教与中华民族精神构建》，《光明日报》2014年5月17日。

庭美德。如晚清吴趼人的小说《二十年目睹之怪现状》第八十七回"遇恶姑淑媛受苦　设密计观察谋差"云："大凡一家人家过日子，总得要和和气气，从来说'家和万事兴'，何况媳妇又没犯甚么事！"① 与"和"相反的是"不和"，如果家庭上下成员间关系有裂缝，分歧迭见、诉讼纷起，那么除了家庭不幸福外，也必遭到外人欺侮，并伴随着父母骨肉分离、兄弟分家、朋友断绝情义、婆媳矛盾、六亲不认。因为家庭不"和"、不团结而导致的家庭关系紧张，这在温州方言谚语中也有反映，比如：

（1）家不和，外人欺。
（2）父母不和骨肉散，兄弟不和要分家。
（3）朋友不和情义绝，公婆不和子孙绝。
（4）千金难买婆媳和。
（5）六亲不和冇来去，出门不和少照应。

中华民族是一个讲究团结统一、爱好和平、厚德载物、亲邻善邦的民族。这种民族精神在温州的家教文化中有充分的体现，它是"天道观"衍生出的"和合"思想，成为家教文化对家族子弟进行家族观、群己观教育的核心思想。如《汉书·东平思王刘宇传》说："福善之门，莫善于和谐；患咎之首，莫大于内离。"② 民间讲究孝道的《增广贤文》也指出："父子和而家不败，兄弟和而家不分，夫妇和而家道兴。"③ 因此传统家教文化在处理家庭矛盾时主张以"和"为贵，和睦为先，这就要求家族子弟对亲人要宽容仁爱、以宽厚待人。中国历代文献也强调家庭不和反遭外人欺，兄弟不和家族败的危害。比如元代岳伯川《吕洞宾度铁拐李》第一折有"亲人约束外人欺"。④ 又如王伯成《太白贬夜郎》第三折有"人古里家不和邻里嫌，贫贱也亲子离，不求金玉重重贵"。⑤ 明代姜清的

---

① （清）吴趼人：《二十年目睹之怪现状》，中国文史出版社2002年版，第495页。
② （汉）班固撰、（唐）颜师古注：《汉书》，中华书局1962年版，第3322页。
③ （清）周希陶：《重订增广贤文》，朱利注释，上海古籍出版社1991年版，第19页。
④ 杨家骆主编：《全元杂剧·初编八》，世界书局1985年版，第3999页。
⑤ 同上书，第3688页。

《姜氏秘史》卷一说"家不和而四邻欺"。① 这些都从反面说明家庭不和带来的伤害。早在先秦时期,家教文化传统特别强调父子兄弟的和睦仁爱,否则必成大害。比如《墨子·兼爱上》有:"人之与人之相贼,君臣不惠忠,父子不慈孝,兄弟不和调,此则天下之害也。"② 西汉刘向编录的《说苑·敬慎》也指出:"父子不和,其世破亡;兄弟不和,不能久同;夫妻不和,家室大凶。"③ 清代曾国藩《曾国藩文集·家教篇·兄弟不和虽世家宦族必败》也说:"兄弟和,虽穷氓小户必兴;兄弟不和,虽世家宦族必败。"④ 如果家族不讲究和睦宽厚、亲邻善邦,出门在外就难有照应。正如唐代佛经《法苑珠林·损法部》明确指出:"六亲不和,天神不祐。"⑤

家教文化中仁爱、和谐与宽容的教育传统,是中华民族仁慈善良、爱好和平、团结协作民族精神的诠释。"和"为贵的思想,增强了家族的凝聚力与责任感,也强调了家长在家庭中的主体地位与绝对权力、反对分裂、和谐万邦。如谚语:

(1) 家有千口,主事一人。
(2) 家无主,扫帚倒竖。
(3) 国有大臣,家有长子。

这些谚语强调了家长的尊贵地位,在家庭中的无上权力。它要求家属的绝对服从,从一定程度上避免了家庭成员的分叉。家主地位具有不可动摇的作用。如果一个家庭缺少家长,就如房屋上下颠倒,家庭随时倾覆,无法居住。如宋代李昉编著的《太平广记·夏侯恺传》载:"家无主,不成居。"⑥ 元明清以来,社会就提倡家长地位,这是维系社会和谐的基础。比如元代无名氏《玉清庵错送鸳鸯被》楔子说:"(正旦云)我怕不有这

---

① (明) 姜清:《姜氏秘史》,《丛书集成续编》,新文丰出版公司1989年版,第568页。
② (清) 孙诒让撰:《墨子间诂》,北京图书出版社2002年版,第151页。
③ (西汉) 刘向撰:《说苑》,湖葛氏传朴堂藏明抄本,商务印书馆1936年版,第46页。
④ (清) 曾国藩:《曾国藩文集》,京华出版社1999年版,第283页。
⑤ [日] 高楠顺次郎、渡边海旭等监修:《大正新修大藏经·事汇部上》(第五十三册),新文丰出版公司1983年影印版,第1012页。
⑥ (宋) 李昉等编:《太平广记》,上海古籍出版社1990年版,第335页。

个心事，争奈无人肯成就俺。想起这世间男子无妻是家无主，妇人无夫是身无主也。"① 男子无妻如同家无主，妇人无夫是身无主，说明了一个家庭要有主心骨，才能风雨同舟。明代冯梦龙《醒世恒言》第三十八卷"李道人独步云门"说："家无主，屋倒柱。"② 明初施耐庵《水浒传》第二十四回"王婆贪贿说风情 郓哥不忿闹茶肆"提到西门庆说的话："休说！若是我先妻在时，却不恁地家无主，屋倒竖。如今枉自有三五七口人吃饭，都不管事。"③ 明末凌濛初《初刻拍案惊奇》卷十六"张溜儿熟布迷魂局 陆蕙娘立决到头缘"也说："家无主，屋倒竖。"④ 清黄小配《廿载繁华梦》第九回"闹别宅马娘丧气 破红尘抹妹修斋"指出："家有千口，主事一人。"⑤

（二）兴家文化

一个家族的兴旺发达，讲究"和"为贵，而一份家业的长久维系与发展，注重"守"。温州方言谚语传承家教文化方面，凸显兴家的"守业"文化传统。比如：

（1）创业容易守业难。
（2）自手盖屋不插针，上代盖屋做饭砧。

前辈筚路蓝缕、励精图治地创下一份家业。但一旦有了丰功伟业，想继承发展下去，就得能守住这份家业，而不败坏祖宗传下来的家业，这比创业要难。正如自己动手盖房屋，屋板之间严丝合缝，不能插下一根针，但祖辈遗留下的房屋石料可以用来做砧板，不丢弃毁败。这是"守业"的准则。攻易守难，自古如此。先秦时期的《春秋左氏传·成公十三年》就说："勤礼莫如致敬，尽力莫如敦笃。敬在养神，笃在守业。"⑥ 如果不能坚守，势必败坏家业，这是每个家族都害怕的危险。正如谚语：

---

① 杨家骆主编：《全元杂剧三编·一册》，世界书局1985年版，第156页。
② （明）冯梦龙：《醒世恒言》，人民文学出版社1956年版，第817页。
③ （明）施耐庵：《水浒传》，人民文学出版社1973年版，第278页。
④ （明）凌濛初：《初刻拍案惊奇》，天津古籍出版社2004年版，第181页。
⑤ （清）黄小配：《廿载繁华梦》，上海古籍出版社1997年版，第43页。
⑥ 杨伯峻：《春秋左传注》，中华书局1981年版，第861页。

(1) 船怕翻，家怕败。
(2) 创业百年，败家一日。
(3) 兴家犹如针挑土，败家犹如水推沙。
(4) 男要败，祖屋卖；女要败，赚外快。

家业的失守就如同船怕翻一样。创业百年，但败家只需一日，顷刻间就如同船只倾覆在波涛大浪中。兴旺一个家族，十分不易，就像用一根针去挑土来打地基，日复一日，耗时耗力，万般磨难。而晚辈不珍惜，败坏家业就如同洪水，势如破竹，不费吹灰之力就能推走沙土。一难一易，立见分晓。所以不争气的男子，如果要败坏家业，就会去售卖祖屋；女子要败家，就会去出卖色相，招致口水祸端。"赚外快"，温州方言指"出卖色相"。

所以，一个家族或家庭的兴旺发达，主要在"守"，但重要的是要培养子弟的自强自立精神。明末教育家朱柏庐《朱子治家格言》说："常将有日思无日，莫待无时思有时。"[①] "一粥一饭，当思来之不易；半丝半缕，恒念物力维艰。"兴家才能在自然经济的封建社会和现代文明社会中，保持家庭的凝聚力和稳固性。谚语"旺不旺，看门槛"，也从侧面说明了家庭兴旺的地位。家族兴旺能赢得社会的认可、提升家族的身份。

(三) 治家文化

在家国一体的社会组织里，有国才有家，家教文化与民族精神一脉相承，融会贯通。安云凤指出："家教文化是民族精神内化为个体道德素质的中介，是民族精神达于每个社会成员的桥梁。家教文化为民族的传播和培育提供了最广泛、最深厚的社会基础。"[②] 因此治国如同治家，也是在传承良好的治家之道。如北齐魏收的《魏书》卷九七"岛夷刘裕"记载义隆想派兵侵犯边境的故事。当时大臣江湛和徐湛赞同出兵，而沈义庆认为现在将帅兵士不及于檀道济当时的兵力，不可轻动兵甲。当时义隆将帅一意孤行，让江湛与沈义庆商量出兵事宜。沈义庆义愤填膺，说："治国如治家，耕当问奴，织当问婢。今欲伐国，而与白面书生辈谋之，事何由

---

① （明）朱伯庐：《朱子治家格言》，上海古籍出版社1991年版，第1页。
② 安云凤：《中国传统家教文化与民族精神的培育》，《齐鲁学刊》2005年第5期。

济?"① 义隆故步自封、不听劝谏,最终登城楼远望、心有悔忧、无利而返。治家就要谙熟家道、熟悉民情、把握时局、全盘考量。

谚语"治国容易治家难",也说明了家教文化在治理家务活动上的独特性。温州方言谚语从正反两方面,都提到了治家的不易与艰难。比如:

(1) 还未当家想当家,当起家来乱如麻。
(2) 人唔有千日红,当家唔有百日红。
(3) 当家人,狗也讙。
(4) 能管千军万马,难管厨房灶下。
(5) 管家外行,养猪不奘养狗奘。
(6) 糊涂账好算,家务事难提。
(7) 清官难断家务事。
(8) 家家有本观音经。
(9) 一家不知一家事,正宫娘娘纰苎丝。

温州谚语表明:如果没有成为当家主人,就急切想当家,真正把家交给他时,家务事就会乱成一麻。成为当家人了,就有了绝对的家主地位与权威,就连自己的狗也俯首帖耳。由于家庭成员的多元个性,为了权势也是硝烟四起,当家人的地位也不是不可一世,俗话说:"人唔有千日红,当家唔有百日红。"新老交替是必然。但如果不熟悉治家方法,就如同外行人做内行事,如谚语"管家外行,养猪不奘养狗奘","一家不知一家事,正宫娘娘纰苎丝"。就因为不懂家事,成为外行人,把养狗当宝、把养猪当草,也就像把正宫娘娘派去当织女。当然家务事繁杂细碎、不易管治。就算你是军队里的将军,能管住千军万马,但难以管好厨房灶下。因为人多口杂,众口难调。所以世人常说:"清官难断家务事","糊涂账好算,家务事难提"。每个家庭都有一本难念的经,即"观音经"萦绕心头。自古家务事本是婆说婆有理、公说公有理、剪不断理还乱。一般百姓,甚至官府部门都甚感头疼。比如清代郭小亭《济公全传》第四十二回"贞节妇含冤寻县主 济禅师耍笑捉贼徒"记载了一个小妇人喊冤的

---

① (北齐)魏收:《魏书》,中华书局1974年版,第2140页。

故事。小妇人赵氏,在丈夫死后守孀。一天,小妇人抱着末郎儿熟睡,使女叫门时,从小妇人院中跑出一个赤身男子,上下无根线。赵氏婆家哥哥见事不明理就要休弟妻,赵氏父亲为保名誉,让女儿勒绳抹刀自尽。赵氏不惧怕死亡,怕死后落一个遗臭万年的名声,就央求县老爷辩白冤情。县老爷听完此事,打算不管,说:"她告的她娘家爹爹赵海明,婆家哥哥李文芳,清官难断家务事。"① 后来济公呵斥"放着案不办,只会比钱粮",县老爷才将赵氏带回衙门审案。

治家不易,但重在修身。齐家是治国平天下的基础,俗话说:"一屋不扫,何以扫天下。"家国文化具有相通之处,治家要时刻地提升自己的修养,内化儒家的核心思想"忠、义、礼、智、信"来齐家治天下。

二 亲族关系:孝亲与宗亲

我国的传统文化,讲究孝道,重视家庭的和谐,并在家训文化的传承中,规约着每个家庭成员的职责与义务。孝道是考量一个家庭成员的重要德行标准,违背孝约、不修孝道,必自毙。温州方言谚语从正反两方面说明了孝亲的重要。正如《孝经·开宗明义》说:"夫孝始于事亲,中于事君,终于立身。"② 孝亲是从孝顺父母开始的,而且孝道也是天经地义的事情,天地之必然规律。如《孝经·三才》记载孔子的言论:"夫孝,天之经也,地之义也,民之行也。天地之经,而民是则之。则天之明,因地之利,以顺天下。"③ 温州方言谚语运用对比的修辞手法,告诫家庭成员要孝顺父母、尊敬长辈、修睦宗族亲戚关系。

(一)孝亲

孝亲是中华的传统美德。温州方言在孝顺亲人方面的谚语,也是朴素的家教文化的反映。比如:

(1)纳爻田粮官不怕,孝顺上辈天不怕。
(2)千里烧香,不如在家孝敬爹娘。
(3)孝顺上辈自有福。

---

① (清)郭小亭:《济公全传》,华夏出版社1994年版,第127页。
② (唐)李隆基注、(宋)邢昺疏:《孝经注疏》,北京大学出版社1999年版,第4页。
③ 同上书,第19页。

（4）孝顺儿千金难买，忤逆子一文不值。
（5）待上辈有福，待长工有谷。

温州谚语主张孝顺父母是天地人情，没有什么可以回避的。孝亲讲求实实在在、不慕虚名。孝顺长辈自己也会得到福报的。正如佛经《不思议光菩萨所说经》所言："母是我福田，哀愍所生恩。"[①] 孝敬上辈，就像种下福田，后辈们收获恩惠，自己也会有福报。正如谚语"待上辈有福，待长工有谷"。孝顺的儿子实属难得，堪比黄金千两。如果儿子不孝道，叛逆抵触父母的，亦是无用。中国的孝道不是形而上的，而是切身做实事，有儿无儿就看他的行为是否善亲。《孝经·经孝行》记载的孔子言论就告诉世人什么是真正的孝亲，比如："孝子之事亲也，居则致其敬，养则致其乐，病则致其忧，丧则致其哀，祭则致其严。五者备矣，然后能事亲。事亲者，居上不骄，为下不乱，在丑不争。居上而骄则亡，为下而乱则刑，在丑而争则兵。三者不除，虽日用三牲之养，犹为不孝也。"[②]

温州方言在孝亲方面，注重亲身实践。谚语认为只有痛彻心扉，才懂得孝顺的真谛。比如谚语：

（1）当家方知柴米贵，养儿方知父母恩。
（2）驮过姆姆，才晓得做娘的手衰。

在宋元时期，温州永嘉涌现了大量事亲孝亲的人物，比如明代王瓒、蔡芳著的《弘治温州府志》卷十二"人物"[③] 载录陈侃的事迹。陈侃是永嘉人，"事亲至孝，亲有疾，省膳尝药，夜不解衣，执丧尽礼。五世同居，家无异爨"，后来宋太宗嘉奖赠送旌旗"孝门陈君"，如今的温州永嘉建牙乡称其家为"陈孝门"。只有亲身经历了父母养儿养女之事，才能懂得做爹娘的辛苦，才能至孝纯善，事必躬亲。

---

① ［日］高楠顺次郎、渡边海旭等监修：《大正新修大藏经·经集部一》（第十四册），新文丰出版公司 1983 年影印版，第 671 页。

② （唐）李隆基注、（宋）邢昺疏：《孝经注疏》，北京大学出版社 1999 年版，第 38—39 页。

③ 王瓒、蔡芳著：《弘治温州府志》，胡珠生校注，上海社会科学院出版社 2006 年版，第 318 页。

在孝亲事亲方面，切不可倨傲不恭、专横无礼。父母是自己的根，子女要敬重父母，端庄严肃，这也是家教文化的重要内容。比如谚语：

(1) 山高遮不住太阳，儿大盖不住爹娘。
(2) 亲父母大不如天，养父母比天大。
(3) 子不嫌娘丑，狗不嫌主穷。
(4) 好牛不吃秧，好儿不打娘。
(5) 冇爹冇娘天无日。

对待父母，子女应有毕恭毕敬的态度，善事执礼。没有父母就没有子女，嫌弃自己的父母是无根之水，有悖人伦。当然，温州方言谚语也从反面警示着人们的行为，劝谏告诫。比如：

(1) 只有上孝下，唔有下孝上。
(2) 九子十三孙，独自造坟墩。
(3) 在生唔冇敬父母，死后何必哭坟头。
(4) 七十三，八十四，不死也是儿女眼里一根刺。
(5) 子养大，父母立亥门外。
(6) 儿子不孝，生一茅坑也冇用。
(7) 和尚无儿孝子多。

孝文化是家族的传承，对中国人的精神品格塑造起到了内在的支撑作用。杨凤勇认为："孝文化对中国社会的民族性和民族精神产生了积极而深远的影响。"[①] 以孝立身，报亲扬名是朴素的百姓情感。《颜氏家训·治家》曾指出："夫风化者，自上而行于下者也，自先而施于后者也，是以父不慈则子不孝，兄不友则弟不恭，夫不义则妇不顺矣。"[②] 家教文化的第一示范作用来源于父母的言行举止，即上行下效。父母以身示范、躬身自责。子女长期耳濡目染，就会无形中传承良好的家风家教。温州方言谚语从反面告诫人们要传承优良的家教文化。否则，老至暮年就没人愿意真

---

① 杨凤勇：《构建和谐社会的传统文化基础》，《石家庄学院学报》2008年第1期。
② （南北朝）颜之推撰、王利器集解：《颜氏家训集解》，中华书局1996年版，第41页。

心孝顺。生前不孝顺父母，死后也没有子女来送葬奔丧；等到自己七老八十，就成为儿女的"累赘"。父母把子女拉扯大，自己却无安身立锥之地；儿子再多，没有孝顺之心，就如同茅坑里的石头又多又臭。世人看见和尚没有儿子和女儿，但寺庙香火不断。因为芸芸众生皆是佛徒，前赴后继、跪拜祭礼。从这些朴素的孝顺德道观中，我们可以看出孝顺儿不在乎多，重要的是是否事必躬亲、行孝执礼。自古生儿育女来接续香火，但世俗人情也讲究仁爱宽厚，即使没有血缘关系的人也能成为至亲，行孝扬名。比如清代秦子忱《续红楼梦》第二十八回"传大道妙玉离太虚　证仙缘惜春成正果"[①]写凤姐的一番言论，就表明孝亲不一定就是嫡亲成员，如："四妹妹，你不用推辞，我替你想来，俗语说得好，'和尚无儿孝子多'。你瞧他们姊妹们受了千辛万苦，一个人一辈子能养几儿子呢。你看，你如今一点难儿不费，就是现成的十个孝子、两个孝女，一共就是十二个了，你还有什么不便宜的呢！"

在孝亲文化传承中，也有以反面口吻讽刺社会上的不孝行为，在社会主义核心价值观的弘扬中，我们应该摒弃。如谚语：

（1）有个老人不值钱，冇个老人值千金。
（2）有个老，觊是草；冇个老，讲是宝。
（3）娘啊娘，在生勿值钱，死爻值千钱。

（二）宗亲

宗亲是家教文化的继承与发展，也是孝文化的传播。它倡导家庭和谐的思想，即尧舜时期的"慎徽五典"思想：父义、母慈、兄友、弟恭、子孝。中国的传统家庭是一个大家族，成员裙带关系复杂，感情深厚而微妙，这在家教文化的传承中彰显着独特的风俗地貌。温州方言谚语也是在正面与反面中反映了这种世俗人情。比如谚语：

（1）儿要亲生，田要亲耕。
（2）肚皮不痛肉不亲。
（3）一亩萝卜一垄菜，自己亲生自己爱。

---

① （清）秦子忱：《续红楼梦》，北京大学出版社1988年版，第384页。

(4) 公婆惜大孙，父母爱末子。
(5) 一个儿女，一条肚肠。
(6) 岩边土，娘边女。
(7) 娘边奶儿骨边肉。
(8) 生起肉比贴上肉好。
(9) 有娘撒娘娇，呒娘尽命熬。
(10) 田跟娘，儿跟娘。

温州家族在儿女与娘亲的关系上，重视亲生骨肉，这也是中国传统的宗亲文化，比如"娘边女，骨边肉，生起肉"等。儿女须是亲生的，自己亲生的自己疼爱，有娘的儿女有娘撒娇，无娘的只能命运多舛。与此鲜明对比的是无娘无爷子女的悲惨命运。比如：

(1) 鸡无三条腿，娘有两条心。
(2) 亲儿打上床，授儿打出街。
(3) 好柴不如青竹，后娘不如亲叔。
(4) 有了晚娘有晚爷。
(5) 二三月的天，晚娘的脸。
(6) 六月的日头，晚娘的拳头。
(7) 晚娘辣头，云眼热头。

这些谚语说明了宗亲文化中的亲疏有别。"授儿"指养子，"亲叔"温州方言指继父，"晚娘"指继母。因为不是自己的亲骨肉，子女就会受到不同的待遇，继母行为的阴晴不定与凶横残暴给子女带来灾难。所以，温州的宗亲文化特别强调人伦的亲疏关系。

在宗亲文化中，因为奉行兄友弟恭的思想，在家族成员失亲时，兄嫂就承担起了家族的重担，也给予了他们情感的抚慰。如谚语：

(1) 秧田一半稻，奶嫂一半娘。
(2) 呒爷兄长就是爷，呒娘兄嫂就是娘。

孝悌文化强调兄弟之间的情谊，要互帮互助，维系家族的和谐命脉。

宗亲思想在大是大非面前，很好地起到了团结一心的作用。比如谚语：

（1）打虎必须亲兄弟，上阵还着父子兵。
（2）兄弟是个桶，打爻会箍拢；朋友是只缸，打爻就掼爻。
（3）兄弟相打不记恨。
（4）打断骨头连着筋，是亲总是向三分。
（5）真情割不断，结拜不长情。
（6）不是你田里稻，也是你田里草。
（7）手睁骨打断爻向衫袖底伸。
（8）手睁骨头烂爻也往底弯。

兄弟之间在危难时刻能够共御外敌，彼此就算有嫌隙也不应记恨在心，就算打断骨头也是连着筋，这是血缘亲情关系，割舍不断。即使彼此骨头打烂，也是自己隐忍吞苦，不会让对方难过。这种宗亲文化一直是中国民族文化的传统，是当代家教文化文化根基。但兄弟成家，也有自己的生活，但还得互相尊重、避免矛盾。比如谚语"兄弟兄弟，各人饭米"，"兄弟兄弟，隔家借米"。温州方言谚语很好地说明了这一点。比如：

（1）树大分权，兄弟大分家。
（2）稻秆堆经不起两头抽，好人家经不起三股分。
（3）千金经勿得三份分。
（4）镬灶前站不得两姓人。
（5）娘饭香，夫饭长。兄嫂饭，如刀枪。
（6）种田人怕耘草，独自人怕兄嫂。
（7）青皮岩头会跌人，青面嫂嫂会骂人。
（8）叔伯姆多了是非多，小姑多了麻烦多。
（9）拔爻萝卜地皮宽，嫁出姑娘阿嫂宽。

兄弟分家是生活个性的必然，但分家如若各行其是，家庭就有倾覆的危险，正如稻秆也经不起两头抽拉。家族成员多了，关系就会变复杂，妯娌小姑、兄嫂弟媳就会暗生嫌隙。这也是宗亲文化的必然现象。它反映了自古以来个性解放带来的生活弊端，对于和谐家族关系的传承从反面拉响

警报。随着宗亲文化的发展,尤其是当代社会物质文化与精神文化发展的差距,宗亲文化面临挑战。比如:

(1) 一代管一代,多管就是呆。
(2) 一代亲,二代表,过爻三代各了了。
(3) 一代管一代,茄儿拔爻栽芥菜。

在社会主义核心价值观的构建中,我们应明辨是非,维系和谐的宗亲关系。如谚语"抱儿有日子,抱孙抱到死"反映的这种隔代亲,奉献儿孙的宗亲文化,正受到新兴价值观的抵触。宽严兼济的中国传统文化,认为"儿孙自有儿孙福,勿为儿孙做牛马",放手管束、解放自我,也许是现代老龄社会人士的福音。子女成年后,应有自己的生活。酸甜苦辣,亦是人生,勿须担忧。正如元代马致远《马丹阳三度任风子》第二折说:"俺爷娘枉守爷娘苦,儿孙自有儿孙福。"①

三 夫妇关系:重在讲信修睦

温州方言谚语在家教文化的传承上,也很重视父母的言行与立身行事,这是一种隐性的家庭教育。它通过父母的人生观、价值观、道德观来感染子女,给子女潜移默化的熏陶。谚语从正反两个方面演绎了夫妇关系,强调讲信修睦、维持和谐的家庭关系。比如:

(1) 砌墙要打基,理家要贤妻。
(2) 亲不过父母,近不过夫妻。
(3) 娘家饭香,夫家饭长。
(4) 上床夫妻,下床君子。
(5) 酒肉朋友,糟糠夫妻。
(6) 朋友重义,夫妻重情。
(7) 男人是田,查某是岸。
(8) 查某不顾家,家产去一半。
(9) 好狗不咬鸡,好汉不打妻。

---

① 徐沁君校点:《新校元刊杂剧三十种》,中华书局1980年版,第220页。

（10）柴米油盐，夫妻相连。

治理家庭还需要贤妻，就像盖房子打地基一样，打得牢、打得好，就要好配偶。父母是血缘关系，夫妻是婚姻关系，最亲密的关系比不过夫妻。吃饭过日子，还是夫妻俩细水长流，婆家或娘家的饭菜，一时香但不长久。一日夫妻百日恩，百年夫妻修得同船渡，千年夫妻修得共枕眠。夫妻之间讲究责任与义务，举案齐眉、互修共好。朋友与夫妻情分比较起来：朋友是酒肉席上的交往，而夫妻是同甘共苦的伴侣；朋友讲究的是道义，夫妻讲究的是情义，而情义是无价的，所以无论何时，夫妻的人伦关系要重于朋友的友谊。温州男女在生活中是相互依靠的，尤其是在农耕文化时代，男人就是耕作的田地，女人就是田地的堤岸，有边有际、相互依存。"查某"，温州方言，指妇女。所以柴米油盐，夫妻在生活中是紧密相连的。如果"查某"不照顾家，不好好经营家庭，家产就要败坏。夫妻为了共同的家，互相尊重、互相努力，才能创造和谐幸福的生活，所以"好汉不打妻"。夫妻之间应平等相待，不可骄纵奢淫，正如谚语"新摸老婆不可宠"和"犟妻拗子，无药可治"所言。娶老婆，不能太过溺爱，否则脾性倔强，家庭纷争吵闹。最后是"有吃对你讲，冇吃对你吵"，"有钱有银夫妻亲，无钱无银吵家神"及"有柴有米是夫妻，冇柴冇米各东西"。夫妻之间应平等尊重、互体互谅。

四 婆媳关系：谨遵温顺守礼

婆媳关系在私有制确立以后，就成为中国家庭结构和家庭关系中的主要关系，这种关系的出现隐含了诸多的因素，比如心理、文化、社会以及伦理、国家与民族精神。陈馥丹指出："家庭是一个包含多种社会关系的实体：亲子关系、兄弟姐妹关系是以血缘关系为基础，夫妻关系则是以婚姻关系为基础，而婆媳、妯娌关系则是因婚姻而衍生出来的次关系。"[①]婆媳关系的稳定，对于家庭的和谐、家教文化的传承具有重要的作用。温州方言谚语从正反两方面，以劝说、告诫或警醒等方式，凸显婆媳矛盾的纠结，这也反映了传统农业社会和传统民间文化的根节。比如：

[①] 陈馥丹：《中国婆媳关系初探》，《社会心理科学》2011年第9期。

（1）老早养了怕抽丁，如今养子怕揆亲。
（2）揆个新妇去个儿。
（3）关上洞房门，爹娘是别人。
（4）吃奶不亲揆奶亲。

  这些谚语反映了婆家对儿子娶了媳妇忘了娘的不满，也从反面告诫儿子与儿媳应敬奉长辈。婆媳之间的深层矛盾与冲突是多种因素造成的结果。邹鑫等人在《婆媳冲突成因的混合方法研究——质性与量化的结合》中就指出，婆媳冲突的主要因素包括"观念和行为的差异、自己人和外人的区分、权力和资源的争夺"①。因婆媳之间在日常生活中存在的性格差异、饮食和生活习惯的差异、代际差异以及家庭背景、风俗习惯，就"必然塑造出婆媳不同的人生观、价值观、个性特征、兴趣爱好和行为习惯"。所以温州方言谚语在对待新媳妇的态度、做法以及与儿媳妇娘家的行为上都深刻地诠释了婆媳冲突的现象。比如：

（1）上岭长，落岭长，还是地家好似娘。
（2）河埠踏头新妇诉地家，拜佛堂前老娘诉新妇。
（3）公爱馄饨婆喜面，巧妇难得公婆心。
（4）做天难做三月天，做人难做人新妇。
（5）丑媳妇总得见公婆。
（6）潦河落过大晴天，地家死爷新妇出头年。
（7）堂屋椅子轮流坐，新妇也会做婆家。
（8）未见新妇新妇香，见了新妇辣如姜。
（9）做丈母娘嘴尖，做地家娘眼尖。
（10）地家当不得娘，瓦砾砌不得墙。
（11）扇风不凉发风凉，地家尽好不及娘。

  女子出嫁后成为别人的儿媳妇，婆家与娘家相比，由于心理的落差与生活环境的改变，在儿媳妇看来"地家"只是好像娘家，因为毕竟不是

---

① 邹鑫等：《婆媳冲突成因的混合方法研究——质性与量化的结合》，《北京大学学报》（自然科学版）2015年第1期。

自己的娘家。"地家"温州方言,指婆家。所以,新妇常常哭诉婆家的不是,而娘家人日夜在佛堂前相拜,祈祷女儿在婆家的生活。每个父母都爱自己的子女,这种偏爱与血缘关系相连,也与自己的性格偏好和生活习惯相关,更是对自己权威地位的担心,于是婆媳之间的矛盾必不可免。公公爱吃馄饨,婆婆喜欢吃面,所谓众口难调,巧媳妇难讨公婆心。做人难,但更难的是做人新妇。婆媳之间的矛盾在传统社会乃至当代社会的某些家庭中也是不可改变的。以上方言谚语深刻地反映了婆媳之间的冲突是落后社会思想意识的泛滥。尤其养儿防老,儿媳是对自己养老资源剥夺的思想。对于广大农村婆媳关系来说,这是主要的冲突根源。比如谚语:

(1) 千年房族百年亲。
(2) 有儿靠儿,冇儿靠侄。
(3) 靠亲房,眼觇光。

  由于当代农村养老保障制度的不健全,传统家庭中婆婆主要靠儿子来养老,而媳妇对儿子的"占有"会影响到婆婆的养老保障,温州宗亲文化的养老思想还是传统的养儿防老。如果没有儿子就会看重子侄,看重亲戚中的男子。所谓的"千年房族百年亲",这种宗亲传统在现在温州民间也比比皆是。但这也会造成过于依赖而不能自立的懒惰思想,比如谚语"儿子不会寻吃,只讲太公爷坟做不着"。

  另外,温州方言谚语在娘亲与女儿的孝道传承上也充满了正向的指导作用,他们主张儿女应常回家看看、讲究孝道、善待亲人。比如:

(1) 百岁女儿不断娘家路。
(2) 千年不离家祖,百年不断娘家路。
(3) 娘最亲最好,奶儿也不能守娘白头到老。

  以上方言谚语在对待婆媳关系上,大多是从反面训诫家庭结构与家庭关系的不和谐,但从侧面告诉我们应该构建和谐的家庭关系。崔应令指出,现代社会的发展对传统的农业社会带来了巨大的冲击,尤其是对传统思想的瓦解,"代之以延续千年的父权制家庭制度的是一种家庭成员享有更多独立、彼此更为平等的新型家庭制度"①。这种多元的家庭内部因素共同影响、制约着婆媳冲突,为构建和睦的家庭关系奠定了稳固的基础。由婆媳关系构建的家教文化传统,温州方言谚语强调温顺守礼的质朴家庭风俗观。蔡克骄、刘同彪《明代温州民俗文化》就指出:"永嘉尚礼文,重丧祭,妇女无故不出户庭,耻向官府,不行鬻于市;瑞安俗近永嘉,然尚俭约;乐清多刚直,尚节操,间有坏伦理者,不容于里。平阳尚朴,不务斗争;泰顺俗近平阳,更质,此皆俗之美者。"②《项氏家训》也提出了孝顺父母的做法,如"孝顺的,平居必供奉衣食,虽贫不辞;有病必亲奉汤药,虽久不息;有事必代其劳苦,虽难不避"。③ 这些孝道的方式,对于处理婆媳关系,构建和谐的新型家庭文化起着承前启后的作用。

第二节 子女教育

王瓒、蔡芳在《弘治温州府志·风俗》里记录道:"凡通都巨邑,四方辐辏,俗沦以杂。吾瓯界于海山,聚惟土育,风淳俗良,盖自晋始而盛于宋。师友渊源,焯闻天下,而伊洛、武夷之学在焉。"④ 从晋代到宋,浙南地区风俗淳良,教化有方。这与宋代发达的温州讲学活动有着重要的关系。宋神宗元丰年间(1078—1085)就有永嘉九先生的美谈。孙诒让《许景衡横塘集跋》说:"宋元丰间作新学校,吾温蒋太学元中……同游太学。以经明引备知名当世。自蒋、赵、张三先生外皆学于程门,得其传以归,教授乡里。永嘉诸儒所谓'九先生'者也。"⑤ 永嘉九先生,大多都受到程颐亲传,其教育思想影响了当地民间乡里的家教文化,其讲学活动对浙南温州地区的家庭子女教育思想也有着潜移默化的影响。

元明时期,学院兴盛,继承和发扬了南宋书院的风格,如温州鹿城书院、永嘉县的鸡鸣书院与贞义书院等。而以私学形式出现的家塾、私塾在

---

① 崔应令:《婆媳关系与当代乡村和谐家庭的构建》,《武汉大学学报》(哲学社会科学版) 2007 年第 3 期。

② 蔡克骄、刘同彪:《明代温州民俗文化》,知识产权出版社 2010 年版,第 205 页。

③ 同上书,第 217 页。

④ 王瓒、蔡芳著:《弘治温州府志》,胡珠生校注,上海社会科学院出版社 2006 年版,第 10 页。

⑤ 沈善洪编:《浙江文化史》,浙江大学出版社 2009 年版,第 580 页。

浙江颇为兴盛。明代还出现了大教育家王守仁。他是浙江余姚人，从事儒学思想传播近二三十年之久。他的"致良知"思想，盛行江浙两广，影响所及，无疑对浙江教育事业的发展起到了积极的增益推广作用。

从宋元明清，伴随着书院与私塾、家塾教育思想的传递，浙南地区就非常重视子女的教育，温州方言谚语就凝聚着民间进步的教育思想。调查《温州市歌谣谚语卷》中的方言谚语，笔者提出子女教育思想反映的家教文化，主要表现在进步的子女生育观和家庭教子观两个方面。

一 进步的子女生育观

生育是每个完整家庭的必备环节，人们对待生育的不同观念也影响着家庭生活的行为方式与生活质量，从而形成不同的生育文化。生育文化，李银河说："是人类在生育这一问题上的一整套观念、信仰、风俗及行为方式。"[1] 生育文化，从古至今其传统观念就是传宗接代、光宗耀祖、养儿防老与养老送终，其目的都是从父母个人的得失、发展和老年生活的保障及家族利益出发。这种生育文化的核心是生育的数量与质量。张一兵在《生育文化》中指出："如果说，人的抚养能力是一个常数，那么，生育质量便近似地等于抚养能力与生育数量之比；数量越多，质量便越低，这就是生育中的质量倾斜。"[2] 对待生育的数量与质量，温州方言谚语超前了浙江以外省份的传统生育观念。他们认为生育子女，不在数量，而重在质量；数量越多，生活越苦，并且认为生育越多，就会多灾少福；在生育的男女性别方面，主张男女平等、男女同好。

（一）少生优生

温州地处浙江省东南部。历史上温州历夏、殷、周为瓯地，后世"瓯越"作为温州的别称。明清时期，温州地区在地形特征上"瓯郡环海阻山，其地西南稍高而东北渐下"，是一个相对封闭的区域。陈丽霞认为"鉴于人们的生活、社会经济结构以及风俗习惯，往往在很大程度上受地区环境的影响"。[3] 因此生存环境会直接或间接左右温州地区的生育文化。然而，地域的封闭并没有限制温州民间进步的生育观念，他们主张少生优

---

[1] 李银河：《生育与村落文化》，文化艺术出版社2003年版，第11页。
[2] 张一兵：《生育文化》，北方文艺出版社1991年版，第144页。
[3] 陈丽霞：《历史视野下的温州人地关系研究》，浙江大学出版社2011年版，第11页。

生、摒弃多生多养。比如：

(1) 儿女不用多，生着只用一个。
(2) 好儿好女不用多，只要一个贴心头。
(3) 好儿只用一个，好菜只要一碗。
(4) 好儿不用多，黄金无论箩。
(5) 少生少养花娘娘，多生多养猪母娘。

这些谚语，从宋元明清以来的生活习俗来看，温州民俗都主张少生与优生。只要有一个子女，都会尽心尽力去教养，长大了就能成为贴心头，子女多了他们反而认为无益。"贴心头"，温州方言指体贴关心人的人。子女不需要多，真正能成为有用之才的人，一个足够。好儿就像一碗好菜，一个就行。生儿不用多，在温州经济生活的观念下，子女多了会耗财耗力，倒贴金银。如果只有一个子女，就不会像用箩论黄金的分量去计较养育成本。少生少养，才会有时间关注自身的生活质量。相反多生多养，就会把自己弄成像养母猪一样，成为生孩子的工具。这种少生优生的生育文化，在现代新型的社会结构中，有利于提高人口的质量和家庭结构的稳定。

(二) 少生多福

温州方言谚语，在生育文化中，认为少生能给自己带来福报，会改善生活境况；相反多生，不仅不能给自己带来生活保障，还会多灾多难。这种生育观念，是对传统生育观的挑战，但契合了现代新型生育观。而这种生育观也带来了父母与子女、社会与家庭之间的代际关系的改变。1978年中国共产党在七届三中全会上提出"最好生一个"和"晚婚、晚育、少生、优生"的号召。而地处沿海相对封闭的温州，在改革开放前的明清乃至现在就有这样超前的、进步的生育观，彰显着浙江宋元以来学堂教育文化的熏陶与感召。比如：

(1) 草多田冇谷，儿多不是福。
(2) 多子多怨。
(3) 多智多财，多子都灾。
(4) 多生多过，少生多福。

（5）一男一女是朵花，三男四女是冤家。

（6）女儿一大班，一世人唔有解。

（7）多子多苦，老人住上间角。

谚语表明：多子或多女，对家庭来说都不是一件好事情。谚语运用正反对比，认为少生多福、多生是灾。在他们看来，子女多了，会结仇怨，也会造成家庭代际关系的紧张。因此，温州人喜欢一男一女，认为这样凑成一个"好"字，男是花女也是花，幸福无比。如果生养三男四女，就会成为"冤家"，家无宁日。如果生养女儿一大堆，这辈子就会没有办法嫁出去。因为温州的婚俗中，嫁女都需要陪嫁妆。"唔有解"，温州方言指"没有办法"。多子多灾、少生多福，是温州民俗的传统思想。现代的生育观，父母站在个人与家庭的角度，为自己考虑的同时，也为子女未来的生存与全面发展着想。多子不再是外省人所想的多福，而是多子多苦。因为付出的心血更加辛苦，最后连房屋都没有多余的，留给自己的只有房屋的一个小小角落。可以说，温州人在生育的数量与生活的质量方面，更加注重生活的质量，而要想提高生活质量，最小的成本就是少生。这与温州人商业头脑的精明不谋而合。

（三）养子防老，男女平等

养子防老是中国传统的生育文化，也是中国稳定的家庭结构的代际关系。从唐代开始，中国人就有这种村落式的生育观。如唐代诗人元稹的乐府诗《忆远曲》"嫁夫恨不早，养儿将备老"[1]。元代高明《蔡伯喈琵琶记》第三十出也说"养儿代老，积谷防饥"[2]。明代《警世通言》第十二卷"宋小官团圆破毡笠"也提倡"养儿待老，积谷防饥"[3]。清代曹雪芹《红楼梦》第一百回"破好事香菱结深恨　悲远嫁宝玉感离情"说："大凡养儿女是为着老来有靠，便是小户人家，还要挣一碗饭养活母亲；那里有将现成的闹光了，反害的老人家哭得死去活来的？"[4] 从唐代至清代，乃至现代的中国家庭代际关系，都还是坚守着传统的养子防老的观念。温

---

[1]（唐）元稹著、谢永芳编：《元稹诗全集》，崇文书局2016年版，第478页。
[2] 王季思主编：《全元戏曲》（第十卷），人民文学出版社1999年版，第232页。
[3]（明）冯梦龙：《警世通言》，天津古籍出版社2004年版，第210页。
[4]（清）曹雪芹、高鹗：《红楼梦》，人民文学出版社1973年版，第1281页。

州方言谚语也提倡这一传统观念。比如：

  （1）人望子孙树望叶。
  （2）少年得子甜如蜜，临老无儿苦黄连。
  （3）呒配，卤也好；呒男，女也好。
  （4）仔会爬，母套枷。

  温州民俗与其他地域都有相同的传统生育观，都希望组建家庭结构的成员添子添孙，就像树木盼望春天发芽长叶一样。少年生子是甜蜜幸福的事情，如果到老了，还无儿无女，无依无靠，日子的滋味会比黄连还苦涩。从孩子小时候会爬开始，做母亲的就用带小孩的车枷牢牢系好，好生看养，也是希望日后能够有所依靠。这些都是朴素的乡村生育文化。对比现代城市生育文化，稍显传统落后，但代表了中国广大民间大众的思想。在对待谁来养老的问题上，温州民俗又表现了豁达的胸怀与开放的思想，他们注重男女平等，认为男女都是心头肉，都是可以用来防老的依靠。而不像其他地域文化中坚持男尊女卑、男主女次、男亲女疏。

  另外，在生育文化中，温州方言谚语也形象地描绘了养育子女的成长过程，表达了父母的殷切盼望与浓浓的关爱。比如：

  （1）七坐八爬九出牙。
  （2）小女每儿倒倒快大。
  （3）会长长毛发，不会长长指甲。
  （4）三女一貌，三子一豹。

二　家庭教子观

  温州地处浙南偏安一隅，拥有独特的地域风貌，超前的子女生育观以及淳朴亲善的乡约礼俗，使家庭子女的教育有着天然敦厚的教育观。从宋至明清，瓯越之地的温州普遍重视家庭教育。如宋真宗赵恒有《劝学诗》说："富家不用买良田，书中自有千钟粟。安房不用架高梁，书中自有黄金屋。娶妻莫恨无良媒，书中自有颜如玉。出门莫愁无随人，书中车马多如簇。男儿欲遂平生志，六经勤向窗前读。"沈善洪主编的《浙江文化史》指出清代各府、州、县均设有学校,"凡近乡子弟年十二以上、二十以下,有志于学文者令入学肄业"①,对于孤寒生童则明令可入"义学",在穷乡僻壤皆立义学,义务教育农家子弟。对教育的重视,最直接地体现就在家庭教子观上。调查温州方言谚语,浙南地区的家庭教子观,主要体现在四个方面:教子成本、父严子孝、早期教育、修身正己。

(一) 教子成本

宋代以来温州地区就一直持续延绵着耕读文化,一些族规族谱记载着一些劝学警句,如"读可荣身,耕可致富,勿游手好闲,自弃取辱,少壮荡废,老朽莫及"。南宋温州地区科举兴盛,"唐人才稍出,宋元为盛"。明代温州"名流胜士,继踵而出"。这从侧面反映了温州地区对文化教育传播的重视。方言谚语在教子成本观上,也体现了这种观念,他们主张不惜成本,重视教育的投资。比如:

(1) 打铁不惜炭,养儿不惜饭。
(2) 生子千斤重,教子重千斤。

对教育的重视,需要投入相应的教育成本。温州有家产的人家子弟,不惜投入重金,教子成人,寻求仕途之路。正如打铁需要炭火,只有炭火旺,燃料足才能打出好铁。养儿也一样,要想他长大成人,将来有一番作为,如谚语"朝为田舍郎,暮登天子堂"所说,就不要疼惜粮食,不要计较教育投入的成本。谚语"生子千斤重",指生养是人生的重大事情,但"教子重千斤"。教育子女不仅是一件重要的任务,也需要沉重的教育投资。

(二) 父严子孝

温州方言谚语在教育子女的父子关系上主张父严子孝。谚语认为只有为父严肃恭敬、慈善有度,子女日后才会恪守孝道、礼让谦逊。代际关系教育中,父子关系的角逐需要明辨各自的职责。传统中国的教育思想,认为子不教父之过。从侧面强调了父子教子的重大考量。如元代无名氏《张协状元》第三十一出有"(白) 养子不教父之过,有书不学子之

---

① 沈善洪编:《浙江文化史》,浙江大学出版社2009年版,第596页。

愚"。① 父严子孝，一方面强调了父亲作为教育者角色的威严与慈爱，另一方面告诫教育者不可溺爱害子。比如：

（1）宠子不教父之过。
（2）事虽小不做不成，子虽贤不教不明。
（3）田种不好一年荒，子教不好一世荒。
（4）当面教子，背后教妻。
（5）棒头教出孝顺子，箸头吭出忤逆儿。
（6）烊雪比落雪冷，宠儿比打儿孬。
（7）越让越犟，越就越毛长。
（8）宠子不孝，宠猪拆灶。一作：宠子不孝，宠狗爬灶。
（9）十八岁的后生饿死怨勿得爹，十八岁的媛主冻死怨勿得娘。
（10）好男不享祖公业，好女不着随嫁衣。
（11）好儿不吃分家饭，好女不着嫁时衣。
（12）生儿一身，难保一世。
（13）宁养败子，勿生呆子；呆儿呆到老，败子回头是个宝。
（14）养儿不争气，番薯压夏至。

　　父母与子女有着深厚的血缘关系，往往会使父母爱子纵子，但恣其所欲地放任与溺爱，就会造成因爱生恨、因爱酿祸。宠子不教父之过，就会把宠爱的子女犯下的过错归咎到父亲的教育上，对父亲平日的骄纵予以谴责。在教育子女问题上，无论大事或小事，都需要亲自实践。谚语"事虽小不做不成，子虽贤不教不明"提出事情不能因为觉得是小事，就放任自流，最后小问题就会演变成大事件。子女即使聪慧贤明，如果不去教导启迪，最后问题还是一知半解。谚语告诫凡事无大小，都需实践出真知，实干有成效。中国古人很早就强调见微知著。如汉代韩婴《韩诗外传集释》卷四说："道虽近，不行不至；事虽小，不为不成；每自多者，出人不远矣。"② 汉代的董仲舒《春秋繁露·正贯》云："如是则言虽约，

---

① 王季思主编：《全元戏曲》（第十卷），人民文学出版社1999年版，第88页。
② （汉）韩婴：《韩诗外传集释》，许维遹校释，中华书局1980年版，第159页。

说必布矣；事虽小，功必大矣。"① 北宋王溥《唐会要》卷五十六"左右补缺拾遗"有"伏以事虽小而关分理者。不可失也。分理一失。乱由之而生"②。一直到清代纪昀《阅微草堂笔记》卷十二"槐西杂志二"也说："此语猥亵不足道，而其理至精；此事虽小，而可以喻大。"③ 因为事小，但有时关乎分理，可以以小喻大，所以子不得不扶持把教。

谚语"田种不好一年荒，子教不好一世荒"表明田地如果种不好，就会影响一年的收成。如果是荒年，就会颗粒无收。如果子女教导不好，就会影响他一生的前程，一辈子都会庸庸碌碌、无所作为。谚语从反面告诫教育督导的重要。

谚语"当面教子，背后教妻"，意思是父辈当着孩子的面严厉苛责，希望他学会精进，但又担心言语"暴力"会伤害爱子，就会在背后告诉妻子要安抚受教子弟。父亲充当严与慈的双重角色，展现"威严而有慈"的双重人格，目的是使子女畏惧而生孝道。威严与慈爱拿捏分寸、有机结合、辩证对待，这是家庭教育的艺术境界。颜之推在《颜氏家训·教子》中强调威严，认为"父子之严，不可以狎；骨肉之爱，不可以简。简则慈孝不接，狎则怠慢生焉"④。

因为溺爱害子，所以古人都主张戒除溺爱。如谚语"棒头教出孝顺子，箸头吤出忤逆儿""越让越犟，越就越毛长""宠子不孝，宠猪拆灶""烊雪比落雪冷，宠儿比打儿孬"，都是强调溺爱养育的宠子，最终害人害己。颜之推是中国最早阐述摒除溺爱教育观的人，他主张严教才是真正的爱子，如《颜氏家训·教子》"吾见世间，无教而有爱，每不能然；饮食运为，恣其所欲，宜戒翻奖，应诃反笑，至有识知，谓法当尔。骄慢已习，方复制之，捶挞至死而无威，忿怒日隆而增怨，逮于成长，终为败德"⑤。温州民俗的教育观，也反映了颜之推的教育思想。宠子、溺子不会培养出孝子，只会造就逆子、顽劣之徒。"越就越毛长"，温州方言，指越迁就越顽皮。从元明时期，中国的传统教育主张"棒头出孝子"，也

---

① （清）苏与撰：《春秋繁露义证》，钟哲点校，中华书局1992年版，第144页。
② （北宋）王溥：《唐会要》，上海古籍出版社2006年版，第1142页。
③ （清）纪昀：《阅微草堂笔记》，新兴书局1977年版，第232页。
④ （南北朝）颜之推撰、王利器集解：《颜氏家训集解》，中华书局1993年版，第15页。
⑤ 同上书，第8页。

是严教的代表。如元代秦简夫《晋陶母剪发待宾》第二折云："（唱）大古里子孝父慈。不争着秀才每无忠信，便使美玉生瑕疵。你待要闺中养艳姝姐姐也，我则理会的棒头出孝子。"① 明代《初刻拍案惊奇》卷十三"赵六老舐犊丧残生　张知县诛枭成铁案"说："棒头出孝子，箸头出忤逆。"② "棒头出孝子"是严厉苛责，杜绝溺子的教育方法。但应注意节制有度、把握分寸，否则就会酿成家庭暴力、产生悲剧。

温州方言谚语还从反面告诫宠子、溺子要学会自食其力，切勿做"啃老族"。如谚语"十八岁的后生饿死怨勿得爹，十八岁的媛主冻死怨勿得娘""好男不享祖公业，好女不着随嫁衣""好儿不吃分家饭，好女不着嫁时衣""生儿一身，难保一世""养儿不争气，番薯压夏至"。这些谚语的字面意思是：男子十八岁成人后就得自谋生路，女子十八岁就得学会照顾自己；好男儿不坐享其成祖辈的产业，好女儿不指望陪嫁的物品；好儿郎孝顺父母，不另起炉灶，好女儿不穿出嫁时的服饰，自己添置衣物；生儿给予他肉身，但难以保全他一世的生活；养儿子若不争气，冬天的番薯会迟到夏天。谚语的深层语义是强调教育子女时父严子孝，溺爱害子，子女更要自强自立。

此外，温州民俗在"败子"与"呆子"的教育观上，表现出地域特性。他们宁可选择"败子"，也不可选择"呆子"。理由是"败子回头是个宝，呆儿呆到老"。谚语"宁养败子，勿生呆子；呆儿呆到老，败子回头是个宝"反映出了温州教育的佛家思想。佛家有云："苦海无边，回头是岸。"这也说明了教育的对象是心智齐全的人，先天生理缺陷的人造成教育失衡。

（三）早期教育

温州方言谚语强调早教的观念。"早教"是中国古代教育家"早谕教"的思想。南北朝时期的颜之推就提出"固须早教，勿失机也"的教育观念。他认为家教最好是从胎教开始，普通家庭如果无法进行胎教，可以从婴儿开始教育。《颜氏家训·教子》云："古者，圣王有胎教之法；怀子三月，出居别宫，目不邪视，耳不妄听，音声滋味，以礼貌节之。……凡庶纵不能尔，当及婴稚，识人颜色，知人喜怒，便加教诲，使

---

① 杨家骆主编：《全元杂剧·二编三》，世界书局1988年版，第1196页。
② （明）凌濛初：《初刻拍案惊奇》，天津古籍出版社2004年版，第144页。

为则为，使止则止。比及数岁，可省笞罚。"① 颜之推强调早期教育对子女的重大影响。温州方言谚语也体现了民间注重从小教育的思想。比如：

(1) 树小扶直易，树大扳直难。
(2) 好葫芦结好瓢，好树苗结好桃。
(3) 芥菜不剥不成株，儿不教不成人。
(4) 小时不教，大起不孝。
(5) 少年芥菜剥，大起做落壳。

谚语提出教育的时间观念，强调从小抓起，从小引导与规范，把不良的行为扼杀在萌芽开端，培养根正苗红的人才。因为树小的时候扶直容易，而长大了，各种姿态与长势，脾气与性格就很难改正。人的成长也是一样，儿童思想未定，早期教育有利于潜移默化的熏陶与迁移。要想好葫芦结好瓢，好树苗结好桃，首先要种子好、桃苗好，否则长大了就会变异。芥菜叶子不剥，就会肆意疯长，没有主心骨，只长叶不长株。少年教育不去管束、放任狂纵、骄奢淫逸、不学诗礼，长大了就会因缺乏家教成为强盗、不能修正果、走正途。"做落壳"是温州方言，意思是"做强盗"。可见早期教育的重要。《颜氏家训·慕贤》也提出了早期教育对子女长大成人有着正向迁移的影响。颜之推说："人在年少，神情未定，所与款狎，熏渍陶染，言笑举动，无心之学，潜移默化，自然似之。"②

温州民间宗族也是从小注重教育青年子弟，如《项氏族训·教训子孙》说："人家子孙，从幼便当教以孝、弟、忠、信、礼、义、廉、耻八个字名义及足容重、手容恭、目容端、口容止、声容静、头容直、气容肃、立容德、色容庄等九件规样，使知蒙以养正。"③ 这种注重早期教育的思想，使后代贤达、家门昌盛。

(四) 修身正己

家庭教育的多元关系纽带中，父母的修身最为紧要。《论语·子路》

---

① （南北朝）颜之推撰、王利器集解：《颜氏家训集解》，中华书局1993年版，第8页。
② 同上书，第127页。
③ 蔡克骄、刘同彪：《明代温州民俗文化》，知识产权出版社2011年版，第218页。

云:"其身正,不令而行;其身不正,虽令不从。"① 修身做人,家长也应以身作则、注重修养,只有"正身"才能"养"下。温州方言谚语在教育者的修养上,也是主张修身正己、端正教育的态度与价值取向。比如:

(1) 口教不如身教。
(2) 教儿要好娘,种稻要好秧。
(3) 看儿先看娘,看兵先看将。
(4) 吭好蒲瓜,吭好种。
(5) 为老不尊,教坏子孙。
(6) 父母是子女样子,子女是父母镜子。
(7) 一代骄媳妇,三代骄儿孙。
(8) 教子莫骄,教女莫娇。
(9) 做小打娘,娘笑;大起打娘,娘跳。
(10) 赐子千金,不如教子一艺。

谚语"口教不如身教",强调身教的重要。言传身教一直也是中华民族的传统家风,行动往往比话语更有说服力。《论语集注·先进》朱熹注说:"以身教者从,以言教者讼。"② 谚语"教儿要好娘,种稻要好秧","看儿先看娘,看兵先看将","父母是子女样子,子女是父母镜子","做小打娘,娘笑;大起打娘,娘跳","为老不尊,教坏子孙","吭好蒲瓜,吭好种"等都强调了"娘"在家庭教育中引导者的重要作用。如果"娘"不修身、不正己、为老不尊,就会教坏子孙。过度的宠爱,小时可爱,长大就会骄惰放肆,以致产生霸凌行为、破坏家风。就像想收获好蒲瓜,得有好种。母体本身行为不端、缺爱严肃与恭敬,子女耳濡目染就会浸润恶习、不能修成正果。所以谚语劝诫教育子女不要骄纵、放任。自身骄纵,培养的子孙三代都可能是娇气儿、骄溺子,无法立足社会。作为教育的引导者,最好的教育目的是传授技艺,而不是赐子千金家财。千金散尽也就坐吃山空,自取灭亡。俗话"授人以鱼,不如授人以渔"。谚语"教子莫骄,教女莫娇","赐子千金,不如教子一艺"正表达了温州民俗质朴的

---

① (魏)何晏注、(宋)邢昺疏:《论语注疏》,北京大学出版社1999年版,第173页。
② (宋)朱熹撰:《四书集注》,景宋忠吴志刻本,中文出版社1980年版,第317页。

教育理念。蔡克骄、刘同彪记载的明代温州民俗，也强调了母体修身正己的重要，如"世人禽犊之情，钟爱百端，唯恐不顺，养成骄戾之性。谓非母之过不可也"①。张履祥在《杨园先生全集·训子语》卷四十七中提到"所以修身为急，教子孙为最重。然未有不能修身，而能教其子孙者也"②。温州谚语正好契合了传统家教文化的思想。

第三节　生活勤俭

《春秋左氏传·庄公二十四年》云："俭，德之共也；侈，恶之大也。"③ 意谓"俭"是道德要求，是道德的根本；"侈"是万恶之首，是万恶的根源。倡俭尚廉、鄙弃奢侈是中华民族的传统美德，代代相传。三国时的诸葛亮说："君子之行，静以修身，俭以养德。非淡泊无以明志，非宁静无以致远。"在继承和发扬中华传统美德中，人们往往把"勤"与"俭"相提并论，简称"勤俭"。如今它俨然成为一个完整家国文化的道德规范。一般来说，勤劳是指对财富的创造；节俭是对财富的珍惜。"勤"为"开源"，"俭"为"节流"。如不勤劳，则无财源；若不节俭，则坐吃山空，财富将挥霍殆尽。二者相依相存的关系，《管子·形势解》有很好的阐述，比如"人情而侈则贫；力而俭则富"④。而且只有朝暮勤俭之人，才能深刻体会到"一粥一饭，当思来处不易；一丝一缕，恒念物力维艰"的道理，由此约束自己的骄奢淫逸的行为。可以说，从古至今，上至朝廷重臣，下至民间平民百姓，无不以勤俭作为立身处世的美德、持家的信条，乃至治国的法宝，如唐代诗人李商隐《咏史》云："历览前贤国与家，成由勤俭破由奢。"⑤

温州从晋代到宋代，民风古朴，风俗淳良，盛行于民间。而从明代中后期，由于商品经济的空前发展、社会风尚的转变以及政府控制的松懈，社会上出现了"竞相奢侈、僭越违制、追求时髦"的坏风气，当时一些

---

① 蔡克骄、刘同彪：《明代温州民俗文化》，知识产权出版社 2011 年版，第 253 页。
② （清）张履祥：《杨园先生全集》，陈祖武点校，中华书局 2002 年版，第 1385 页。
③ 杨伯峻编：《春秋左传注》，中华书局 1981 年版，第 229 页。
④ （齐）管仲著、（唐）房玄龄注：《管子》（卷二十），台湾中华书局 1973 年版，第 4 页。
⑤ （唐）李商隐：《李义山诗集》，冯浩注，中庸书局 1965 年版，第 291 页。

名流义士，如侯一麟在《崇俭论》与《郡风俗志》中对此种风气持批判态度。但"勤俭"的家风经得起历史的考验，《弘治温州府志·风俗篇》云："永嘉道德之乡，贤哲相踵，前辈虽往，风流犹存。"① 如今温州民俗民谚，传承着"勤"与"俭"的优良传统，主张在勤俭上"用财节、自养俭"；精打细算；居安思危、未雨绸缪；勤勿惰、俭约束。

一 用财节，自养俭

勤俭作为一种日常生活实践，就是要理性克制自己的物质欲望与感官及心理享受的过分追求，使自己的行为符合大众认可的勤俭持家的道德规范。否则，过分地懒惰与骄奢淫逸，贪欲无度与放浪不羁，就会动摇社会风俗的公约。温州方言谚语从正面、反面及正反对立面，深刻阐述了"勤"与"俭"要注意节用，养成节俭的好习惯。比如：

正面谚语
(1) 勤是摇钱树，俭是聚宝盆。
(2) 勤能补拙，俭能补穷。
(3) 富从勤中来，裕从俭中得。
(4) 用钱容易积钱难，成家容易当家难。
(5) 开门七件事：柴米油盐酱醋茶。
(6) 棒头好躲，箸头难挡。
(7) 勤俭持家肚不怕。
(8) 勤快勤快，有菜有饭。
(9) 惜饭不饿，惜衣不冷。
(10) 贱物不可丢，贵物不可收。
(11) 一年新，两年旧，三年补补凑。
(12) 笑脏笑破勿笑补，笑懒笑馋勿笑苦。
(13) 只看别人种田，勿看别人过年。
(14) 宁与人家比种田，不与人家比过年。
(15) 男如扫帚，女如畚斗。

---

① 王瓒、蔡芳编：《弘治温州府志》，胡珠生校注，上海社会科学院出版社 2006 年版，第 13 页。

（16）家有千金，不点双灯。

反面谚语

(1) 只勤不俭，好比竹篮打水；只俭不勤，好比一潭死水。

(2) 灯火有油点不光，家里有钱家难当。

(3) 不当家不知柴米贵。

(4) 坐吃山空，铁板也会吃开缝。

(5) 毛毛雨湿透衣裳，杯杯酒吃败家当。

(6) 女人不省家门败，男人不勤肚皮撑。

(7) 好女六月不做鞋，好儿六月不割柴。

(8) 半斤酒，四两烟，汤罐燥，柴仓完。

(9) 后生不积录，老起住祠堂角。

(10) 吃旗儿店，住佛堂角。

正反对比

(1) 坐吃山会倒，勤俭日子好。

(2) 勤勤俭俭粮满仓，大手大脚仓底光。

(3) 刻薄成家短命，勤俭成家长情。

  谚语从正面、反面及正反对立面，辩证地看待"勤"与"俭"的关系，二者之间相互依存、相互转化。谚语提倡物质财富的使用上要如先秦墨家学派，做到"节用"，克制自己的物欲贪念，摒除"恶恭俭，贪饮食"的陋习。

  正面谚语中"勤是摇钱树，俭是聚宝盆"，"富从勤中来，裕从俭中得"，"勤能补拙，俭能补穷"，辩证地看待"勤"与"俭"的关系。"勤"是开源，"俭"节流。家庭生活的开支，既要开源，也要学会节流。"勤"就像摇钱树，越勤劳，就越能创造更多的财富，而且勤奋也能弥补能力的不足。物质财富的增加，还得节制用度，过分的挥霍，再多的财富也会"坐吃山空"，而"俭"就能束己克欲，像是聚宝盆，有用有节、一张一弛。它既能在原有较多的基础上节制财富的损耗，也能在原本贫乏的基础上积累财富。"勤俭"是勤劳与节俭的珠联璧合，它们各自有其丰富的内涵，构成一个完整统一的道德规范。把握"勤俭"对立统一关系，才能财富有余、用度有节。谚语"只勤不俭，好比竹篮打水；只俭不勤，好比一潭死水"，就辩证地说明了"勤"与"俭"的相互依存、相互转化的关系。

反面谚语在语义上，劝谏人们要克俭束己，否则放纵贪欲、满足感官享受，最终会"败家当""柴仓完""住祠堂角"和"佛堂角"。如《阅微草堂笔记》卷八"如是我闻二"说："如多财之家，勤俭则常富，不勤不俭则渐贫；再加以奢荡则贫立至。"①　"旗儿店"，温州方言指酒店、菜馆。

正反对比谚语，在语义上一正一反，但都是在告诫人们只有勤俭持家，日子才会长久，门庭才会兴旺，生活才会幸福，而贪吃贪喝、大手大脚或刻薄悭吝，生活会贫困受窘。从宋到清，中国古代文人都倡导"勤俭"治家。比如北宋苏轼《上元侍饮楼上三首呈同列·其二》诗云："吾君勤俭倡优拙，自是丰年有笑声。"②　勤俭带来丰收年。金代刘祁《归潜志》卷十三说"勤俭乎家，勿以有无付之命"。③　勤俭治家，可以安身立命。明代《醋葫芦》第十一回"都氏瓜分家财　成飙浪费继业"也说"勤俭生富贵，富贵越要勤俭"。④　勤俭创造财富，越是富有越是要束己节俭。清代曾国藩《曾国藩文集·家教篇》也提到"吾家子侄，人人须以勤俭二字自勉，庶几长保盛美"。⑤　家庭成员，勤俭自勉，生活才会富裕长久。

二　精打细算

古训曰："奢者富不足，俭者贫有余。"在物质的消费观上，"奢"与"俭"将导致不同的结局。南宋著名儒学家、哲学家及思想家朱熹，曾拜访其女婿蔡沈，适逢蔡沈外出，朱熹的女儿因家境贫寒，用葱汤麦饭招待父亲。朱熹当时有感，夸赞其女"俭朴度日"，并题诗倡俭朴，如："葱汤麦饭两相宜，葱补丹田麦充饥。莫谓此中滋味薄，前村还有未饮时。"温州民间谚语，在奢侈与节俭方面，一贯倡导精打细算。比如：

---

①　（清）纪昀：《阅微草堂笔记》，新兴书局1977年版，第138页。

②　（宋）苏轼撰、（清）王文诰辑注：《苏轼诗集》，孔凡礼点校，中华书局1982年版，第1956页。

③　（金）刘祁撰：《归潜志》，中华书局1983年版，第150页。

④　（清）西子湖伏雌教主编：《醋葫芦》，维思点校，中州古籍出版社1993年版，第108页。

⑤　（清）曾国藩：《曾国藩文集》，京华出版社1999年版，第207页。

(1) 算一算,强你干。
(2) 十分干,不及三分算。
(3) 前勿算,后会乱。
(4) 早打算,好一半;迟打算,坏一半;不打算,裤头着一半。
(5) 精打细算,钱粮不断。
(6) 吃不穷,用不穷,不会划算一定空。
(7) 算了用,吃着不穷;用了算,海水掏空。
(8) 不会算,一世穷到臀。
(9) 大吃不惊,只怕失算。
(10) 富是升合起,贫是不算来。
(11) 冇三年陈谷,勿想起屋。
(12) 买糖吃甜一时,不如买针用一年。

据明代温州民俗文化资料记载,"明代温州生活习俗在前、后期两个阶段明显不同,服饰、饮食、居住等方面前期俭朴、守成,中后期逐渐转向奢靡、时髦,娱乐也逐渐趋向热闹、世俗"①。俗话说"富日过贯,穷日难当"。经历了思想观念和社会风尚的转变,温州有识之士意识到家庭教育的重要,为守门风,一些族规家训强调精打细算,反对奢靡浪费。如《王氏族约·汇训》说:"凡保家之道,惟俭与勤。若习惰好闲,用度无节,甚非久长之理由。为庶人、为士、为大夫卿位,道则不同,本诸勤俭一也。"② 居家过日,柴米油盐酱醋茶,大大小小生活细节,都应节制消费、预算支出。谚语从正反对立面,形象地揭示了计划消费的重要。

三 居安思危,未雨绸缪

《春秋左氏传·襄公十一年》说:"居安思危,思则有备,有备无患。"③ 勤俭的家风,时刻提醒人们要居安思危,早准备、早预防、早打算,才能应对各种人为或自然的灾祸。《贞观政要·君道》说:"居安思

---

① 蔡克骄、刘同彪:《明代温州民俗文化》,知识产权出版社2011年版,第35页。
② 同上书,第240页。
③ 杨伯峻:《春秋左传注》,中华书局2009年版,第994页。

危,戒奢从俭。"①《贞观政要·慎终》云:"嗜欲喜怒之情,贤愚皆同。贤者能节之,不使过度,愚者纵之,多至失所。陛下圣德玄远,居安思危,伏愿陛下常能自制,以保克终之美,则万代永赖。"② 这是魏征向唐太宗李世民提出的谏言,从警言的高度提出人的生存和发展的问题,具有普遍的教育意义。温州方言谚语,在发扬勤俭的优良传统时,也主张有备无患的"居安思危,未雨绸缪"家教文化。比如:

(1) 事到临头先思量,囊中未空先节省。
(2) 有钱早想无钱日,莫等无钱想有钱。
(3) 有米常想无米苦,有钱常想无钱难。
(4) 未穷觍自穷,一世不会穷。
(5) 天晴要顾雨天粮,健时要顾病钱。
(6) 饱备干粮晴备伞,丰年也要防歉年。
(7) 未穷愁穷,永勿穷;未富装富,永勿富。

谚语从正反语义上,强调早预见早防患,做到未雨绸缪。如果窘境临头的时候才思忖如何应对,就会受挫困顿。如果提前思虑衡量利弊,就不会手无足措。谚语"未穷愁穷,永勿穷;未富装富,永勿富"就很好地反映了民间居安思危的传统美德。中国古人也是一向秉持未雨绸缪的做法,如《管子·轻重乙》记述了管子与齐桓公的对话,如"至于山诸之国,则敛蔬藏菜,此之为豫戒"③。山诸侯之国自知其不足,故能未雨绸缪。不仅五谷无所浪费,且能敛蔬藏菜,以备不虞。《隋唐演义》第五十二回"李世民感恩劫友母 宁夫人惑计走他乡"云:"况我家虽有预备,积储几仓,亦当未雨绸缪,要防自己饥馑。"④ 先秦时,古人就能未雨绸缪,以防饥荒。谚语"天晴要顾雨天粮,健时要顾病钱","饱备干粮晴备伞,丰年也要防歉年",就是时刻警醒思虑防备、居安思危、未雨

---

① (唐)吴兢撰:《贞观政要》,中华书局1963年版,第6页。
② 同上书,第11页。
③ (齐)管仲著、(唐)房玄龄注:《管子》(卷二十四),台湾中华书局1973年版,第12页。
④ (清)褚人获:《隋唐演义》,上海古籍出版社1981年版,第400页。

绸缪。

四　勤勿惰，俭以省

（一）勤劳

勤劳，是指对劳动的一种态度、一种境界。劳动，平凡而伟大。它是世界上任何民族或国家赖以生存的谋生手段。劳动创造了人类，带来了人类社会的进步，推动了科技的发展与历史的更替，促进了社会生产力的发展，也只有劳动才让人类区别于动物，创造绚丽多姿而又多元文化的世界。作为中华民族传统美德中的勤劳，它不仅仅是人类求生的本能，更重要的是表现为一种自觉地吃苦耐劳、精打细算和求实创造的精神与品格。

温州民谚以通俗易懂的语言表达了鄙视懒惰、赞扬勤俭的行为方式。《项氏家训·各安生理》言"惟是懒惰飘荡、游手好闲、为僧为道、为流民光棍、身名无籍之徒，便是不安生理"[①]。可见，温州民间族约家教都是反对懒惰，提倡礼仪圣教。温州谚语从正反面来阐述人要勤快、不要懒惰；人要学会省俭、不要恣意妄为。比如：

正面谚语

（1）只有苍蝇冻死，唔有蜜蜂饿死。

（2）冬天冻不爻纺织女，荒年饿不爻苦耕郎。

（3）冬季山里走几趟，来春家里满柴仓。

（4）冬季不当拢手汉，不愁来春无柴烧。

（5）女若勤，衣衫鞋袜件件新；男若勤，田边屋角出黄金。

（6）男人勤，锄头角出黄金；女人勤，猪栏头出白银。

（7）若要富，鸡啼三更离床铺。

（8）若要穷，两头红；若要富，两头乌。

（9）大富靠天，小富靠勤。

（10）早起三朝当一工。

（11）鸡叫出门，鬼叫进门。

（12）凑巧不如起早。

（13）不怕事干难，只怕脚手懒。

[①] 蔡克骄、刘同彪：《明代温州民俗文化》，知识产权出版社 2011 年版，第 219 页。

(14) 头代富，菜根当鱼；二代富，绸绫代土布；三代富，只爱好靓不嫌贵。

正面谚语从正向价值观的导向强调勤劳治家，反对懒惰成性。比如人如果懒惰，就会像苍蝇一样冻死，而只有像辛勤的蜜蜂一样耕耘，才会"仓廪实"，不致饿死。农家女平日辛勤耕织，冬天有衣无患；农家郎无论丰年还是饥年都勤苦耕作，遇到凶年也能化险为夷。冬天气候严寒，更不能当"拢手汉"，束手高阁，勤快地去山里割草打柴，春天就能有柴火用。谚语更加深刻地警醒"穷""富"的不同在于勤快与懒惰的取舍。如果想变得富有就要早起晚归，天不亮就出门，天黑了才回家休息，而不是太阳升起出门，日头还没落山就归家。正如谚语"两头红""两头乌""早起三朝""鸡叫出门，鬼叫进门""不如起早"等所揭示的时间行为。所以，我们俗谚常说"不怕事干难，只怕脚手懒"。只要不怕吃苦、不懒惰，世上没有干不成的难事。古代帝王都是因为勤劳而有天下，普通百姓若想生活富裕、安身立命，更要吸取教训。比如《周书·姚僧垣传》有帝王对太子的谏言，如"勤劳有日，朝命宜隆"①。《新唐书·狄仁杰传》说："文皇帝身蹈锋镝，勤劳而有天下，传之子孙。"② 勤劳还需善利时间、珍惜光阴、善始善终，如《贞观政要·规谏太子》卷四记载：贞观五年，李百药为太子右庶子，当时太子承乾对典籍作品很感兴趣，然而在一次盛宴之后，嬉戏过度。于是李百药作一首《赞道赋》讽喻他"尽为善于乙夜，惜勤劳于寸阴"③。李百药对太子的讽谏得到了唐太宗的嘉奖，希望他能督促太子勤劳治国。

勤勿惰，还需要有吃苦的精神、不爱慕虚荣，才能肃穆家门、创立财富、延续后代。《项氏家训·修身》在教育子孙勤俭时说："人常咬得菜根则百事可做。今人做家不立产业、做官不立名节，只为不能咬得菜根耳。"④ 从中可以看出，能咬菜根，能吃得苦中苦，方为人上人。谚语"头代富，菜根当鱼；二代富，绸绫代土布；三代富，只爱好靓不嫌贵"

---

① （唐）令狐德棻等撰：《周书》，中华书局 1971 年版，第 842 页。
② （宋）欧阳修、宋祁撰：《新唐书》，中华书局 1975 年版，第 4212 页。
③ （唐）吴兢撰：《贞观政要》，中华书局 1963 年版，第 17 页。
④ 蔡克骄、刘同彪：《明代温州民俗文化》，知识产权出版社 2011 年版，第 221 页。

从侧面反映出吃苦能致富裕，而富裕以后社会风尚也随之发生变化，俗喜奢靡、爱慕虚荣。"好觑"，温州方言指"爱慕虚荣"。

反面谚语

(1) 五忙六月不做工，年冬腊月喝北风。
(2) 天养人，瘦筋筋；人养人，饱墩墩。
(3) 土里藏金银，不做还会穷。
(4) 瘦地出黄金，就怕不用心。
(5) 山怕无林地怕荒，人怕懒惰花怕霜。
(6) 懒汉嘴里明朝多。
(7) 一懒生百病。
(8) 百样毛病有百药，只有懒病吭药治。
(9) 只怕懒汉不耕，不怕黄土不生。
(10) 一日叫三遍苦，黄金也变土。
(11) 懒人看明朝，穷人看明年。
(12) 吃酒人空话多，懒惰人尿屙多。
(13) 越嬉越懒，越吃越口淡。
(14) 饿死独自人，晒干水边田。
(15) 年怕中秋月怕半，一日只怕日昼困。
(16) 贪懒做和尚，贪吃做桌长。
(17) 慢慢穷，身边挂烟筒；紧紧穷，宫前赌英雄。

谚语从反面反对懒惰的思想与行为。因为人们的惰性而羞于勤劳，生活就会缺乏幸福感，而且懒惰还会疾病缠身。谚语揭示的懒人懒汉的生活作风也是明代中后期社会习俗的反映。明代中后期，商品经济的发展，社会风气的变化，人们"奢侈、僭越过度，造成了巨大的浪费"。这些俗谚就是当时社会心态的写照，发人警醒。人若懒惰，就算土里藏有黄金，不动不做也会饱受贫穷之苦。只有勤力躬耕，才能衣食富足。古人的优良美德值得弘扬，比如《曾胡治兵语录·勤劳》说："自古圣贤豪杰，文人才士，其志事不同，而其豁达光明之胸，大略相同。吾辈既办军务，系处功利场中，宜刻刻勤劳，如农之力穑，如贾之趋利，如篙工之下滩，早作夜思，以求有济。"① 人要勤劳，不能靠天吃饭，谚语"天养人，瘦筋筋；人养人，饱墩墩"，强调只有躬身劳作，才会吃饱饭、养好人。守株待兔，只能饱一顿饥一顿，饥肠辘辘、瘦骨嶙峋。"一日叫三遍苦，黄金也变土"，因为懒惰，一味诉苦不去劳动、自怨自艾，再好的东西，如黄金也会变成土，一文不值。"慢慢穷，身边挂烟筒；紧紧穷，宫前赌英雄"表明游手好闲，赌博逞英雄，无论是烟鬼还是赌鬼，结局都是一样。以上谚语，言语晓白如话，道理却是震人发聩。我们应向先辈前贤学习，如《后汉书·肃宗孝章帝》卷三云"司空融典职六年，勤劳不怠"②。《宋史》卷一三七"亲耕籍田"说："勤劳稼穑，必躬必亲。"③ "桌长"，温州方言指厨师，"赌英雄"指赌博。

正反对比谚语
（1）勤耕苦作般般有，好吃懒做样样无。
（2）人懒最富也会穷，勤作最穷也会富。
（3）勤力人嘴长，懒汉头肿。
（4）勤是摇钱树，懒是扫帚星。
（5）勤力人一日当两日用，懒惰人十日当不得一日用。
（6）勤力人，破蒲鞋着起走；懒惰人，脚肚毛剃爻走。
（7）早起三光，迟起三忙。
（8）勤力人家起床等天光，懒惰人家太阳晒门窗。
（9）学懒眼前，学勤三年。
（10）会困的人软绵绵，会干的人硬邦邦。
（11）懒汉世短，劳碌人命长。
（12）猪困长肉，人困卖屋。
（13）少年骑马放鹞，老来拣字纸住庙。
（14）正月鞋，八月柴。正月不做鞋，一年着破鞋；八月不砍柴，一年烧青柴。

---

① 蔡锷辑录：《曾胡治兵语录》，广西师范大学出版社2007年版，第103页。
② （宋）范晔撰、（唐）李贤等注：《后汉书》，中华书局1965年版，第130页。
③ （元）脱脱等撰：《宋史》，中华书局1997年版，第3223页。

谚语从正反对比的角度，旗帜鲜明地告诫人们"勤勿惰"的处事格言。谚语的对比点，主要有"勤耕苦作"与"好吃懒做"，"最富"与"最穷"，"勤力人"与"懒汉"或"懒惰人"，"勤"与"懒"，"早起"与"迟起"，"学懒"与"学勤"，"会困的人"与"会干的人"，"懒汉"与"劳碌人"，"猪困"与"人困"，"少年"与"老年"，"正月鞋"与"八月柴"的对比。从对比点来看，勤劳的人会珍惜时间，克己束行，能吃苦耐劳；懒惰的人错过光阴、贪吃贪睡、不务正业。其结局勤力人与懒惰人截然不同，这也是古圣先贤都力谏的"勤勿惰"的认知行为。先秦开始，人们就以勤劳立命，比如《尚书·无逸》云："厥父母勤劳稼穑。"①《汉书·霍光传》有"宣成侯光宿卫忠正，勤劳国家"。②《史记·李斯传》说："孝子不勤劳而见危，人臣各守其职而已矣。"③

(二) 节俭

与勤劳相对的是节俭，指崇俭戒奢。也就是说，崇尚俭朴、反对奢侈；提倡节用、反对浪费。人们对待节俭的认知态度，中华民族都是给予最大的赞扬与肯定，世代延续传承，蔚然成风。早在春秋战国时期就出现了墨家学派。他从理论上阐述了节俭的重要，提出了"节用""节葬"等观点，极力倡俭反奢。后来的儒家、道家更是把节俭作为人类的道德之法去赞赏、去推行，提出了"俭，德之恭也；侈，恶之大"和"言有德者，皆由俭来"等重要观点，并积极倡导人们以俭为荣，躬身俭素，保持淳朴良善的民风。如《王阳明全集·别录八》"告谕各府父老子弟"说："父慈子孝，兄友弟恭，夫和妇从，长惠幼顺，勤俭以守家业，谦和以处乡里，心要平怒，毋怀险谲，事贵含忍，毋轻门争。"④ 明代后期的奢靡侈华的社会习俗，让人们深刻反思生活的节俭。温州方言谚语，也从正反两方面提出了节俭的方法，强调了节俭的重要。比如：

(1) 会省省自己，不会省省别人。
(2) 当省不省，必会当用不用。

---

① (清) 孙星衍注：《尚书今古文注疏》，广文书局1962年版，第99页。
② (汉) 班固撰、(唐) 颜师古注：《汉书》，中华书局1962年版，第2950页。
③ (汉) 司马迁撰：《史记》，中华书局1959年版，第2550页。
④ (明) 王守仁撰：《王阳明全集》(第十六卷)，上海古籍出版社1992年版，第532页。

(3) 会烧柴胜过一把镰,会用粮胜过一丘田。
(4) 要省省在囤头上,不要省在囤底下。
(5) 会省省灶头,不会省省灶尾。
(6) 会省省八月,不会省省六月。
(7) 斗里不省升里省。
(8) 赚钱手还要积钱斗。
(9) 细细水,长长流;省省用,常常有。
(10) 细雨落成河,粒米积成箩。
(11) 点点雨水汇成海,粒粒黄砂堆成山。
(12) 一日省一口,一年省一斗。
(13) 一日节省一根线,一年能把牛来牵。
(14) 半年不吃酒,买头大黄牛。
(15) 一顿省一把,三年买匹马。
(16) 一日省一钱,三年积一千。
(17) 三年不吸烟,造屋又买填。
(18) 宁可平时紧一紧,青黄不接不求人。
(19) 宁可三日吃白粥,不可一日烧空锅。
(20) 一日讲排场,一年苦酸相。
(21) 节约如燕衔泥,浪费如河决堤。
(22) 一年亏,九年穷。
(23) 潮涨吃鲜,潮落点盐。

谚语提倡节省,这也是圣贤倡导的治家方式。如《晋书》卷六四"元四王"说:"节省简约,圣贤之所嘉也。"[1] 正如谚语"赚钱手还要积钱斗","细细水,长长流;省省用,常常有",都在告诫人们节省才能多赚钱,日子才能细水长流。节省是人类积累财富的好习惯,任何巨富都是一点一滴节约积累而成的。节省也成为家庭教育或治国安邦的美德。如《曾国藩文集·军事篇》"和气致祥乖所致戾果有明征"说:"千万求澄弟分别用度,力求节省。"[2] 日常用度都需自我勤俭,不可浪费。谚语"节

---

[1] (唐)房玄龄等撰:《晋书》,中华书局1974年版,第1729页。
[2] (清)曾国藩:《曾国藩文集》,京华出版社1999年版,第916页。

约如燕衔泥，浪费如河决堤"也说明了节约的艰难与不易，而浪费就像河口决堤，顷刻崩溃，家财散尽。

第四节 行为训诫

宋代由于手工业、商品经济的发展，温州风俗呈现出奢靡之风。明代中后期社会风俗的侈靡奢度之风再次兴盛，这引起了传统宗族体制的恐慌，一些族约纷纷立下门风规章来教导子弟。当时比较完整成熟的族约，比如《项氏家训》首先对"孝敬父母、尊敬长上、和睦乡里、教训子孙、各安生理、毋作非为"六个方面详细阐释，并成为项氏族谱的一部分。比如《项氏家训·毋作非为》说："凡天地间一应善事，皆所当为者也，非为即是不善。若杀人放火、奸盗诈伪、抢夺掏摸、恐吓诓骗、喇唬撒泼、教唆词状、挟制官府、欺压良善、暴横乡里、都是非为。"① 温州民间俗谚也用通俗易懂的、明白如话的语言表达了训诫的义理，主要表现在防盗、戒色、戒赌、防火以及居住与行旅方面。

一 防盗

明代后期的温州民俗奢靡、热闹，但也小偷猖獗、社会动荡、时局混乱。为了警戒盗贼的猖狂行径，温州出现了一些俗谚，这些谚语为维护和平安宁的社会与家庭财产的安全，至今也有借鉴作用。比如：

(1) 苍蝇不叮无缝蛋。
(2) 唔冇家殇，引不来外鬼。
(3) 家火不起，野火不来。
(4) 种田只怕田底漏，成家只怕家底偷。
(5) 外贼好捉，家贼难防。
(6) 田怕洞漏，家怕内偷。
(7) 财莫外露，穷勿外偷。
(8) 大病从痧起，大贼从瓜起。
(9) 偷来铜锣敲勿响。

---

① 蔡克骄、刘同彪：《明代温州民俗文化》，知识产权出版社2011年版，第219页。

（10）开刀总有疤，做贼总有赃。

（11）偷吃难瞒牙齿，做贼难瞒乡里。

（12）日日要防火，夜夜要防贼。

（13）贼偷一更，守贼一眠。

（14）远贼必有近脚。

（15）做贼底偷出，摸米外摸底。

（16）偷风不偷雪，偷雨比偷月。

（17）小鬼怕老钟，小偷怕月光。

（18）猫饱不捕鼠，狗饱不防贼。

（19）贼去关门迟。

  谚语从正反方面，强调谨防小偷，尤其是家贼。"家殃"，温州方言指"家贼"。"苍蝇不叮无缝蛋""唔有家殃，引不来外鬼""家火不起，野火不来""种田只怕田底漏，成家只怕家底偷""外贼好捉，家贼难防""田怕洞漏，家怕内偷"，这些谚语正面规劝家庭要和睦、讲信修睦、孝悌兄友，就不会出"内鬼"和"家贼"。古人古语对此早已分明，并强调自身修行要端正，不留可乘之机。比如明代安遇时编集的《包龙图判百家公案》第十卷"尸数椽"中齐泰批评任知县没有谨严关防招致失窃，而推诿下人时，说："苍蝇不入无缝的蛋。"[①] 清代《红楼梦》第六十一回王熙凤在数落一帮丫鬟撺掇贾宝玉做事时，就说"苍蝇不抱无缝的鸡蛋"[②]。清代曾朴的《孽海花》第十八回"游草地商量请客单　借花园开设谈瀛会"也说"没缝的蛋儿苍蝇也不钻"[③]。只有自身过硬、站得稳、谨言慎行，就不怕"苍蝇"的叮咬。"苍蝇"也是叮有缝隙、有缺口的"蛋"，所以自家出了内鬼，就防不胜防。"家贼难防"出自《虚堂和尚语录》卷之九"家贼难防"[④]。

  谚语"财莫外露，穷勿外偷"，前半句告诫人们就算有点财物，也不

[①]　（明）无名氏著、安遇时编：《包龙图判百家公案》（又名《包公案》），济南出版社1997年版，第204页。

[②]　（清）曹雪芹：《红楼梦》，周汝昌汇校，人民出版社2006年版，第781页。

[③]　（清）曾朴撰：《孽海花》，三民书局2005年版，第202页。

[④]　[日]高楠顺次郎、渡边海旭等监修：《大正新修大藏经·诸宗部四》（第四十七册），新文丰出版公司1983年影印版，第1054页。

要肆意张扬,俗语"不怕贼偷,就怕贼惦记"。后半句训诫人们遇到贫穷,也不要在外面偷窃。谚语"大病从痧起,大贼从瓜起",指偷窃行为被人鄙视。它的形成往往从小偷小摸开始。行为不检点,日积月累就会成"大病""大贼",酿成大祸。对于偷窃者的行为,温州谚语刻画得非常形象生动,如"开刀总有疤,做贼总有赃""偷吃难瞒牙齿,做贼难瞒乡里""偷来铜锣敲勿响""做贼底偷出,摸米外摸底"。对于怎么防治小偷,温州谚语总结百姓生活经验,提出了许多谏言,比如"日日要防火,夜夜要防贼""贼偷一更,守贼一眠""远贼必有近脚""偷风不偷雪,偷雨比偷月""小鬼怕老钟,小偷怕月光""猫饱不捕鼠,狗饱不防贼""贼去关门迟"。谚语运用对比的修辞手法,强调要夜夜防贼,这反映了明代中后期社会习俗的败坏给百姓生活带来的灾难与忧患。根据小偷的作案时间与作案地点,作案动机和作案心理,民间认为要因时制宜,抓住小偷的作案特色加以防范。谚语"猫饱不捕鼠,狗饱不防贼"运用借代,反面告诫人们防贼切忌大意。

二 戒色

明代中后期,随着商品经济的发展,社会风气的转变,温州地区的嫖娼宿妓现象开始蔓延,成为当时百姓有目共睹的社会陋病。嫖妓从开始的隐晦地带,后来成为官场市镇、荐绅富室公开的行为买卖。明代姜准《岐海琐谈》卷七[①]记载:"予闻嘉靖初载,妓女接客,载之以船,舣于西山诸处。其时风气犹淳,人尚惜耻,非泊幽僻,来过者稀。""今则拱辰门外,负郭危楼,充为烟花渊薮,延及市镇阛阓之场,官廨公署之侧。粉黛腻绿,竞媚争艳。檀板歌喉,献娇卖俏。官不之禁,民忘其耻。何今昔之顿殊耶?甚而荐绅之家,富赡之室,拉友邀宾,动辄招致。或事清讴,或演杂剧,男女混淆,酣歌倡饮。虽与父子兄弟同筵,恬莫之怪,且俾妻孥女媳与子接见。"可见当时社会风尚是惑乱沉湎、贪淫好色、不修操检,已经到了令人发指的地步。温州方言谚语看到了社会风气的淫邪,正面规谏"戒色"、修威仪、勤操检。比如:

---

① (明)姜准撰:《岐海琐谈》,蔡克骄点校,上海社会科学院出版社2002年版,第122页。

(1) 色字头上一把刀。
(2) 男子贪花花上死，女人贪花不结子。
(3) 要想长寿，戒色戒酒。
(4) 酒能红人面，色能动人心。
(5) 酒是挖心毒药，色是割肉钢刀。
(6) 一根蜡烛一根芯，别人老安莫痴心。
(7) 山上雉鸟不是鸡，别人老安不是妻。
(8) 朋友老安不可欺。
(9) 只可吃朋友鸡，不可共朋友妻。
(10) 肚饿勿做贼，肚饱勿贪色。
(11) 鱼贪饵上钩，人贪色上当。
(12) 贼胆如斗，色胆包天。
(13) 女贪财，裤带松；男贪色，进牢笼。
(14) 十条人命九条奸。
(15) 捉奸成双，捉贼拿赃。

谚语对色欲的形象，比喻犀利。"色"如尖刀能结果性命。好色人之本性，但"色"字头上一把刀，把持不住分寸，性命堪忧。男子若骄愎任情、好色薄行，就会"贪花花上死"；女子如耽酒好色、声酒自娱，就会"贪花不结子"。谚语"要想长寿，戒色戒酒"，说明沉湎酒色、折损寿命。这句话古已有之。如唐代吕岩《敲爻歌》有诗："色是药，酒是禄，酒色之中无拘束。只因花酒误长生，饮酒带花神鬼哭。不破戒，不犯淫，破戒真如性即沈。犯淫坏失长生宝，得者须由道力人。"[①] 宋代郭茂倩的《乐府诗集》卷三十六收录魏朝嵇康的诗"歌以言之，酒色令人枯"[②]。因为贪嗜酒色，油尽灯枯。明末凌濛初《二刻拍案惊奇》卷二十一"许察院感梦擒僧　王氏子因风获盗"云："日夜欢歌，酒色无度，不及二年，遂成劳怯，一丝两气，看看至死。"[③] 讲的是王禄因手头宽裕，

---

① 孙海通、王海燕：《全唐诗》，中华书局1960年版，第9713页。

② （宋）郭茂倩编：《乐府诗集》，《四部丛刊初编·集部》，商务印书馆1936年版，第299页。

③ （明）凌濛初：《二刻拍案惊奇》，古典文学出版社1957年版，第451页。

就饱暖思淫欲，包养青楼女子夭夭、蓁蓁，后给家人王恩、王惠各娶一个小老婆，王禄就在这四个女子之间轮转嫖宿，荒淫无度，最后不出二年就大限已到。所以明代冯梦龙《警世通言》卷二十七"假神仙大闹华光庙"告诫世人"少贪色欲身康健，心不瞒人便是仙"①。谚语"酒能红人面，色能动人心"，"酒是挖心毒药，色是割肉钢刀"，说明"酒"与"色"形影相从，它们能"红人面"，也能"动人心"。谚语运用隐喻，把酒比作"挖心毒药"，把色比作"割肉钢刀"，具有很强的警戒作用。毒药害命，钢刀溅血，酒色身负罪恶，所以人们应"不为邪欲心不贪色"②（《佛说斋经》）。

谚语"一根蜡烛一根芯，别人老安莫痴心""山上雉鸟不是鸡，别人老安不是妻""朋友老安不可欺""只可吃朋友鸡，不可共朋友妻"。"老安"，温州方言指妻子。针对明晚期的淫邪嗜欲的社会风气，民俗谚语秉承古训"朋友妻不可欺"。明代小说也强调修身操守、尊重友妻。如《醋葫芦》第十九回"都白木丑态可摹　许知府政声堪谱"说："朋友妻，不可嬉。"③《西游记》第六十回"牛魔王罢战赴华筵　孙行者二调芭蕉扇"有"朋友妻，不可欺；朋友妾，不可灭"④。明末凌濛初小说《初刻拍案惊奇》卷三十二"乔兑换胡子宣淫，显报施卧师入定"就讲了"常慕友妻"⑤的故事。铁生与胡生是"兄弟"关系，铁生与狄氏是夫妻，胡生与门氏是夫妻，而铁生心贪胡妻门氏，胡生却与铁妻狄氏荒淫无度，后来胡生与狄氏受了"花报"。胡生痈疽大发、酒色过度、水竭无救。狄氏也因恹恹成病，饮食不进而死。正如小说告诫"诱人荡败，自己绸缪"。

谚语"肚饿勿做贼，肚饱勿贪色""鱼贪饵上钩，人贪色上当"，运用对比手法，如"肚饿"与"肚饱""鱼贪"与"人贪"对比，谆谆告诫切勿行盗贼、贪美色。明清之际李春芳的公案小说《海公大红袍传》

---

① （明）冯梦龙：《警世通言》，人民文学出版社1956年版，第411页。
② ［日］高楠顺次郎、渡边海旭等监修：《大正新修大藏经·阿含部上》（第一册），新文丰出版公司1983年影印版，第911页。
③ （清）西子湖伏雌教主编：《醋葫芦》，维思点校，中州古籍出版社1993年版，第204页。
④ （明）吴承恩：《西游记》，岳麓书社1987年版，第461页。
⑤ （明）凌濛初：《初刻拍案惊奇》，天津古籍出版社2004年版，第397页。

第五十六回"海尚书奏阉面圣"有"饱暖思淫欲，饥寒起盗心"①，强调人若淫心紊乱，不修操检，就会滋生贪财嗜利与盗贼之心，终究作茧自缚。谚语"女贪财，裤带松；男贪色，进牢笼""十条人命九条奸""贼胆如斗，色胆包天"，都生动描绘了纵情好色、荒淫无度的悲惨结局。明代拟话本小说《合影楼》第二回，玉娟看出珍生"色胆如天，不顾生死""终有一场奇祸"②。

谚语"捉奸成双，捉贼拿赃"提供了捉奸邪淫的证据，以此立案判罚。如记录宋元明风俗的话本小说《清平山堂话本》卷二"简帖和尚公案传奇"说"捉贼见赃，捉奸见双"③。清代褚人获长篇白话历史演义小说《隋唐演义》第六十四回"小秦王宫门挂带，宇文妃龙案解诗"记录当初汉萧何治律的话，如"捉奸捉双，捉贼捉赃，这样事体，必要亲身看见，无所推敲，方可定案"④。

三　戒赌

据明代温州民俗文化资料记述：明中后期，温州地区赌博之风淫邪蔓延，日盛一日。蔡克骄、刘同彪说当时"有的人因赌博输田地房屋、妻妾儿女，也有赌输掉沦为盗贼的，赌博成为当时社会的一种陋习恶俗"⑤。明代姜准在《岐海琐谈》也谈道："永嘉初始游手好闲赌博者，小则饮食，大则钱钞而已。即今风俗薄恶，日甚一日，虽富贵子弟，皆习此风。下者金银珠翠，大则田地房屋，甚而至于妻妾子女，皆以出注，输去与人，愤然往昔，恬不知耻，诚当诛殛而有余辜者也。夫输钱不继，则为穿窬；若党类颇多，则为盗劫。不防其微，必酿大患，可漫焉而视之乎？"⑥侯一麟在《龙门集·郡风俗志》卷九也提到赌博的恶习，如"良家子赌

---

① （清）李春芳编：《海公大红袍传》，伍哂之点校，宝文堂书店1984年版，第374页。
② 吴晓铃选注：《合影楼》，《话本选》，人民文学出版社1984年版，第777页。
③ （明）洪楩辑：《清平山堂话本》，程毅中校注，中华书局2012年版，第24页。
④ （清）褚人获：《隋唐演义》，世界书局1985年版，第504页。
⑤ 蔡克骄、刘同彪：《明代温州民俗文化》，知识产权出版社2011年版，第64页。
⑥ （明）姜准撰：《岐海琐谈》，蔡克骄点校，上海社会科学院出版社2002年版，第123页。

博破其产，恶氓踵盗衡击夺之金"①。可见，赌博的风气盛行一时，成为当时社会的陋习，需要人们坚决抵制。为此，温州方言谚语，用通俗晓畅的语言、形象的比喻劝诫人们正己修身、回归生活。如：

(1) 赌近盗，奸近杀。
(2) 男赌成盗，女赌成娼。
(3) 十赌九死，勿赌最是。
(4) 赌赢钱，不过夜。
(5) 打赌钱不过夜，做工钱千万年。
(6) 打赌钱，一筒烟；种田钱，万万年。
(7) 酒吃醉爻不认人，打赌输爻不认账。
(8) 上了打赌场，不认爹和娘。
(9) 打赌输极钱，狗咬破衣裳。
(10) 千里马难报赌讯，一下输，一下赢。
(11) 久赌神仙输。
(12) 十个打赌九个输，只帮庄家做富翁。
(13) 赢来抽头薪，输爻吃拐棍。
(14) 草鞋省起补，铜钱省起赌。
(15) 省吃勤赌，点盐划卤。
(16) 打赌成千，吃粥点盐。

谚语"赌近盗，奸近杀"，语出明末凌濛初的《初刻拍案惊奇》卷三十六"东廊僧怠招魔　黑衣盗奸生杀"，原话是"赌近盗兮奸近杀，古人说话不曾差。好赌两般都不染，太平无事做人家"②。同时期的作品明末冯梦龙《警世通言》第三十五卷"况太守断死孩儿"也说"赌近盗，淫近杀"③。清代《红楼梦影》第二十回"万柳庄恶奴欺主　会仙桥老舅遭

---

① （明）侯一麟、赵士帧：《龙门集》，蔡克骄点校，上海社会科学院出版社2006年版，第64页。

② （明）凌濛初：《初刻拍案惊奇》，天津古籍出版社2004年版，第449页。

③ （明）冯梦龙：《警世通言》，人民文学出版社1956年版，第541页。

拳"云:"常言赌近盗,此话不虚,输急了商量偷窃。"① 游惰之人,博弈赌钱,输急了就会偷盗。如《彭公案》第七十六回"粉金刚夜探迷入馆 九花娘见色起淫心"所言:"奸情出人命,赌博出贼情。"② 谚语"男赌成盗,女赌成娼",既是明代中后期社会风气的表现,也是对行为威仪的警戒。谚语"十赌九死,勿赌最是","赌赢钱,不过夜","打赌钱不过夜,做工钱千万年","打赌钱,一筒烟;种田钱,万万年"等,都是极言赌博输钱,时间快。赌博输钱后,有的人为此丧命。而且赌博输赢转眼间,千里马都难通报消息。正如谚语"千里马难报赌讯,一下输,一下赢"所言。这些都是赌博的危害,需要禁止。自古赌博破家破财,心存侥幸,只会自欺欺人。比如明代《二刻拍案惊奇》卷八"沈将仕三千买笑钱 王朝议一夜迷魂阵"说:"人世上诸般戏事,皆可遣兴陶情,惟有赌博一途最是为害不浅。"③ 清代《济公全传》第三十一回"拿贼人完结奇案 施邪术妙兴定计"记载了赌博两夜光景输光钱财的故事,如:"那天高国泰在钱铺换银子,被他看见。贼起贼智,假作进城,故意把高国泰撞了一个筋斗,把银子掏去,在赌博场中两夜的光景,把五十两银子输净。"④ 赌博害人不浅,纵使家财万贯,贫富只在瞬息间。

  谚语"酒吃醉爻不认人,打赌输爻不认账","上了打赌场,不认爹和娘","打赌输极钱,狗咬破衣裳"等,淋漓尽致地描绘出了赌徒的丑恶嘴脸。赌场上无父子、狗咬狗、输不认账都是赌徒的写照。赌博能坏人伦,下场凄惨。如《歧路灯》第五十六回"小户女搀舌阻忠仆 大刁头吊诡沮正人"说"子赌父显怒,父赌子暗怖","强则为盗弱为丐"。⑤

  谚语"久赌神仙输","十个打赌九个输,只帮庄家做富翁",极言赌博胜算机会稀少,十个赌徒九个是输的,就算是神仙,也会九赌必输。如元代南戏《白兔记》第四出的〔前腔〕唱词:"神圣,别人赌钱,十赌九赢,偏我智远呵……蒲牌买快时,蒲牌买快时。十番九遍输,望神圣与我空中庇。呀!你看旌幡队队,鼓乐喧天,想是赛会的来了。不免躲在供桌

---

① (清)云槎外史撰:《红楼梦影》,尉仰茄点校,北京大学出版社1988年版,第158页。
② (清)贪梦道人:《彭公案》,白莉蓉、张金环点校,齐鲁书社1995年版,第246页。
③ (明)凌濛初:《二刻拍案惊奇》,上海古典文学出版社1957年版,第173页。
④ (清)郭小亭:《济公全传》,华夏出版社1994年版,第94页。
⑤ (清)李绿园:《歧路灯》,李颖点校,中华书局2004年版,第398页。

底下，取些福礼充饥，有何不可？正是一日不识羞，三日不忍饿。"①"十赌九赢"只不过是虚幻，"十番九输"则是常态。清代《七侠五义》第九十四回"赤子居心导师觅父　小人得志断义绝情"也说"久赌无胜家"②。

谚语"赢来抽头薪，输爻吃拐棍""草鞋省起补，铜钱省起赌"，"省吃勤赌，点盐划卤""打赌成千，吃粥点盐"等，形象地说明了赌博的窘态：省钱赌博、恣意薄行、自毁生活。正如清代《小五义》第七十六回"知县临险地遇救　江樊到绝处逢生"所云："败家皆由赌钱来，奉劝回头宜快。""破家之道不一，而赌居最。每见富厚之子，一入赌场，家资旋即荡散，甚至酿为盗贼，流为乞丐，卖妻鬻子，败祖宗成业，辱父母家声，诚可痛恨。"③

四　防火

明代中后期出现了一些偏离民俗的现象，竞相奢侈、越礼违制为主要特征，造成了过度浪费、娼妓盗行、杀人放火等一系列的社会问题。为保障人们生命财产安全，创造和谐安宁的社会，民间谚语对如何防火，提出了应对策略。比如：

(1) 出门人，言语要谨慎；家里人，防火要当心。
(2) 贼偷一半，火烧爻完。
(3) 家中纵有千般事，临困灶房觋一觋。
(4) 邻舍失火，不救自苦。
(5) 水缸决着满，勿怕肩压损。
(6) 水缸要满，柴仓要空。

谚语语言朴实，告诫人们要时刻警惕火灾的发生。唐代湛然在《止观辅行传弘决》卷第二之三说："如人防火一切俱防，若但防发不防未

---

① （明）毛晋编：《六十种曲》（十一册），中华书局1958年版，第9页。
② （清）石玉昆述：《七侠五义》，宝文堂书店1980年版，第614页。
③ （清）无名氏：《小五义》，桂冠图书股份有限公司1983年版，第260页。

防，必为未发之火所烧。"① 清代《施公案》第一百三十二回"关小西假请恶霸　赛郑恩暗算忠良"云："年年防火，夜夜防贼。"这些警句都强调了防火于未然的重要。正如谚语"贼偷一半，火烧爻完"② 指出因为火灾，导致盗贼偷窃，盗贼偷了一半财产，大火却烧光其余。所以要年年防火、夜夜防贼，更要防止盗贼杀人放火。

五　居住与行旅

（一）居住

温州方言谚语在居住方面，比较注重风水学、阴阳五行与实际用途，出现了一些房屋建筑、日常坐卧等方面的信条。比如：

(1) 安家才能乐业。
(2) 三世修来朝南屋。
(3) 坐北朝南，呒吃也心安。
(4) 建屋勿建溪边，放账勿放妻边。
(5) 前屋搬后屋，也要一箩谷。
(6) 坐卧避风如避箭。
(7) 六月不坐凉风头，十二月不坐火塘头。

谚语"安家才能乐业"，语出班固《汉书》卷八五"谷永"云："使天下黎元咸安家乐业，不苦逾时之役，不患苛暴之政，不疾酷烈之吏，虽有唐尧之大灾，民无离上之心。"③ 安家了、心定了，才能安心地做事情，也才能没有后顾之忧地快乐工作。《吕氏春秋·务大》说："天下大乱，无有安国；一国尽乱，无有安家；一家尽乱，无有安身。此之谓也。故细之安，必待大；大之安，必待小。细大贱贵，交相为赞，然后皆得其所乐。"④ 可见，只有安家了，才能安身，安神了才能乐其乐。谚语"三世

---

① ［日］高楠顺次郎、渡边海旭等监修，《大正新修大藏经·诸宗部三》（四十六册），新文丰出版公司1983年影印版，第197页。
② （清）佚名：《施公案》，上海古籍出版社1993年版，第280页。
③ （汉）班固撰、（唐）颜师古注：《汉书》，中华书局1964年版，第3449页。
④ （战国）吕不韦编撰、王利器注疏：《吕氏春秋注疏》，巴蜀书社2001年版，第3042页。

修来朝南屋""坐北朝南，呒吃也心安"，表明温州人在房屋建筑方面特别强调居住的方位，信奉"坐北朝南"。据民间认为有三方面的因素：一是风水学上：北为阴，南为阳，阴阳调和。坐北朝南作为一个风水理论，可以很好地保证房屋有充足的阳气，占住风水上的有利位置；二是采光效果：房屋偏向南方、东南或西南方向，一年四季几乎可以享受到阳光的光照，保证了采光度；三是避开北风：中国是季风性气候国家，坐北朝南可以很好地避开比较寒冷的北风。所以温州人认为房屋能够坐北朝南是三世修来的福分，就算不吃不喝也觉得心安，极言对这种房屋位置的喜欢与羡慕。

谚语"坐卧避风如避箭""六月不坐凉风头，十二月不坐火塘头"，是根据中医阴阳五行学说，讲究春夏养阳，秋冬养阴。六月大概节气在夏至，腊月在冬至，夏至节，阳气最旺，阴气刚生，此时吹凉风，相当于助阴而伤阳，极易导致阴阳不平衡。冬至刚好相反，阳气衰弱，阴气强盛。所以，六月份不要坐在有凉风的地方，十二月天气寒冷，但不要坐在火盆边，以免阴阳失衡，引起身体不适。"避风如避箭"，阴气肃杀，如箭穿心，极易感染风寒病症，所以坐卧尽量避免风头。

谚语"建屋勿建溪边，放账勿放妻边""前屋搬后屋，也要一箩谷"，是说建筑房屋的地址不宜建在水溪边。因为水为阴，湿气重，安居在水雾浓重的地方，人易生风湿病症，不利家人健康。账本记录来往的交易明细，俗语"家家有台账本"，意思是算不清楚。如果账本放在妻子枕头边或身边，议事时容易引起夫妻争吵，不利家庭和睦。"箩谷"是装稻谷或物什的器具，农家一般都有使用，特别是农忙时节更是缺不了。搬家时不随意扔掉，保持传统的持家风范。

（二）行旅

温州方言谚语对出门远行或旅游的人，结合自己的生活经验感知，在或行走或社交或乘车坐船或增添衣物等方面，提出了忠告。比如：

（1）秋冬日出穿衣，春夏鸡鸣起床。
（2）上岭慢慢走，下岭打筋斗。
（3）落勿落，雨伞带一把；晴勿晴，草帽戴一顶！
（4）出门不带伞，回来披稻秆。
（5）初冬北风起，出门带棉衣。

（6）六月带棉袄是老客。
（7）在家千日好，出门半时难。
（8）出门人，处处让三分。
（9）行船骑马三分命。
（10）逢桥须下马，过渡莫争船。
（11）早落船，迟上岸。
（12）天在头上，路在嘴上。
（13）站在三岔口，要问过路人。
（14）怕问路，要迷路。

　　以上谚语语义，字面义通俗易懂，有的深层语义需要透过情境来理解。比如谚语"六月带棉袄是老客"。六月天气较炎热，将近夏至，一般穿单衣，比较凉快。穿棉袄，里外都热。"老客"，温州方言指"老娘客"，俗称老大妈，脾气火爆，就像六月的炎热天气。谚语"六月带棉袄"用里外都热的特点来比喻"老客"的脾气。

　　浙江方言谚语反映的家教文化，主要体现在家庭伦常教育；子女教育、生活勤俭与行为训诫等方面。在家庭伦常教育中，主张处理好家庭关系，倡导"和"家、兴家与治家文化；处理好亲族关系，注重孝亲与宗亲，强调孝顺父母、尊敬长辈、修睦宗族亲戚关系；在夫妇关系上，强调讲信修睦；在婆媳关系上，谨遵温顺守礼。在子女教育中，提倡进步的子女教育观，主张少生优生、少生多福、养子防老及男女平等；在家庭教子观中，提倡父严子孝，重视早期教育，树立修身正己的教育态度。在生活勤俭方面，主张用财节、自养俭；精打细算；居安思危、未雨绸缪；勤勿惰、俭约束。在行为训诫方面，主张戒色、戒毒、防盗、防火以及在居住与行旅方面提出忠告。

第四章　浙南服饰谚语文化研究

温州服饰文化的特质,可以追溯到明代。据蔡克骄、刘同彪记述明代温州服饰"在前期和后期有明显的差别,总体上看,发生了由俭朴到奢华,由呆板守成到趋新时髦的转变"①。比如前期王瓒、蔡芳在《弘治温州府志·民事》说:"男子服饰皆衣青棉布,不尚罗缎彩色。妇女亦布衣布裳,惟初婚及节序、喜庆、归宁父母,则饰珠翠、服锦绣,不为常焉。"②后期《万历温州府志》对温州子弟服饰的记述与《弘治温州府志》不同,有"旧时男女俱尚布衣,今富家子弟多以服饰炫耀,逮舆隶亦穿绸段,侈靡甚矣"。明代姜准《岐海琐谈》③对服饰风尚的变化,也有记述,比如"次而吾儒衣巾,所以章厥身以自别于齐民者也。乃今僭窃之者,咸是纨绔之子,铜臭之夫,购求赝札,以紫乱朱,且修舆台,盛仆御,身衣绮縞,冠凌云唐晋之巾,出入闾巷,飞盖追随,虽岁贡生、乡荐士,反视为不逮也,可胜叹哉","服舍违式,编氓而公卿矣!乳竖而呼翁丈,童子佩觿韘矣!侩驵而侈巾履,负且乘矣!僧帽金线,道巾晋唐,缁黄无别于荐绅矣!欲从而禁之者也谁与"。姜准对明代后期服饰的僭越礼制与崇尚侈靡的风气持批判态度。

明代中后期温州服饰的变化,反映了社会民众思潮与心态的变化。从俭素到僭越,从守成到趋新求异,整个社会风尚在日常生活起居的服饰上随之而改变。正是在这样的社会历史背景下,温州民俗谚语反思质朴的生活体验,集体创作了服饰谚语,这些谚语的智慧具有普遍性与典型性,反

---

① 蔡克骄、刘同彪:《明代温州民俗文化》,知识产权出版社2011年版,第224页。
② 王瓒、蔡芳编:《弘治温州府志》,胡珠生校注,上海社会科学院出版社2006年版,第14页。
③ 姜准撰:《岐海琐谈》,蔡克骄点校,上海社会科学院出版社2002年版,第117—118页。

映了温州的服饰文化。它主要表现在服饰文化的实用功能与审美功能两个方面。

第一节 实用功能

温州服饰谚语反映的实用功能是服饰文化的基本功能。衣装在人类产生的最初，其最主要的功能就是御寒与掩形，而这一功能在人类文明的进化过程中具有基础本体论的地位。如汉代《淮南子·齐俗训》云："古者民童蒙不知东西，貌不羡乎情而言不溢乎行，其衣致暖而无文。"[①] 反映物质功利的实用行为的谚语有：

(1) 嘴吃千饱呒人知，身上无衣被人欺。
(2) 树靠皮，人靠衣。
(3) 赤膊大裸，难站人前。

谚语强调衣装的实用行为，如果没有衣服蔽体或遮羞，就难以在人前立足，而且容易被人欺侮。这种朴素的服饰观表达了温州民俗的基本生活需求。

第二节 审美功能

伴随人类物质文明的进步，人们对衣装的审美意识，逐渐脱离了实用意识，从物质实用行为，提升到了精神愉悦层面。人与服装的关系，从物质需要的实用，融入审美意识，衍生为审美的主客体关系。人们越来越会用衣服来装扮自己，表达自己，让人赏心悦目。魏采蘋、屠思华《吴地服饰文化研究》说："服饰装扮所显示出的人体美、线条美和妆饰美，在一定程度上体现了人们的审美能力、审美理想和要求。"[②] 因为人们希望按照"美"的公理，塑造自己和美化自己，从而形成丰富多彩的服饰文化。温州方言谚语在服饰文化的审美功能上，体现在四个方面：美饰自

[①] （汉）刘安撰、何宁集释：《淮南子集释》，中华书局1998年版，第760—761页。
[②] 魏采蘋、屠思华：《吴地服饰文化研究》，中央编译出版社1996年版，第82页。

身、提倡素饰、好质轻文、量体饰度。

一 美饰自身

服装的本体功能衍生出来的审美功能，首先是美化自身。李白《清平调》词有"云想衣裳花想容"①。人们穿戴服饰兼具实用、遮羞与美化自己三重意义。西汉韩婴《韩诗外传》卷一说"衣服容貌者，所以悦目也"②。"悦目"即是好看，这强调了服饰的审美意识。温州方言谚语经过明代的社会风尚的变化，民间集体智慧创造出了美化自身的谚语，如：

(1) 有吃见脸，有穿见身。
(2) 十里衣衫五里财。
(3) 三分人才，七分打扮。
(4) 三分容貌七分扮，烂头儿扮起变小旦。
(5) 佛靠金装，人靠衣装。
(6) 当和尚不能冇袈裟。
(7) 家贫常操地，人穷常梳头。
(8) 穷勿穷头，极勿极裤。
(9) 长勿长头上，破勿破裤上。

以上谚语强调服装的美饰功能。"有吃见脸，有穿见身"，指物质的享受，在外形上可以识别。服装着身，不仅是物质的表现，更是身份、财力与地位的象征。

比如谚语"十里衣衫五里财"，意谓衣饰更能炫耀乡里，它是美饰自身带来的社会效果。服装的美饰功能，在社会行业中也有表现，比如谚语"当和尚不能冇袈裟"。和尚剔除须发，正信出家，勤修圣道，需要披服袈裟，否则与常人无异，这是社会角色赋予的服装修饰功能。《北山录》卷四"宗师议"注说："僧无戒律，与俗不异，衣谓袈裟。"③ 袈裟的美

---

① 孙海通、王海燕：《全唐诗》，中华书局1960年版，第1051页。
② （汉）韩婴：《韩诗外传集释》，许维遹校释，中华书局1980年版，第25页。
③ ［日］高楠顺次郎、渡边海旭等监修，《大正新修大藏经·史传部四》（第五十二册），新文丰出版公司1983年影印版，第594页。

饰是身份的定位。谚语"三分人才，七分打扮""三分容貌七分扮，烂头儿扮起变小旦""佛靠金装，人靠衣装"等，从正面表述了服饰的美化功能。俗语"三分长相，七分打扮"，外表的衣饰与装扮可以提升自己的审美水平与外在观感，提高自身魅力与社会接纳度。就算弥勒佛也要借用黄金来装饰外表，吸引世人顶礼膜拜，庄严肃穆、熠熠生辉。与自然相对的人，巧心打扮，衣饰修身，也能美化自己、掩饰缺陷。谚语"穷勿穷头，极勿极裤""长勿长头上，破勿破裤上"，从反面强调服饰要美化自己。"极"，温州方言指"穷人"。生活穷困，作为外表形象，不能穿着破裤子。因为出门见人，需要基本的尊严与礼仪。谚语"家贫常操地，人穷常梳头"运用对比手法，劝诫人们要注意外表形象，美饰自身。它关乎他人对自己的社会印象，继而延伸到生活的其他枝节。家贫就勤劳干活，同样能得到社会的尊重。人穷常修边幅、光亮整洁，也会赢得他人的尊重。

二 提倡素饰

服饰现象，也是社会风气俭与奢的表现形式。一方面，随着社会的进步，经济的发展，人们不断地满足物质欲望，服饰作为物质需求的一部分，款式、质料、色泽、开放度及包容度必然不断地丰富与多元化。另一方面，人们在自身条件许可的情况下，美化自己，装扮自己。在考量饰美与奢侈问题上，温州方言提倡素饰，反对奢靡。古往今来，有识之士都是极力反对奢侈，崇尚俭素的服饰文化。《墨子·辞过》[①]云"厚作敛于百姓，暴夺民衣食之财，以为锦绣文采靡曼之衣，铸金以为钩，朱玉以为佩，女工作文采，男工作刻缕，以为身服""欲天下之治""为衣服不可不节"。墨子把国君对服饰的奢靡看作国运动乱的原因，提出国君治国需要戒奢。温州方言谚语提倡素饰，也是对当时明代中后期社会奢靡风尚的谴责。如：

（1）若要俏，女穿孝。
（2）好吃不过茶饭饱，好觑不过素打扮。
（3）要吃还是家常饭，要着还要粗布衣。

[①] （清）孙诒让撰：《墨子间诂》，中华书局2001年版，第34页。

（4）笑脏笑破勿笑补，衣着清水就好过。
（5）有旧当得新。

谚语提倡服饰的素装，也传承的是倡俭尚廉、摈弃奢侈的美德。明代前期，温州地区的风俗崇尚勤劳与节俭，如《万历温州府志·风俗》[①] 记载明初温州风俗，"瑞安尚俭约，平阳尚简朴"及"旧时男女俱尚布衣"。明后期风俗急剧变化，人们崇尚金钱，讲究穿衣打扮，以富裕、奢华为荣。明代嘉靖年间，倭寇侵犯温州，又由于温州山多地少，俗语"七分山三分地"，而且土壤贫瘠，这加剧了温州地区经济的衰败，奢靡之风却并没减少，反而因为攀比之风越演越烈。明侯一麟、赵士帧在《龙门集·神器谱》[②] 说："今奢僭之日久矣，而民之穷困亦甚矣。""永嘉内鲜积聚而务外饰，宴会丰腆，虽中产之家亦勉强循俗。"以上谚语就是在这样的社会现实背景下，主张服饰的素装打扮、尚俭戒奢。

谚语"若要俏，女穿孝"，"孝"，温州方言指素装。温州地区的平民百姓以荆钗布裙的装扮，显出人的"俏"。谚语"好吃不过茶饭饱，好觑不过素打扮""要吃还是家常饭，要着还要粗布衣"等从日常生活的"茶""饭"透视服饰的外观要求，主张崇尚务实、戒慕虚荣。谚语认为老百姓就应该过着俭朴的生活，实实在在、脚踏实地。对于服饰的华美奢艳，人们主张服色清淡素雅。正如谚语所说"笑脏笑破勿笑补，衣着清水就好过"。谚语体现了温州地区百姓朴素的服饰观与优良的俭朴作风。谚语"有旧当得新"，就提倡俭素，反对奢靡的社会习俗。

三 好质轻文

温州风尚的前后转变，给当地民间留下了深沉的反思，"清水出芙蓉，天然去雕饰"成为服饰审美的主要观念。对于"文"与"质"相争，实则反映对服饰美的不同看法。古圣先贤讲究文质彬彬、相得益彰。过分的"文饰"固然彰显不当，但"质"好，是人们对审美的一致看法。

[①] 蔡克骄，刘同彪：《明代温州民俗文化》，知识产权出版社2010年版，第205页。
[②] （明）侯一麟、赵士帧撰：《龙门集·神器谱》，蔡克骄点校，上海社会科学院出版社2006年版，第145页。

《论语·雍也》云:"质胜文则野,文胜质则史。文质彬彬,然后君子。"① 作为儒家代表的孔圣,讲究文质相宜。西汉刘向《说苑·修文》② 记载孔子弟子拜访子桑伯子的故事,有"孔子见子桑伯子,子桑伯子不衣冠而处",其弟子说"夫子何为见此人乎?"孔子说:"其质美而无文,吾欲说而文之。"孔子离开后,子桑伯子的门人不高兴,问"何为见孔子乎?"子桑伯子告诉门人"其质美而文繁,吾欲说而去其文"。刘向认为"文质脩者谓之君子,有质而无文谓之易野,子桑伯子易野,欲同人道于牛马,故仲弓曰太简"。孔子认为子桑伯子"简",是易野,无礼文,是"质美而无文"。子桑伯子认为孔子"质美文繁"。在"质"美上,孔子与子桑伯子观点一致,分歧在与服饰的"文"上,一个认为服饰要"文",一个认为服饰要去掉"文",这反映了儒家和道家对服饰审美观的不同。

"文"指一个人服饰的美,"质"指一个人资质的美。《韩诗外传》卷二有孔子曰:"士有五:有势尊贵者,有家富厚者,有资勇悍者,有心智惠者,有貌美好者。有势尊贵者,不以爱民行义理,而反以暴敖。家富厚者,不以振穷救不足,而反以奢靡无度。资勇悍者,不以卫上攻战,而反以侵陵私斗。心智惠者,不以端计数,而反以事奸饰诈。貌美好者,不以统朝莅民,而反以蛊女从欲。此五者,所谓士失其美质者也。"③ 孔子评论士有五种"失其美质"的行为,孔子认为贵而能义、富而能仁、勇而能忠、智而能端、貌美而能正,都属于"美质"。凡是具有这些美质的人,再加之以美的服饰,就称得上文质彬彬的君子。凡是"失其美质",即使穿戴华丽的服饰,只是"文胜质",算不得君子。儒家重视服饰美,也重视资质美。

受儒家、道家"文质"服饰观的影响,温州方言谚语提倡好质轻文的服饰文化。比如:

(1) 好马不在马鞍,人美不在衣衫。
(2) 生好真底骨,扮好只一出。

---

① (魏)何晏注、(宋)邢昺疏:《论语注疏》,北京大学出版社1999年版,第78页。
② (西汉)刘向撰:《说苑》,湖葛氏传朴堂藏明抄本,商务印书馆1936年版,第92页。
③ (汉)韩婴:《韩诗外传》,许维遹校释,中华书局1980年版,第70页。

（3）只要骨肌好，不搽脂粉也风流。
（4）手巧不用教，生好不用扮。
（5）长得俏来才是俏，扮得俏来惹人笑。
（6）点将不如激将，扮相不如长相。

谚语运用对比手法，强调本身"质"的重要，认为打扮只是外表的服饰，搽脂抹粉、穿戴美衫以及扮俏与扮相都是外在的修饰，与内在天生的"底骨""骨肌""人美"的"质"相比，装扮只是一时，不能长久，而且招惹讥笑。天生丽质的人，不用装扮也"风流"。这些谚语在劝谏好质轻文，暗讽明后期的"嫁女盛装奁"的社会陋习，这也表达了普通百姓的服饰审美观，在一定程度上警戒了尚侈拜奢的靡丽之风。蔡克骄、刘同彪《明代温州民俗文化》[①] 中记述"无论纨绔子弟还是平民百姓，在服饰上已不受等级名分的限制，而是竞相奢华"，谚语好质轻文的审美观是对这种僭越礼制、好饰扮俏风气的批判。

四 量体饰度

服饰装扮显示人们的线条美、人体美及装饰美，这在一定程度上显示出不同的审美水平。儒家、道家、法家和墨家等诸家对服饰独到的见解，影响了中国服饰的文化形象和民族风格，并且广泛存在于中国各族人民的生活方式、生活形态、民族风情、心理特征、审美情趣、着装观念以及价值取向中。服饰文化作为一种文化样态，无论何种美饰，重要的是得体，"文"甚于"质"，就不能表达文质彬彬的美学意义。温州方言谚语，比较注重量体裁衣，根据自身"质"的条件，适度装扮，因材制宜。比如：

（1）吃饭要量肚，着衣要称身。
（2）看菜吃饭，量体裁衣。
（3）衣不长寸，鞋不长分。
（4）鞋差分，衣差寸。
（5）出挑女人会忘记自个岁数。

[①] 蔡克骄、刘同彪：《明代温州民俗文化》，知识产权出版社2010年版，第148页。

（6）越丑越会扮。

温州谚语运用日常生活物件，比喻穿衣打扮要注重得体、称身。对于称身，即符合自身的资质做出的行为方式，这一直都得到社会的认可。比如唐代罗虬《比红儿诗并序》有诗"魏帝休夸薛夜来，雾绡云縠称身裁"①。明代《清平山堂话本·夔关姚卞吊诸葛》有"明眸皓齿，青衣称身，皂绦掠膝"②，同时代的《七修类稿·事物类》有"轻罗细葛称身裁"③，又明代《三刻拍案惊奇》第五回"烈士殉君难 书生得女贞"也说"薄罗衫子称身裁"④，这些都是讲究衣服穿戴注重称身。谚语"看菜吃饭，量体裁衣"，"量体裁衣"语源来自《南齐书·张融传》，如"（太祖）手诏赐融衣曰：'见卿衣服粗故，诚乃素怀有本；交尔蓝缕，亦亏朝望。今送一通故衣，意谓虽故，乃胜新也。是吾所著，已令裁减称卿之体。并履一量。'"⑤ 谚语运用比喻和对比手法，形象描摹穿衣的分寸。正如根据什么菜吃多少饭，根据自己的身形体格，剪裁衣服样式与尺寸，这样的衣服穿着才会得体合度。谚语"衣不长寸，鞋不长分"，"鞋差分，衣差寸"，强调穿戴服饰，要剪裁适当。衣服长一寸或短一寸不大影响外观，但鞋子长一分或差一分，走路就不舒服。谚语"出挑女人会忘记自个岁数"，"越丑越会扮"从反面批评服饰穿戴的不称身。"出挑"语义不是指长得标志、突出，温州方言指出格、不检点。不根据自身的条件，外表涂脂抹粉过于浓烈，反而适得其反。越是年龄大了，更要注重装饰的适度。而本身"质"感不美的人，往往为了掩饰，经常打扮，有时会出格、扭曲装饰，"取情以去貌"也必须有分有寸。

温州服饰谚语体现的服饰文化，有其特定产生的时代背景。明代前后期的社会服饰风尚的转变，在人们的口语表达中留下深沉的反思。谚语倡导的服饰文化既是对崇尚奢靡之风的正本清源，也是对传统"文质彬彬"审美文化的传承，具有重大的现实意义与历史意义。保加利亚哲学家瓦西

---

① 孙海通、王海燕：《全唐诗》，中华书局1960年版，第7628页。
② （明）洪楩辑：《清平山堂话本》，程毅中校注，中华书局2012年版，第464页。
③ （明）郎瑛：《七修类稿》，中华书局1959年版，第641页。
④ （明）梦觉道人：《三刻拍案惊奇》，西湖浪子辑，北京大学出版社1987年版，第64页。
⑤ （梁）萧子显撰：《南齐书》，中华书局1988年版，第727页。

列夫在《情爱论》里曾说"服饰可以称作人的'第二皮肤'"①。服饰除了承担其既定的实用角色外，还表达着人们的审美观与价值观以及社会的接纳度。温州方言谚语在审美文化方面，主张美饰自身、提倡素饰、好质轻文、量体饰度。

---

① ［保加利亚］瓦西列夫：《情爱论》，赵永穆等译，生活·读书·新知三联书店1985年版，第345页。

第五章　浙南饮食谚语文化研究

"温之为州，最浙东极处，负山滨海"，"控山带海，利兼水陆，实东南沃壤，一巨都会"①。温州位于浙江东南沿海地带、靠山环海、交通便利、物产丰富、气候温和。海滨与山地的地理环境，孕育着多样的饮食文化。

汉代《史记·货殖列传》说"楚越之地，地广人稀，饭稻羹鱼，或火耕而水耨，果隋蠃蛤，不待贾而足"②。"蠃"即味道鲜美的螺海鲜，包含溪螺、河螺和海螺。早在汉代，温州人以稻谷为主食，以鱼汤或羹以及海鲜螺制品为佐食。晋人张华《博物志》卷三有"东南之人食水产，西北之人食陆畜。食水产者，龟蚌螺蛤以为珍味，不觉其腥臊也；食陆畜者，狸兔鼠雀以为珍味，不觉其膻燥也"③。彼时的温州人喜食海鲜水产品，如乌龟、蚌壳、花螺、文蛤等。唐宋时期，温州地区的海洋捕捞产业迅猛发展，建造了船舶，城区有多个停泊码头，造船业的兴盛形成了"以海为田，靠海为生"的海洋文化雏形。《洞头县志》海洋渔业"海洋捕捞"就记载了温州洞头列岛的渔民不定期的海上作业的情形，"每逢鱼汛，渔民上岛，结草为庐，涉水捕鱼，汛后返回大陆"④。温州海洋文化的发展，促成了饮食文化向海产品的发展。《弘治温州府志》卷七载："温州所治各土贡水族。永嘉：石首鱼、水母线、虾米、鲻鱼、壳菜（贻贝）、龟脚；瑞安：石首鱼、鳖鱼、鲈鱼、虾米、鳗鱼、鲻鱼、水母线、黄鲫鱼；乐清：水母线、石首鱼、鳖鱼、鲈鱼、黄鲫鱼、鲻鱼、石发菜、

---

① （明）万瓒、蔡芳编：《弘治温州府志》，胡珠生校注，上海社会科学院出版社2006年版，第5—6页。

② （汉）司马迁撰：《史记》，中华书局1959年版，第3270页。

③ （晋）张华撰：《博物志》，台湾中华书局1978年版，第4页。

④ 杨志林主编：《洞头县志》，浙江人民出版社1983年版，第130页。

虾米、龟脚；平阳：龙头鱼、石首鱼、虾米、鳗鱼、鳖鱼。"① 北宋咸平二年（公元999年），朝廷定温州为对外贸易口岸，温州成为海滨通商港阜，自此温州的海鲜产品与南北贸易的交流更为频繁，饮食菜品更为丰盛。南宋吴自牧《梦粱录·酒肆》②就记载了京都临安从温州运送的海鲜就有40多种，如干贝、青虾、牡蛎、蛳蚶、梭子蟹、花蛤、黄花鱼、鲍鱼、墨鱼、海蜇等。淡水鱼也有40多种，如鲈鱼、鲥鱼、鲟鱼、鲫鱼等。明清时期承袭宋代以来的饮食文化，菜肴以海鲜水产品为主，并形成了独特的瓯菜，成为浙江四大菜系之一，与杭州菜、宁波菜、绍兴菜并驾齐驱。

如服饰文化的嬗变一样，温州民俗中的饮食风尚在明代前后期发生了巨大的改变，前期以海为生，清苦自足、恬淡怡然的风气，转变为后期的奢靡攀比、丰腴徇俗。《万历温州府志·风俗》卷二载"今召客悉水陆，俗称靡矣"，"永嘉内鲜积聚而务外饰，宴会丰腴，虽中产之家，亦免强徇俗"。面对社会风气的转变，一些家族倡导俭约的饮食风气。如《项氏家训·毋作非为》说："近觉得吾族用度颇奢，今后自奉务要清苦，以守吾门素风。虽会族请客，不许用金银酒器。每桌馔虽盛，不过十盘，酒虽多，不过十二三行而止。"③

温州饮食风尚的改变也影响了民俗文化。靠海而居，耕于山脊的温州人民，总结饮食经验，通过民俗谚语反映当时当地的饮食文化。根据调查的语料，分析民谚，本书认为瓯越民俗的饮食文化主要表现在：民以食为"天"、食疗养生、烹调有术以及质朴的饮酒观与饮茶观等方面。

第一节 民以食为"天"

《礼记·礼运》云："夫礼之初。始诸饮食。"④《论衡校释》卷第二十五说："夫人之有宅，犹有田也，以田饮食，以宅居处。人民所重，莫

---

① （明）万瓒、蔡芳编：《弘治温州府志》，胡珠生校注，上海社会科学院出版社2006年版，第120页。
② （南宋）吴自牧：《梦粱录》，商务印书馆1939年版，第140页。
③ 蔡克骄、刘同彪：《明代温州民俗文化》，知识产权出版社2011年版，第221页。
④ （汉）郑玄笺、（唐）孔颖达疏：《礼记正义》，北京大学出版社1999年版，第666页。

食最急。"① 这都强调饮食的无比重要。中国人从野蛮走向文明，无论是敬天地、祀鬼神，还是婚丧寿庆的种种仪式活动，都是从饮食活动开始。民以食为"天"，以"天"论饮食，是古圣今贤立论饮食的政治哲学。儒家认为民食关系国家的稳定，孟子的"仁政"理想在于人们吃饱穿暖，以尽"仰事俯畜"之责，"大同"社会的标志是"皆有所养"。"天"无比重要，属于中国哲学的基本概念范畴。"天"本指自然，中国人深信人事是"天道"的表现。天人合一，"天"就成为中国哲学的核心范畴，如程颢《二程遗书》所言"天者理也"②。

中国先民为了保护收成不受掠夺，形成繁衍生养的思想，大量扩张人口。急剧膨胀的人口导致食物的匮乏，而自然环境的生存恶劣，死亡与繁生恶性循环，最后神农尝百草，"一日而遇七十毒"③，带领先民走上了以粟为食的道路。

中国历史上几次黄河大灾难造成土地连年歉收，乃至绝产、人无饭食、饥寒交迫，甚至出现人吃人的局面。《汉书·食货志》载几千里内"凡米石五千，人相食，死者过半。高祖乃令民得卖子，就食蜀汉"。④ 所以贾谊说："饥荒，天下之常也。"饥荒迫使百姓造反，抢夺粮食。朝廷政权动荡，反复被推翻。而皇帝贵为"天子"，政权的更迭就称为"变天"，《汉书·郦食其传》云："王者以民为天，而民以食为天。"⑤ 饮食关乎政治命脉，所以与天道、哲学一样重要，形成政治、天道与哲学的三元一体的特点。

中国人的饮食生活体现了中国文化的特性，是了解中国文化的一把钥匙。温州的饮食文化从明清时期承袭前代，形成地域独特的瓯越饮食文化。方言谚语从正反两方面诠释了"饭食"的重要。比如：

（1）吃饭大似皇帝。
（2）和尚靠佛力，为人靠饭力。

---

① （东汉）王充：《论衡》，上海古籍出版社 1990 年版，第 4 页。
② （宋）程颢、程颐撰：《二程遗书》，上海古籍出版社 1992 年版，第 102 页。
③ （汉）刘安撰：《淮南子·修务训》，上海书店 1959 年版，第 143 页。
④ （汉）班固撰、（唐）颜师古注：《汉书》，中华书局 1964 年版，第 1127 页。
⑤ 同上书，第 2108 页。

(3) 人是铁，饭是钢，三日不吃饿得慌。

(4) 清茶淡饭，长命百岁。

(5) 千补万补，不如饭补。

(6) 肚饿不管冷粥有配，要困不管油车水碓。

(7) 肚饿番薯果，肚饱肉也苦。

(8) 饿时糠也香，肚饱蜜不甜。

(9) 肚饱嫌憎肉苦。

(10) 眼饱抵不上肚饿。

(11) 嘴动动也有三分饱。

(12) 枸子，肉桂，不及饭一嘴。

(13) 有饭勿嫌滥，有车勿嫌慢。

谚语"吃饭大似皇帝"，把吃饭这种饮食行为看作比"天"还大的事情，是民以食为"天"的写照。正如谚语"和尚靠佛力，为人靠饭力"，"人是铁，饭是钢，三日不吃饿得慌"所说：和尚勤修圣道，靠的是佛祖的法力。如果没有法力就与俗无异；人们做事需要力量，主要靠饭食。《礼记·礼运》说："饮食男女，人之大欲存焉；死亡贫苦，人之大恶存焉。故欲恶者，心之大端也。"① 又《孟子·告子章句上》告子曰："食色，性也。"② 朱熹说："告子以人之为性，故言人之甘食悦色者即其性。"饮食与性欲，是人的大欲，必须谨慎对待。谚语"千补万补，不如饭补"，就强调了"饭食"乃生存之根本。

谚语"清茶淡饭，长命百岁"把饮食与养生联系起来，倡导清淡饮食。"淡饭"是简餐饮食，不奢靡铺张，反映了明后期对温州饮食风尚的反思。明代以来，温州饮食品种中，可以用来制作饮食的粮食有稻、麦、粟、豆、薯、芋与芝麻等，温州主食以米食为主，面食为辅，稻米是制作饮食的主要粮食原料。温州人以米为主食，饮食品种有饭、粥、糕、粽、丸、糍等。《弘治温州府志·民事》记载了当时的日常饭食，"人家早晚

---

① （汉）郑玄注、（唐）孔颖达疏：《礼记正义》，北京大学出版社1999年版，第689页。
② （宋）朱熹撰：《孟子集注》，《四书章句集注》，商务印书馆1948年版，第151页。

食米粥，罕食麦面。其下饭则水族居多"①。"清茶淡饭"，温州人以清茶为饮，以粗粮为饭，延续天命、福禄长寿。古人说"轻清者上升为天，重浊者下降为地""一阴一阳之为道"。谚语"清茶淡饭，长命百岁"还是表现了温州人以食为"天"。

谚语"肚饿不管冷粥冇配，要困不管油车水碓""肚饿番薯果，肚饱肉也苦""饿时糠也香，肚饱蜜不甜""肚饱嫌憎肉苦""眼饱抵不上肚饿""嘴动动也有三分饱""枸子，肉桂，不及饭一嘴"等，从正反两方面强调饭食管饱管饿的重要。饥荒年代，无论饮食的味美与否，饮食的粗细精良与否，填饱肚子是第一要义，生存才是重中之重。中国人见面总是问吃过饭否，因为"中国文化的确整体显示着饥饿的印记"②。所以谚语"有饭勿嫌滥，有车勿嫌慢"从反面对比强调有饭吃比没饭吃好，不要嫌弃饭的好坏。

民以食为"天"，温州方言谚语朴素地诠释着饮食是人的活命之"天"。王子辉从民以食为天的缘由、"以食为天"的展现、"民以食为天"之源三个方面印证了"民以食为天"的千古命题③。饮食是人类的基本需求，也是人类文明的渊薮，饮食与天命、与宇宙、与哲学、与政治以及与阴阳五行都有着密不可分的关联。老百姓日常生活中的第一件事就是吃喝，俗语所言"开门七件事，柴米油盐酱醋茶"。从饮食看社会与人生，民以食为天反映了中国的饮食心态与文化心态在物质文明与精神文明方面的和谐统一。

第二节 食疗养生

中国的饮食文化的根本之道，首先是饮食的内容，即吃什么与喝什么。夏丏尊在随笔《谈吃》中论述了中国人是最善吃的民族，提出"中国民族的文化，可以说是口的文化"④。中国人所吃的饮食种类繁多，品

---

① （明）万瓒、蔡芳编：《弘治温州府志》，胡珠生校注，上海社会科学院出版社2006年版，第14页。

② 高成鸢：《饮食之道：中国饮食文化的理路思考》，山东画报出版社2008年版，第14页。

③ 王子辉：《饮食探幽》，山东画报出版社2010年版，第143—148页。

④ 夏丏尊：《夏丏尊选集》（第三辑），黎明文化事业股份有限公司1977年版，第163页。

类极其多样，无论飞禽走兽、山珍海味，植物根、茎、叶、花、果、种等，甚至毒蛇、蝎蚁、蜈蚣、蝉雀、蚯蚓等都可入馔。然而饮食的多样化，也带来了健康理念的忧虑。中国人不仅追求美味佳肴，也在挑战着身体的健康状况，这就考虑到日常膳食结构的平衡问题。《黄帝内经·藏气法时论》说："五谷为养，五果为助，五畜为益，五菜为充，气味合而服之，以补精气。此五者，有辛、酸、甘、苦、咸，各有所利，或散、或收、或缓、或急、或坚、或软，四时五藏，病随五味所宜也。"[①] 中国人讲究医食同源、养生兼养性。从中国饮食文化的视角看，"养、助、益、充"思想，实际上就是传统的中国膳食结构，也是中国传统的养生理论。

传统膳食结构的平衡理论，建构了中国人主食与副食品种的搭配格局。饭菜搭配，以饭为主，菜为佐。荤素搭配，有荤必有素。温州古名东瓯，建国后形成的独特的瓯菜系列，属于江浙菜系，首先是食物原料上多注重蔬菜。其次是注重河湖溪海港汊的鱼虾蟹贝等海鲜。物质资源的丰富，也让人们吃惯大油高脂的饮食后，注重了食疗养生、清淡饮食。温州民间的方言谚语，就反映了这种传统的膳食饮食结构。比如：

（1）乡下三样补：青菜，豆腐，萝卜。
（2）人参不如米心。
（3）白菜汤吃眼光，糙米饭吃体壮。
（4）吃鸡吃鸭，也着青菜搭搭。
（5）鱼肉好吃，芥菜长情。
（6）混沌好吃难当饭，菠菜好吃芥菜长。
（7）吃好红葱，着好威风。
（8）冬羊伏狗，营养丰富。
（9）兔肉吃一斤，抵上高丽参。
（10）羊头三分人参。

谚语"乡下三样补：青菜，豆腐，萝卜"反映了民间饮食传统习俗，也是素食倡导的境界与追求。寺庙观宇常见的素菜也就是青菜、豆腐与萝卜。青菜富含维生素，种类繁多，比如绿叶菜、香菇、葱、蒜、竹笋、芦

---

① （唐）王冰：《黄帝内经》，《四部丛刊初编·子部》，商务印书馆1965年版，第53页。

笋、菠菜、芥菜等，青菜易于消化，富含营养，利于健康。明代陈继儒《读书镜》说："醉醴饱鲜，昏人神志。若蔬食菜羹，则肠胃清虚，无滓无秽，是可以养神也。"① 豆腐，在汉代就已经出现，"豆锡"，是当时的甜豆浆或豆腐脑，曾被封为时尚美食。豆腐菜被称为"国菜"，深受中国百姓的喜爱。豆腐是以豆为原料烹制而成的菜肴，品种多样，南北风味各异，有名的豆制品有南豆腐、北豆腐、冻豆腐、油豆腐、豆腐干、千张、豆筋、豆腐皮、香干、油丝、卤干、豆泡、腐乳等，王仁湘《民以食为天：中国饮食文化》还把豆制品称为"素什锦、素猪排、辣块、辣干、熏干、豆腐粉"。② 豆腐富含铁、镁、钾、钙、锌、磷、叶酸、维生素 B1 和维生素 B6 等极高的营养成分，豆腐里的高氨基酸和蛋白质是谷物饮食极佳的补充食品，而且据现代营养医学考证，豆腐脂肪的 78% 是不饱和脂肪酸，并不含有胆固醇，素有"植物肉"的美称。豆腐从皇家贵族到平民百姓，都是补益清热养生食品，民间认为常吃豆腐有补中益气、生津止渴、清热润燥、清洁肠胃的功效。萝卜，又名土酥、芦菔，民间俗称"土人参"。萝卜能解毒，中医一直用萝卜养生治病，萝卜味道甘辛，富含膳食纤维与维生素 C，可以消食利尿、润肺祛痰、解毒生津。民间用萝卜冬日养生，秋季润肺，春日祛毒，夏季润肠。青菜、豆腐与萝卜是民间三样补品，取自天然，感恩天赐。以时令采摘饮食素菜，能清雅素净、清心寡欲、人性和善、谦恭有礼，从而益寿延年。

谚语"人参不如米心"，"米心"在温州饮食品种中指稻、麦、粟等粮食作物，"米心"富含淀粉与高蛋白质，对人的身体非常有益。《墨子·辞过》云："其为食也，足以增气充虚，强体适腹而已矣。"③ 用"米心"烹制而成的饮食极其多样，远远超过补品"人参"。《神农本草经·中卷》说："人参，味甘小寒。主补五脏，安精神，定魂魄，止惊悸，除邪气，明目，开心益智。久服，轻身延年。一名人衔，一名鬼盖，生山谷。"④ 人参是滋阴补品，但不能当饭食。以"米心"为原料的饮食

---

① （明）陈继儒：《读书镜》，《丛书集成初编》，商务印书馆 1936 年版，第 48 页。
② 王仁湘：《民以食为天：中国饮食文化》，台湾中华书局 1990 年版，第 117 页。
③ （清）孙诒让撰：《墨子间诂》，世界书局 1955 年版，第 20 页。
④ （清）孙星衍、孙冯翼辑：《神农本草经》，《丛书集成简编》，台湾商务印书馆 1965 年版，第 12 页。

才能补充热量，增强气力，促进新陈代谢。这是温州民谚从切身体验中体会到的生理营养的道理。所以谚语"白菜汤吃眼光，糙米饭吃体壮"就强调了米食的重要。与青菜比较，"糙米"饭才是主粮，"白菜汤"是配菜，所谓"五谷为养，五菜为配"，就是这个道理。

谚语"吃鸡吃鸭，也着青菜搭搭""鱼肉好吃，芥菜长情"，强调食用荤菜的同时，注意素食的摄取。明清时期素食蔬菜得到进一步发展，社会上出现了寺院素食、宫廷素食和民间素食，风格各异，味道千秋。清代的袁枚《随园食单·杂素菜单》，列了80余种素食单和小菜单里面的素菜做法，袁枚说"菜有荤素，犹衣有表里也。富贵之人嗜素，甚于嗜荤"①。袁枚提倡荤素结合，多用素食。如果只荤不素，身体很容易出问题。《吕氏春秋·重己》说："味众珍则胃充，胃充则中大鞔。中大鞔而气不达，从此长生可得乎？"②"中大鞔"就是患高血压头脑昏沉的症状，鞔同懑。所以肥肉吃多了，容易烂肠。多吃素菜、饮食有节才能预防保健。

谚语"混沌好吃难当饭，菠菜好吃芥菜长"，"混沌"即是"馄饨"这种美食。它是将面团擀成极薄的面皮，里面加少许馅料。它可以是荤的、可以是素的、也可以是荤素搭配的馅儿。面皮把馅儿卷起包住，在汤锅里煮沸，调味可食。混沌因面皮薄、口感好、味美鲜香，受到南北百姓的喜欢。"馄饨"一词，早在秦汉之际就出现，比如西汉扬雄《方言》卷十三记载"饼谓之飥，或谓之饦馄"③，"馄饨"又名汤饼。扬雄虽未直接提出"馄饨"两字，但馄饨的问世至少在秦汉时期。谚语反映了民间对素菜"菠菜"和"芥菜"的钟爱。菠菜在温州又被称为"补血菜"，因为菠菜的含铁量高，深受女性的喜爱。"芥菜"在温州也深受欢迎。俗语"三月三吃芥菜饭"。每年春天温州人最喜爱的就是炒芥菜饭吃，用芥菜当主料，佐以虾皮、腊肉丁、鸡蛋花，与米饭（或黑米）炒食，味道鲜美。更重要的是吃芥菜饭不生脓包肿疮，这种民俗温州代代相传。

---

① （清）袁枚：《随园食单》，南京出版社2009年版，第76页。

② （战国）吕不韦编撰、王利器注疏：《吕氏春秋注疏》，巴蜀书社2001年版，第95—96页。

③ （西汉）扬雄撰：《輶轩使者绝代语释别国方言》，《丛书集成简编》，台湾商务印书馆1966年版，第305页。

谚语"吃好红葱，着好威风"，"红葱"是一种调料，是温州饮食里常常出现的洋葱。温州饮食文化里，做菜需要放洋葱，一来是为了提鲜，二来是为了除去海鲜的腥味，三来是为了提神。红葱炒鸡蛋、红葱烧猪肝等都是温州人的美食。"红葱"因含有植物杀菌素和蒜素，能够提神健体、增强体力，所以温州人用红葱做菜或泡酒，觉得体格劲健、"着实威风"。

　　谚语"冬羊伏狗，营养丰富""兔肉吃一斤，抵上高丽参""羊头三分人参"等，反映了食疗养生的认知。以食当药、无病防病、有病治病、养生与疗疾兼顾。羊肉是温补食物。冬天吃羊肉可以滋阴壮阳、御寒、提高机体免疫力、补肾抗癌。狗肉能补中益气、温肾助阳。三伏天吃狗肉还有祛湿排毒的功效。民间认为入伏后吃狗肉是"吃了夏至狗，西风绕道走""吃了狗肉暖烘烘，不用棉被可过冬"。兔肉能滋阴润燥、补中益气、清热凉血、提高免疫力。羊头可以补肾壮阳、补虚温中。其功效与人参、高丽参相当。

第三节　烹调有术

　　古人最初的饮食方式，还不知道何为烹饪与调味。他们获取食物，生吞活剥，过着"茹毛饮血"的生活。从原始的饮食生活到现代文明的烹调美食，人类经历了漫长的艰辛过程。汉代及以前的文献都有所记载。比如《白虎通义》卷一说："古之时未有三纲六纪，民人但知其母，不知其父，能覆前而不能覆后，卧之法法，起之吁吁，饥即求食，饱弃其余。茹毛饮血，而衣皮苇。"①《礼记·礼运》云："昔者先王未有宫室，冬则居营窟，夏则居橧巢。未有火化，食草木之实，鸟兽之肉，饮其血，茹其毛，未有麻丝，衣其羽皮。"②西汉刘安《淮南子·修务训》也说："古者民茹草饮水，采树木之实，食蠃蜃之肉，时多疾病毒伤之害。"③那时候，古人还没知晓火的使用，生吃鸟兽虫鱼，渴饮溪流河水，对肠胃造成很大的伤害，更谈不上对食物美味的诉求。距今100万年前，人类开始人

---

① （汉）班固撰：《白虎通义》，中华书局1985年版，第21页。
② （汉）郑玄笺、（唐）孔颖达疏：《礼记正义》，北京大学出版社1999年版，第668页。
③ （汉）刘向撰、何宁集释：《淮南子集释》，中华书局1998年版，第1311页。

工用火。火的发明，开启了人类征服自然、改造自然的新征程。有了火以后，人类的饮食从简单变得繁复、从粗糙变得精良，而烹饪技艺在陶器发明后，人类走上了火食之道。生成工具的改进、科学技术的发展、烹饪灶具与饮食器皿的创新，推进了人类的火食路径。中国悠久的火食传统是中国烹饪发达的根基所在。古今厨师把烹饪比喻为"火中取宝"。王仁湘《饮食与中国文化》说："运用火候功夫的高低，是能否取到真宝的关键。火候功夫的炼成，不是一代人或几代人的努力所能办到的事，是靠了千万年经验的积累，靠了悠久的火食传统。"①

饮食的火食之道，必然对调味提出新的挑战，调味也经历从理论到实践的漫长发展历程。"五味调和"是中国传统饮食的基本准则，也是中国传统文化精神。即达到"致中和"的理想境界：非浓非淡、非咸非甜、非单非同，讲究适中、平衡、和谐与统一。为了达到"五味调和"就需要讲究烹调之道。"五味"指以酸、甜、苦、辣、咸为代表的滋味，它成为人类饮食的重要追求目标。因为"五味"，烹饪才具有烹调的内涵。"烹"指烹饪方式与技巧，比如蒸、煮、炖、煨、煲、煎、炸、烤、涮、炒、磨等。"调"指饮食与烹饪过程中的实际操作程序。王子辉《饮食探幽》说"调是和的主要手段，通过调的方法达到和的目的"②。"和"是中华文化的特定概念，内涵模糊，外延宽广。《淮南子·精神训》有"桓公甘易牙之和"③，又《淮南子·说林训》"水火相憎，镬在其间，五味以和"④，这里的"和"指烹调。因为烹调使构成食料的各要素融合，所以称为"和"。

温州方言谚语，讲究"五味调和"，烹调的配料、火工、刀工、方法与技巧，体现了烹调有术的特点。比如：

（1）好菜出于名师手，名师还要精料配。
（2）刀工好觑，火工好吃。
（3）煮饭烧菜，全觑火候。

---

① 王仁湘：《饮食与中国文化》，人民出版社1999年版，第14页。
② 王子辉：《饮食探幽》，山东画报出版社2010年版，第156页。
③ （汉）刘向撰、何宁集释：《淮南子集释》，中华书局1998年版，第553页。
④ 同上书，第1180页。

（4）炒淮豆要沙多，炖牛肉要汤多。

（5）鱼唇羊尾，斤鸡两鳖。

（6）金蝉吃个皮，金瓜吃个蒂。

（7）羊羔虽好，众口难调。

温州菜属于江浙菜系，口味偏甜偏淡，喜用糖醋和黄酒，最爱用的调料是姜与醋。谚语"好菜出于名师手，名师还要精料配"，强调名厨师的烹调技艺的高超，在于善用调料搭配。一盘菜的好坏，全靠精细调配作料才能"五味调和"。

谚语"刀工好覗，火工好吃"，"煮饭烧菜，覗见火候"反映了饮食文化中刀工、火候的重要。中国烹饪的刀工技法复杂多变，跟火候密不可分。不同的火候配合不同的刀工，不同的刀工配合不同的火候。比如说炖肉，需要切成大块；炒肉，一般切成薄片或细丝。炒的时候需要速战速决，才能保持食材的鲜嫩。块大，火力不容易透进去，做出的肉就不香。刀工离不开刀口，刀口是属于空间形态范畴，火候属于时间过程范畴。关于刀口，《梁实秋谈吃》说："刀口上手艺非凡，从夹板缝里抽出一把飞薄的刀，横着削切，把猪头肉切得片薄如纸，塞在那火烧里食之。"[1] 这是关于刀口的表述，优秀的厨师都精谙刀口的使用。关于火候，唐朝就开始出现。当时的炼丹提到火候，比如白居易《同微之赠别郭虚舟炼师》诗云："心尘未净洁，火候曾参差。"[2] 由炼制丹药推延到烹饪的运用，比如段成式《酉阳杂俎·酒食》卷七说："物无不堪食，唯在火候，善均五味。"[3] 袁枚的《随园食单·须知单》也说："熟物之法，最重火候。"[4] 刀工由刀口体现，在周代就出现了刀工的技法。林乃燊《中国饮食文化》[5] 就提到周代剔除筋骨、切肉的不同切法，如块状的、长条的、薄片的或缕丝状等。烹饪的境界是刀口与火候的对立统一。正如高诚鸢《食·味·道：华人的饮食歧路与文化异彩》所言："空间中刀口的度量，

---

[1] 梁实秋：《梁实秋谈吃》，北方文艺出版社2006年版，第115页。

[2] （唐）白居易：《白氏长庆集》（卷二十一），艺文印书馆1973年版，第526页。

[3] （唐）段成式：《酉阳杂俎》，中华书局1985年版，第56页。

[4] （清）袁枚：《随园食单》，南京出版社2009年版，第23页。

[5] 林乃燊：《中国饮食文化》，南天书局出版社1981年版，第69页。

跟时间中火候的度量,是互相决定的。"①

　　谚语"炒淮豆要沙多,炖牛肉要汤多",总结了厨师烹调食物的方法与经验。淮豆用沙炒,沙多了不会焦;炖牛肉需要加多点汤,因为牛肉不容易炖烂。这些都是烹调的智慧。王学泰先生说:"江浙菜在烹调技法上与淮扬菜接近,注重煨、炖、焖、烩、蒸等烹制法,大多数菜肴有鲜美的汤汁。"②所以温州菜在炖牛肉的时候,汤汁多而浓郁。

　　谚语"鱼唇羊尾,斤鸡两鳖""金蝉吃个皮,金瓜吃个蒂"是温州饮食习俗独特的地方。温州人喜欢吃鱼唇,即鱼嘴。吃羊肉喜食羊尾。据当地饮食习俗讲,鱼唇富含胶原蛋白。羊尾除此外,还能强健筋骨。"斤鸡两鳖"是炖汤时的搭配,一斤鸡肉配合两斤鳖来炖,这样煲出来的汤就会滋阴壮阳。金蝉油炸,吃皮比较脆爽。金瓜也就是南瓜,一般是清蒸。吃瓢、吃蒂主要用于治疗积食难消。通过瓜蒂帮助呕吐、清理肠胃。食用不同食材的部位,也在考验着温州烹调的技艺。

　　谚语"羊羔虽好,众口难调"是说:羊羔肉一般是选择不满周岁的幼崽制作烹调,味道鲜美。但南北各地风味不同,食客饮食要求不同,因而众口难调。清代钱泳《履园丛话》卷十二"艺能·治庖"也说:"同一菜也,而口味各有不同。如北方人嗜浓厚,南方人嗜清淡;北方人以肴丰、点食多为美,南方人以肴馔洁、果品鲜为美。虽清奇浓淡,各有妙处。"③江浙菜系烹调的羊羔肉味道自然与北京人烹调的口味不同,但不同地区的口味各有长处。

第四节　饮酒观

　　中国有悠久的酒文化。从先秦到两汉,酒是世俗之物。晋代葛洪认为酒是生病毒药。汉末魏初,文人雅士酣酒成为风流韵事。唐代酒文化空前繁盛,酒的地位大大提高。酒成为骚人墨客艺术创作的源泉,涌现了一大批如李白、杜甫等嗜酒如命的"诗仙诗圣""酒仙酒鬼"等名人贤士。宋

---

　　① 高诚鸢:《食·味·道:华人的饮食歧路与文化异彩》,紫禁城出版社2011年版,第390页。

　　② 王学泰:《华夏饮食文化》,中华书局1993年版,第154页。

　　③ (清)钱泳撰:《履园丛话》,孟斐点校,上海古籍出版社2012年版,第221页。

元明清时期，从酒的社会功能、诗词歌赋到民间集会、酒令游戏，都无不渗透着中国浓浓的酒文化。从杜康酿酒传说到杜康成为酒的代表，人们对酒有着割舍不断的情感纠葛，比如曹操的《短歌行》："对酒当歌，人生几何。譬如朝露，去日苦多。慨当以慷，忧思难忘。何以解忧，唯有杜康。"① 由酒文化衍生出人们对酒的态度，形成饮酒观。温州方言谚语对酒的态度，提倡节制喝小酒，禁止酗酒。比如：

（1）美食家活一世，也不过是酒囊饭袋。
（2）酒能养性，仙家饮；酒能乱性，佛家戒。
（3）酒能成事，也能败事。
（4）小酒小人参，大酒误了命。
（5）头杯人喝酒，三杯酒喝人。
（6）勿贪不义财，勿饮过量酒。
（7）要想长寿，禁烟忌酒。
（8）吃醉酒嘴里糊涂，生病人肚里明白。
（9）烧酒掺老酒，吃了打娘舅。
（10）若要断酒法，醒眼看醉人。

第五节 饮茶观

中国饮茶的历史也相当悠久。唐代出现中国最早的饮茶书籍《茶经》。陆羽在《茶经》里全面介绍了茶的制作方法、煮茶方法、饮茶方法以及产茶的产地，这些都反映了中国的茶文化。魏晋南北朝时期，南方流行以茶代酒。宋元时代，流行煎茶。明代以后，盛行叶茶，煎茶开始普及。清代以后，国人讲究茶具，烹茶的技艺到达鼎盛，形成茶道。茶属清虚之物，品茶饮茶，成为"清尚"。茶的最初推广据说与佛教中的禅宗有关。茶文化中的"清虚"，提倡六根清净、清心寡欲。烹茶调茶的过程，被人誉为"茶禅一味"。温州饮食文化中，与茶有密切的渊源，对待茶食，他们更多的是提倡养生、清心明志的饮茶观。比如谚语：

---

① （东汉）曹操：《曹操诗文选》，人民文学出版社 1975 年版，第 44 页。

（1）早茶西洋参，晚茶断过筋。
（2）淡茶温饮长百岁。
（3）饭后茶消食，困后茶提神，空肚茶心发慌，过夜茶伤脾胃。
（4）姜茶治痢，糖茶和胃，菊花明目，茶花清心。

饮茶有很多的营养功效，可以清目除烦、润肺化痰、降低血压血脂、利尿解毒等，但要注意饮茶的时间。早茶比较养生，晚茶因为时间过晚，茶本身的茶多酚、咖啡碱、鞣质等成分会对心脏经络、大脑神经和脾胃等造成伤害。饮茶的习俗民间流传，饮茶的功效与心境也是大家津津乐道的。比如唐代皎然的诗《饮茶歌诮崖石使君》就谈到饮茶的胜境，诗曰："一饮涤昏寐，情来爽朗满天地。再饮清我神，忽如飞雨洒轻尘。三饮便得道，何须苦心破烦恼。"[1] 中国的茶文化值得传承与弘扬。

温州饮食文化特征是浙南地域饮食文化的缩影。当地人文"民以食为天"的饮食观是传统文化的传承与延续。在强调食物饱腹作用的前提下，讲究饮食文化的根本之道。即食疗养生，提倡生命的质量与尊严，养成健康养生的理念。在食物的制作与享受中，形成烹调有术的饮食文化，讲求食物的烹调秘诀。饮食中的酒与茶不可或缺，温州人的养生理念又促成了健康的饮酒观与饮茶观，禁止酗酒、倡导喝小酒怡情以及清虚明志的饮茶风情。

---

[1] 孙海通、王海燕：《全唐诗》，中华书局1960年版，第9620页。

第六章　浙南养生谚语文化研究

养生学是传统中医和现代中医秉承的健康理念。从先秦两汉开始，上至皇室贵族下至黎民百姓，都有着各种各样的养生方法，或养生术。这种养生方法总结养生理论，使养生学经历了形养与神养、理论与实践不断提高的过程，最终成为中国特色的中医学的重要组成部分。"养生"一词，始见《吕氏春秋·节丧》，如"审知生，圣人之要也；审知死，圣人之极也。知生也者，不以害生，养生之谓也；知死也者，不以害死，安死之谓也。此二者，圣人之所独决也"。① 关于中国养生且长寿的传说，从神仙家到医家、道家、儒家以及老子、庄子等古圣先贤和苏轼等文人墨客，都有自己的养生方术，这也说明了养生对人们生命健康的重要。如果说《吕氏春秋》是先秦养生学的集大成者，那么《黄帝内经》"上古天真论""四气调神大论"等篇章则是对秦汉养生学的高度概括，是中国养生学的初步形成。

由养生学的形成而衍生中国医学与民间俗谚的养生文化，是中国人民对生命健康与长寿的向往，并且在实践中得到印证。"养生，通常以词源释义，理解为个人的养生术，即营卫摄养身心，以期健康长寿。但稍加深思便可发现，养生的内涵，几乎关系到大文化的所有领域，囊括了优化人类生存环境，善化人类生命质量的一切内容。"② "人生代代无穷已"，养生不仅是人类寿命的延续，也是探索宇宙观与人生观的哲学思考，探索深层次的精神修养与个人理想生活方式的命题。纵观春秋战国以降的文献记载，养生的原则与方法主要有重视精气、顺应四时、清静寡欲、活动健体、动静结合、调节饮食并忌膏粱厚味烈酒、房事有度，如此有助于延年益寿。除此，养生还需强调精神意志的调摄，因为它是五脏精气的体现，

---

① （战国）吕不韦编撰、王利器注疏：《吕氏春秋注疏》，巴蜀书社2001年版，第966页。
② 仓阳卿：《中国养生文化》，上海古籍出版社2001年版，第1页。

而意志又在某种程度上影响人体脏腑功能的运行，如《淮南子·泰族训》所言："治身，太上养神，其次养形；治国，太上养化，其次正法。神清志平，百节皆宁，养性之本也；肥肌肤，充肠腹，供嗜欲，养生之末也。"①

温州地处瓯越，自汉东瓯王就有信鬼神、乐巫祠的风气。据《史记·封禅书》记载："越人俗鬼，而其祠皆见鬼，数有效。昔东瓯王敬鬼，寿百六十岁。后世怠慢，故衰耗。"② 明代以来，倭寇横行，屡犯沿海居民的生活，让他们饱受侵扰，温州敬鬼神的风尚更加浓烈。对神灵信仰、鬼怪信仰与巫卜类的信仰，也滋生了对生命观的遐想。尤其是温州民俗文化从明代前期到中期的由俭入奢的变化，反映在饮食风俗、居住风俗、娱乐风俗以及服饰风俗等方面，这些都是百姓日常生活的事项，社会风尚的转变，引起了人们对生命长寿观的哲学思考，怎样健康长寿地生活是民间人士忧虑的问题，为此总结出了一些养生的方法。笔者调查的温州方言谚语，根据语料的语义特点，认为温州方言谚语反映的养生文化主要有：运动养生、饮食养生、起居养生、调情养生以及治未病的防预思想等。

第一节 运动养生

运动养生，就是日常生活中的劳动与锻炼活动养生。这是形体的锻炼，也是"最外在、最直接的养生方法"。③ 人类的生物体格与宇宙万物，四时节气都有着阴阳对应与调和的关联，古人就非常注重根据四季气候的变化，做适当的运动，以调摄形体的养生。比如《黄帝内经·四气调身大论》④ 有春三月"夜卧早起，广步于庭，被发缓形，以使志生"；夏三月"夜卧早起，无厌于日"；秋三月"早卧早起，与鸡俱兴"；冬三月"早卧晚起，必待日光，……去寒就温，无泄皮肤，使气亟夺"。又如通

---

① （汉）刘向撰、何宁集释：《淮南子集释》，中华书局1998年版，第1401页。
② （汉）司马迁：《史记》，中华书局1959年版，第1400页。
③ 闫晓宇、刘哲峰：《〈淮南子〉与〈内经〉养生观的研究》，《中国医药文化遗产考论》，中医古籍出版社2005年版，第266页。
④ 牛兵占、肖正权主编：《黄帝内经素问译注》，中医古籍出版社2003年版，第12页。

过五禽戏等练功的方法达到锻炼养形的目的,如《淮南子·精神训》"若吹呴呼吸,吐故内新,熊经鸟伸,凫浴蝯躩,鸱视虎顾,是养形之人也,不以滑心"。[①] 运动,能增强人的体质与免疫力,是养生最为直接与成本最低的投入方式。运动是人体生命健康的源泉。温州方言谚语,在运动养生方面,也提出了自己的心得。比如:

(1) 运动运动,百病难碰。
(2) 若要健,日日练。
(3) 宁可筋长一寸,不许肉厚一分。
(4) 饭后百步走,活到九十九。
(5) 饭后走百步,强如开药铺。
(6) 困如弓,行如风,坐如钟,立如松。
(7) 从小不劳动,老来做药桶。
(8) 日里多动,夜里少梦。
(9) 卫生是妙药,锻炼是金丹。
(10) 运动贵有恒,饮食贵有节。
(11) 粥越煮越糊,力越练越强。
(12) 若要身体好,勤劳加起早。
(13) 天光弯弯腰,一日精神好。
(14) 做做力出,缩缩病出。
(15) 脏生虱,懒生病。
(16) 水停百日生虫,人停百日生病。
(17) 静而少动,眼花耳聋;有静有动,无病无痛。

以上谚语都在强调运动养生,通过运动强健筋骨、提神养精,坚持运动也能祛病少灾。运动是通过持久的锻炼,增强人体的体魄,充实人体的正气,达到养生健体的目的。正如《素问·生气通天论》所言:"是以圣人陈阴阳,筋脉和同,骨髓坚固,气血皆从。如是则内外调和,邪不能害,耳目聪明,气立如故。"[②]

[①] (汉)刘向撰、何宁集释:《淮南子集释》,中华书局1998年版,第527页。
[②] 牛兵占、肖正权主编:《黄帝内经素问译注》,中医古籍出版社2003年版,第22页。

谚语"运动运动，百病难碰"，强调通过运动强身健体。自身抵御外界的感染能力增强了，就不易生病。谚语"若要健，日日练"，"运动贵有恒，饮食贵有节"，"水停百日生虫，人停百日生病"等，强调运动的持之以恒。只有持久的运动，不松懈、不半途而废，运动才能使骨骼正直、筋脉柔和、气血流通、腠理固密，从而骨气健强。如果长久不运动，就像百日停滞不动的流水生虫一样。人若长久不运动就会干扰五脏的运行，气血营运凝滞，易身体染疾。如《素问·生气通天论》所说"是故谨和五味，骨正筋柔，气血以流，腠理以密，如是则骨气以精，谨道如法，长有天命"。①

谚语"饭后百步走，活到九十九""饭后走百步，强如开药铺"，强调饭后散步运动的重要。散步，是人们日常生活熟知的运动方式。其运动量和缓匀适，对人的身心健康有多种作用，比如活跃血液循环、促进新陈代谢、调整神经、呼吸、消化、排泄机能，以及能改善骨骼强度、提升肌肉耐力等，还有助于增强体质和抗病力。中国古谚认为"竹从叶上枯，人从脚上老""人老足先衰"，并坚信"腿勤人长寿"。饭后散步适合于"腿勤"的运动，也是中医养生的一项措施。如《素问·四气调神大论》就提倡"夜卧早起，广步于庭"。② 饭后走百步，适度的散步有益于身心愉悦、身心放松的平衡感、阴阳调和、增益寿命。唐代著名的医学家孙思邈在《千金翼方·退居》中主张人们根据不同季节和个人体质的不同情况进行适宜的散步，也提出了散步的具体要求，如"四时气候和畅之日，量其时节寒温，出门行三里、二里，及三百、二百步为佳。量力行，但勿令气乏、气喘而已"。③ 散步除了有助于身体保健外，还有调适心理的作用。比如唐代韦应物《秋夜寄丘二十二员外》的诗句"怀君属秋夜，散步咏凉天"④、宋代诗人陆游《杂兴六首》的词句"散步持书卷，闲眠枕药囊"。⑤ 清代养生家曹庭栋在《养生随笔》卷一"散步"中记述"散步者，散而不拘之谓，且行且立，且立且行，须得一种闲暇自然之志"。⑥

---

① 牛兵占、肖正权主编：《黄帝内经素问译注》，中医古籍出版社2003年版，第23页。
② 同上书，第12页。
③ （唐）孙思邈：《千金翼方》，人民卫生出版社1983年版，第162页。
④ 孙海通、王海燕：《全唐诗》，中华书局1960年版，第1924页。
⑤ 傅璇琮主编：《全宋词》，北京大学出版社1998年版，第25336页。
⑥ 曹庭栋：《养生随笔》，上海书店出版社1981年版，第19页。

他高度评价了散步改善下肢耐力和养神安眠的功效。

谚语"困如弓,行如风,坐如钟,立如松"主张运动强健筋骨后的修行风范,提出了坐、站、行、卧等姿态的要求。此谚语出自元代杂剧无名氏《瘸李岳诗酒玩江亭》第二折,如"(牛员外云)俺出家儿人,行如风,立如松;睡如弯狗,精神不走"①。这些都是通过运动、养身、修性、练功达到很高水平的人。

谚语"从小不劳动,老来做药桶","日里多动,夜里少梦","卫生是妙药,锻炼是金丹","做做力出,缩缩病出","脏生虱,懒生病"等主张通过运动来预防疾病。多运动夜晚就少惊梦、睡眠安稳;多运动机体免疫力就提高了,就像金丹妙药。如果人懒惰,从小不劳动,不注重运动四肢血脉,老来就像药桶一样,疾病缠身。明代医家李梃在《医学入门》集例"保养"卷首中指出了因为懒于运动劳作,整日闷坐,疏于舒展活络筋骨的弊害,如"终日屹屹端坐,最是生病,人徒知久立、久行之伤人,而不知久卧、久坐之尤伤人也"②。

谚语"若要身体好,勤劳加起早""天光弯弯腰,一日精神好",主张早起锻炼身体的重要。《素问·四气调神大论》就根据春夏秋冬节令气候的变化,提出春夏"夜卧早起"与秋天"早卧早起"。"早起"是运动养生的时间节点,尤其春天万物萌始,应促其生长,适应春天养生法则。夏天万物繁盛,天地阴阳之气相交,早起适应夏天长养的道理。秋季万物成实、天气劲疾、地清气明,早起如鸡鸣,可以使意志保持安定,舒缓秋天清肃之气。所以,若想身体好,早起勤加锻炼。"天光",指天亮,也是早起的意思。每天早起弯腰伸拉运动,整日精神就会卫气疏泄,清爽筋健。

谚语"静而少动,眼花耳聋;有静有动,无病无痛"提出了动静结合的养生观,这也是中医养生的重大哲学命题。中医理论认为静属阴、动属阳。动静相育,方可阴阳调和,身心体态才能阴阳平衡,从而耳聪目明、无病不痛。动以养形,静以养神,形神兼备,安享天命。《素问·上古天真论》记述了饮食有规律、作息有常规、操劳有度,才能形神协调,尽享自然寿命。如"上古之人,其知道者,法于阴阳,和于术数,食饮

---

① 杨家骆主编:《全元杂剧》,世界书局1973年版,第2471页。

② (明)李梃编:《医学入门》,台联国风出版社1968年版,第81页。

有节，起居有常，不妄作劳，故能形与神俱，而尽终其天年，度百岁乃去"。① 中医动静结合的养生法则也体现了老庄的养生哲学思想，如《老子·道德经》十六章"致虚极、守敬笃……归根曰静，静曰复命，复命曰常"②。游建西认为"致虚极，守敬笃"的状态是道家的养生行为，"动，幻灭不定，静，恒定，物之真正"③。

第二节　饮食养生

饮食是维持人类生命的基本保障，有了合乎营卫摄养之道的饮食，人类的总体素质才能不断增强，人类的文明才有可能发展。饮食对人体的健康与长寿有着密不可分的关系。唐代医学家孙思邈在《养老食疗》中记述"安身之本必须于食，救疾之道惟在于药。不知食宜者，不足以全生；不明药性者，不能以除病。食能排邪而安脏腑，药能恬神养性以资四气"④。他强调"食啖鲜肴，务令简少。饮食当令节俭，若贪味伤多，老人肠胃皮薄，多则不消，彭亨短气"，因此"须知服食将息节度"。⑤《黄帝内经·六节藏象论》记述了饮食五味与天地五气对人体脏腑的影响。如"天食人以五气，地食人以五味。五气入鼻，藏于心肺，上使五色修明，音声能彰。五味入口，藏于肠胃，味有所藏，以养五气，气和而生，津液相成，神乃自生"⑥。五气由鼻吸入，作用于心肺，使面色明润、声音洪亮。五味由口食入，经肠胃消化吸收其精微，以养五脏之气、生成津液、润泽脏腑、补益精髓，神气自然健忘。

温州饮食习俗自明代中后期渐奢侈靡，给生命健康带来了不利的影响，为此一些家族要求成员保持节俭的生活作风，如《项氏家训·毋作非为》记述"近觉得吾族用度颇奢，今后自奉务要清苦，以守吾门素风"⑦。这种节欲的饮食风尚更有利于生命的延续与文明的进步。调查温

---

① 牛兵占、肖正权主编：《黄帝内经素问译注》，中医古籍出版社2003年版，第1页。
② （周）李耳撰、（晋）王弼注：《老子》，台湾中华书局1980年版，第9页。
③ 游建西：《论老庄养生哲学》，《宗教学研究》2006年第1期。
④ （唐）孙思邈：《千金翼方》，人民卫生出版社1983年版，第248页。
⑤ 同上书，第248页。
⑥ 牛兵占、肖正权主编：《黄帝内经素问译注》，中医古籍出版社2003年版，第84页。
⑦ 蔡克骄、刘同彪：《明代温州民俗文化》，知识产权出版社2010年版，第221页。

州方言谚语的养生文化,温州人非常注重饮食养生,表现在:饮食卫生、节制食欲、饮食保健等方面。

一 饮食卫生

从西周开始,远古先民就养成了许多良好的饮食卫生习惯,强调"把好病从口入关"[①]。周代还专门设立机构与专职人员掌管饮食卫生,如《周礼·天官·食医》有"食医,掌和王之六食、六膳、百馐、百酱、八珍之齐……"[②]承袭古人的良好饮食卫生习惯,温州方言谚语强调日常吃喝饮汤方面的洁净与卫生。比如:

(1) 百病从口入。
(2) 病从口入,寒从脚起。
(3) 干活细心,吃喝当心。
(4) 慎口胜吃药。
(5) 若要不生病,碗镬洗干净。
(6) 三伏天,吃食要新鲜。
(7) 饭不熟勿吃,水不开勿呷。
(8) 不干不净,吃了生病。
(9) 臭鱼烂虾,生病冤家。
(10) 省了盐,坏了酱;怕丢蔫饭坏肚肠。
(11) 宁吃鲜果一口,勿吃烂果一篓。
(12) 饭前饭后吃冷水,神仙也会碰着鬼。
(13) 唔有温病鬼,只有温病水。
(14) 不怕神河鬼,只怕饭后一口水。
(15) 饭后漱口汤,胜如开药方。

谚语"百病从口入","病从口入,寒从脚起","干活细心,吃喝当心","慎口胜吃药"等,强调饮食方面注意卫生,防止病从口入,严格把好入口关。把握第一关,可防疾病攻身。正如寒冷从脚先开始,我们要

[①] 李成文:《中医史》,人民军医出版社2009年版,第14页。
[②] (汉)郑玄笺、(唐)孔颖达疏:《周礼注疏》,北京大学出版社1999年版,第109页。

保护口而养生。

谚语"若要不生病，碗镬洗干净"强调饮食用具的干净，防止传染疾病的发生。谚语"三伏天，吃食要新鲜"强调饮食的新鲜，摒弃吃剩饭剩菜或过夜食物的做法。谚语"饭不熟勿吃，水不开勿呷"提倡吃熟食，忌吃生食，以免肠胃消化的不适与疾病的产生；提倡喝开水，有助于肠胃的顺畅与杀菌。谚语"臭鱼烂虾，生病冤家"，"省了盐，坏了酱；怕丢蔫饭坏肚肠"，"宁吃鲜果一口，勿吃烂果一篓"等，提倡不吃腐臭败坏的瓜果蔬食。《论语·乡党》就记述了十种"不食"的养生饮食习惯。比如"鱼馁而肉败，不食。色恶，不食。臭恶，不食。失饪，不食。不时，不食。割不正，不食。不得其酱，不食。肉虽多，不使胜食气。惟酒无量，不及乱。沽酒市脯不食。不撤姜食。不多食。祭于公，不宿肉。祭肉不出三日。出三日，不食之矣。食不语，寝不言。虽疏食菜羹，瓜祭，必齐如也"。[①]"鱼馁而肉败，不食"主张不吃已经腐烂的鱼和肉；"色恶，不食"不吃食物变色的食物；"臭恶，不食"不吃变味的食物；"失饪，不食"不吃烹调坏了的食物；"不时，不食"不吃不到该吃时候的食物；"割不正，不食"不吃不按一定方法砍割的食物；"不得其酱，不食"不吃没有酱醋等调味品的食物；"沽酒市脯不食"不吃买来不干净的酒肉；"祭于公，不宿肉"祭祀用肉超过三天，不再食用。另外还主张"食不语，寝不言"。论语的"十不食"理论，着重从营养卫生方面阐述了食物养生的适宜与忌讳。

谚语"饭前饭后吃冷水，神仙也会碰着鬼"，"唔有温病鬼，只有温病水"，"不怕神河鬼，只怕饭后一口水"，"饭后漱口汤，胜如开药方"等，强调饭前饭后饮水的注意事项。根据中国人的体质特征，一般国民不适宜喝冷水，适宜喝温水热汤，以暖胃促消化和肠道的蠕动。谚语以形象的比喻，生动地说明了热汤温水对脾胃虚寒的中医保健作用。孙同德《中国养生术》提到"大量活动之后，不宜立即大量饮水，以防加重心脏负担，可饮少量淡盐水，切忌不可喝冷水。令人伤肺。肢寒体冷也不可喝冷水，饮后则伤肺，上气咳嗽、鼻鸣"[②]。所以，饮水要注意自身体质，

[①] （魏）何晏注、（宋）邢昺疏：《论语注疏》，北京大学出版社1999年版，第134—135页。

[②] 孙同德：《中国养生术》，中央编译出版社2008年版，第90页。

温水热汤是良选。

二 节制食欲

饮食养生主张人们要节制过度饮食，控制肥甘厚味的过量摄取。如《淮南子·诠言训》说："凡治身养性，节寝处，适饮食，和喜怒，便动静，使在己者得，而邪气因而不生，岂若忧瑕疵与痤疽之发，而预备之哉！"① 又《泰族训》云："肥肌肤，充肠腹，供嗜欲，养生之末也。"② 《俶真训》云："夫圣人量腹而食，度形而衣，节于己而已，贪污之心奚由生哉！"③ 食物进食得当，才能营卫脏腑，偏颇过多，五脏就会不堪重负，反受其伤。《灵枢·五味论》卷七记述"五味入于口也，各有所走，各有所病。酸走筋，多食之，令人癃；咸走血，多食之，令人渴；辛走气，多食之，令人洞心；苦走骨，多食之，令人变呕；甘走肉，多食之，令人闷心"。④ "五味论"旨在告诫人们饮食要注意适度、恰当。

温州方言谚语在饮食的节制方面，也有自己的经验总结，比如：

(1) 少吃多滋味，多吃坏肚皮。

(2) 贪得一时嘴，瘦了一身肉。

(3) 爽口菜吃多坏肚，快意事干多招殃。

(4) 饭食有节，肚子不泻。

(5) 气大伤神，食多伤身。

(6) 吃饭不宜过饱，喝茶不宜过浓。

(7) 好饭莫饱，饭后莫跑。

(8) 夜饭少一餐，命长九十三。

(9) 吃得凶，吞得慌，又伤胃口又伤肠。

(10) 一餐吃伤，十餐喝汤。

(11) 早饭要吃好，午饭要吃饱，晚饭要吃少。

---

① （汉）刘向撰、何宁集释：《淮南子集释》，中华书局1998年版，第1016页。
② 同上书，第1401页。
③ 同上书，第148页。
④ （清）张志聪：《黄帝内经灵枢集注》，孙国中等点校，学苑出版社2006年版，第421页。

(12) 走不着，只一脚，吃不着，只一夹。
(13) 吃饭防噎，走路防跌。
(14) 差不得一口，添不得一斗。

以上谚语在饮食的节制方面，主张饮食应适度；在饮食的摄入量方面，主张适饱为度。《素问·痹论》说"饮食自备，肠胃乃伤"[1]。饮食过量，违背饮食规律，肠胃就会受到损伤。谚语"爽口菜吃多坏肚，快意事干多招殃"意在告诫人们吃饭的时候应适可而止，切不可贪食，否则肠胃负荷超重，必致虚损。王纯娟等研究提出，"现代人的生活形态耗费体力的劳动少，静态的脑力活动多，导致消化代谢功能降低，饮食更应适量"[2]。正如谚语"差不得一口，添不得一斗"所言，饮食节欲对身体健康十分重要。谚语"早饭要吃好，午饭要吃饱，晚饭要吃少"，"夜饭少一餐，命长九十三"，对于正常的劳作者来说，这是一日三餐的合理安排。对于夜间加班者来说，需要酌情加以调整，但谚语遵循了饥饱适度的原则与人体新陈代谢的规律。与此类似的民谚还有"早餐好，午餐饱，晚餐少"与"夜饭少吃口，活到九十九"。

三 饮食保健

民以食为天，人类靠饮食维系生命与健康。饮食养生非常重要的一环就是饮食"五味"的调养。凡饮食皆有酸、甜、苦、辣、咸等五味，五味对应五脏。中医理论认为酸入肝，甜入脾，苦入心，辣入肺，咸入肾。因此饮食保健要全面，五味调和，才能滋养五脏。而且五味各有所宜，各有所利，学会因势利导，才能起到饮食保健的功效。比如《素问·藏气法时论》说："肝色青，宜食甘，粳米、牛肉、枣、葵皆甘。心色赤，宜食酸，小豆、犬肉、李、韭皆酸。肺色白，宜食苦，麦、羊肉、杏、薤皆苦。脾色黄，宜食咸，大豆、豕肉、栗、藿皆咸。肾色黑，宜食辛，黄黍、鸡肉、桃、葱皆辛。"[3] 辛有发散作用，酸有收敛作用，甘有缓和作

---

[1] 牛兵占、肖正权主编：《黄帝内经素问译注》，中医古籍出版社2003年版，第341页。
[2] 王纯娟、林君黛、陈丽丽：《从中医观点谈生活起居养生》，《护理杂志》2010年第2期。
[3] 牛兵占、肖正权主编：《黄帝内经素问译注》，中医古籍出版社2003年版，第200页。

用，苦有坚燥作用，咸有软坚作用，所以"毒药攻邪，五谷为养，五果为助，五畜为益，五菜为充，气味合而服之，以补精益气"①。温州民俗谚语在日常生活中，经过不断地摸索与总结，提炼出了语言通俗、有益于养生保健的谚语。比如：

(1) 多吃姜葱蒜，好处讲不完。
(2) 早上吃片姜，一年不用开药箱。
(3) 蒜有百利，独损双眼。
(4) 烂柑吃凉，烂橘吃甜，烂荸荠吃肚胀。
(5) 桃吃生病，李吃送命，杨梅吃治病。
(6) 苦杏仁中毒，杏树皮解毒。
(7) 要健，蒲瓜杂麦面；要死，杨梅淮豆子。
(8) 人吃大麦立勿牢，猪吃大麦断条毛。
(9) 枇杷黄，医生忙；橘子黄，医生藏。
(10) 菜头出，医生绝。
(11) 冬吃萝卜夏吃姜，郎中先生卖老娘。
(12) 七月吃柚，八月叫医生。
(13) 若要身体健，饭菜嚼成泥。
(14) 汤泡饭，嚼不烂。

以上谚语运用五味调和的中医理论，指导人们饮食的养生保健。比如谚语"多吃姜葱蒜，好处讲不完"强调了葱姜蒜的功效广泛与显著，体现在烹调与医疗保健方面。《说文解字·女部》"姜作薑"，被称为"御湿菜也"。《吕氏春秋·本味》说"和之美者，阳朴之姜，招摇之桂"②。这些都说明了姜的医疗保健作用。傅维康说："姜对人体具有发表、散寒、去湿、化痰、温中的功效，是治疗风寒、感冒、呕吐、腹胀、泄泻等病症的良药。"③ 明代李时珍《本草纲目·草部》称赞它"去邪辟恶，熟用和中，醋、酱、糟、盐、蜜煎调和，无不宜之。可蔬可和、可果可药，其利

---

① 牛兵占、肖正权主编：《黄帝内经素问译注》，中医古籍出版社2003年版，第200页。
② （战国）吕不韦编撰、王利器注疏：《吕氏春秋注疏》，巴蜀书社2001年版，第1378页。
③ 傅维康：《医药文化随笔》，上海古籍出版社2001年版，第199页。

博矣"。葱在日常饮食调料中使用频率最高，葱在烹饪中发挥着清香味美的奇妙效果。宋代陶穀《清异录》蔬菜门"和事草"卷二说："葱和美众味，若药剂必用甘草也，所以文言曰'和事草'。"① 葱除了调和众味，还有中药保健功效。据现代医学考证，葱可以降血脂、调节血糖、提高免疫力和抗癌性等。葱是人类健康膳食和医疗保健品。蒜从西域传入中原，有大蒜与小蒜之分。蒜味辛而甘，可以除去腥膻肉类气味，是做菜与调味的佳品。元代农学家王祯《农书·蒜》卷八记述："惟蒜虽久而味不变，可以资生，可以致远，施之臭腐，则化为神奇。用之鼎俎，则可以代醯酱。旅途尤为有功。炎风瘴雨之所不能加，食饐腊毒之所不能害。此亦食经之上品，日用之多助者也。"② 这是对蒜食品的高度赞赏。大蒜不仅是烹调不可或缺的调味品，也对人类保健和防治疾病有良好功效。大蒜能温中健胃、行气消食、杀虫解毒并能抗癌。

谚语"若要身体健，饭菜嚼成泥"，"汤泡饭，嚼不烂"，强调饭食的软松，以利于肠胃的消化。从现在中医理论来说，长久吃汤泡饭，容易导致胃病，因为不易消化。饮食注意食物的嚼碎，饭菜的濡软，能营卫调和五脏，强健筋骨。

中国养生信奉医食同源。《素问·四气调神大论》说"圣人治病不治已病治未病"③，主张通过饮食预防疾病。"五谷""五果""五畜""五菜"在日常饮食的适当搭配，能起到强肾固本、蓄精益气、预防疾病，从而延年益寿的目的。其他谚语有关"柑""橘""荸荠""桃""李""杨梅""杏""蒲瓜""杨梅""淮豆""大麦""枇杷""菜头""萝卜""柚"等，在日常饮食的适当搭配，都有养生保健和预防疾病的功效。

第三节　起居养生

《素问·上古天真论》说："上古之人，其知道者，法于阴阳，和于术数，食饮有节，起居有常，不妄作劳，故能形与神俱，而尽终其天年，

---

① （宋）陶穀撰：《清异录》，中华书局1991年版，第122页。
② （元）王祯：《农书》，中华书局1991年版，第77页。
③ 牛兵占、肖正权主编：《黄帝内经素问译注》，中医古籍出版社2003年版，第13页。

度百岁乃去。"① 又《素问·生气通天论》曰："天地之间，六合之内，其气九州。九窍、五脏、十二节，皆通乎天气。"② 自然界的变化规律与人体的生活起居有着紧密的联系，比如四季节气的变化，早晚阴阳清浊的变化以及居住地理环境的变化等。顺应自然的起居养生，在温州方言谚语中主要有：睡眠养生与习惯养生。

一　睡眠养生

睡眠是人们休息的主要手段，也是人类生命的重要组成部分。一天24小时，人类三分之二的时间都在睡眠中度过，比如昼卧与夜卧。睡眠质量的高低与多寡直接影响着一天的精神状态与人体阴阳调和的规律。宋代诗人陆游《午梦》就说："苦爱幽窗午梦长，此中与世暂相忘。华山处士如容见，不觅仙方觅睡方。"③ 睡眠对我们的日常起居作用非常大，可以还精养气、调养内脏、滋精补骨。比如宋代苏轼的诗词有的表现了睡眠养生的功效。如苏轼《与曹子方五首》"养生亦无他术，独寝无念，神气自复"④。他还提到了睡眠能调适内心情绪的功效，比如《睡起，闻米元章冒热到东园送麦门冬饮子》有"一枕清风直万钱，无人肯买北窗眠。开心暖胃门冬饮，知是东坡手自煎"⑤。"直"通"值"。

温州方言谚语在睡眠方面，也有自己的养生方法，比如：

(1) 吃香困香，长寿百年。

(2) 吃肉不如养肉。

(3) 健康忌三害：早酒、晚茶、五更色。

(4) 天光勿多困，夜里勿多干。

(5) 日昼眯一眯，强你吃个鸡。

(6) 穷人困困当补食。

(7) 猪多困长膘，人多困补腰。

---

① 牛兵占、肖正权主编：《黄帝内经素问译注》，中医古籍出版社2003年版，第1页。

② 同上书，第21页。

③ 傅璇琮主编：《全宋词》，北京大学出版社1998年版，第24402页。

④ (宋) 苏轼撰、(清) 王文诰辑注：《苏轼诗集》，孔凡礼点校，中华书局1986年版，第1774页。

⑤ 同上书，第2458页。

(8) 千金难买天光目忽。

(9) 困勿吵，吃勿讲。

(10) 早困早起，冇病惹你。

谚语强调了睡眠的质量，要注意“睡好”。“困”，方言词，温州方言指睡觉的意思。谚语“吃香困香，长寿百年”“千金难买天光目忽”“吃肉不如养肉”等，提倡睡好睡足是健康、生活和工作的保障，尤其是白天午睡对下午的工作能起到提神醒脑的作用。“养肉”指睡眠。睡眠有益于长寿，也能预防疾病。如谚语“日昼眯一眯，强你吃个鸡”“穷人困困当补食”“猪多困长膘，人多困补腰”所言。清代戏曲学家李渔《闲情偶寄·颐养部》谈到“睡”的作用，非常生动，比如：“若是则养生之诀，当以善睡居先。睡能还精，睡能养气，睡能健脾益胃，睡能坚骨壮筋。如其不信，试以无疾之人，与有疾之人合而验之。人本无疾而劳之以夜，使累夕不得安眠，则眼眶渐落而精气日颓，虽未即病，而病之情形出矣。患疾之人，久而不寐，则病势日增；偶一沉酣，则其醒也必有油然勃然之势。是睡非睡也，药也。”①

谚语“健康忌三害：早酒，晚茶，五更色”“困勿吵，吃勿讲”“早困早起，冇病惹你”等，提出了睡眠的生活习惯。“早酒，晚茶，五更色”指早上喝酒，晚上睡前喝茶，天亮五更过性生活，这都不利于安眠，是健康避忌的事项。早晨卯时不宜饮酒。中医理论认为此时阳气升、肝胆旺、酒又助阳，这样易使阴阳失衡，遭致生病。睡前饮茶，不便安眠。茶有提神醒脑、活跃中枢神经、促进新陈代谢的功效。而睡眠是需要抑制神经系统，降低代谢水平，故忌喝晚茶。南朝梁任昉《述异记》卷上就说：“巴东有真香茗，其花白色如蔷薇，煎服令人不眠，能诵无忘。”②“五更色”指凌晨三点以后和白天不宜入房。此时行房事，不利体力恢复，损害健康。“困勿吵，吃勿讲”强调睡眠的安静环境。《论语·乡党》就说“食不语，寝不言”③。这是古人安眠的方法。“早困早起，冇病惹你”提出了睡眠应遵循四时节气的变化安排合理的睡眠时间。《素问·四气调神

① （明）李渔：《李渔全集》，浙江古籍出版社1991年版，第322页。

② （南朝梁）任昉撰：《述异记》，清末刊本，第17页。

③ （魏）何晏注、（宋）邢昺疏：《论语注疏》，北京大学出版社1999年版，第135页。

大论》说:"圣人春夏养阳,秋冬养阴,以从其根本,故与万物沉浮于生长之门。"① 所以,睡眠在春夏夜卧早起,在秋天早卧早起,冬天早卧晚起,以顺应阴阳四时的变化,养生防老。

二 习惯养生

随着社会生产力的发展和人们对生命的关注以及对日常生活行为认知的提高,人们的日常生活行为习惯也为养生提供了有利的保护。温州民谚在习惯养生方面,提供了许多可资借鉴的地方。比如:

(1) 热防中暑,冷防伤风。
(2) 水净皮,人净衣。
(3) 剃头洗脚,胜过吃药。
(4) 困前洗洗脚,胜似吃补药。
(5) 入厨先洗手,立灶勿多言。
(6) 扫地扫角落,洗面洗眼角。
(7) 填平积水坑,防止虫蛇生。
(8) 春捂秋冻,身体健康。
(9) 冬不蒙头,春不露背。
(10) 蒙蒙盖盖脸皮黄,风吹日晒身体壮。
(11) 冻冻晒晒身体壮,抖抖索索面皮黄。
(12) 阳光是宝,越晒越好。
(13) 常晒太阳,体健寿长。
(14) 冬天晒回被,抵过一件衣。
(15) 白露白露,身体勿露。
(16) 一日脱衣,三日盖被。
(17) 走路勿凹胸,出汗不迎风。

谚语在个人行为习惯认知方面:强调讲卫生,平时要勤洗手、洗脚、洗脸与洗眼角,如"水净皮,人净衣";主张穿衣顺应节气变化,不露胸,不吹风;提倡户外多晒晒阳光。这些行为认知方式的改变,能保持和

---

① 牛兵占、肖正权主编:《黄帝内经素问译注》,中医古籍出版社 2003 年版,第 13 页。

增进身体健康与精神愉悦。

比如谚语"剃头洗脚，胜过吃药""困前洗洗脚，胜似吃补药"都强调洗脚的益处，胜过吃补品。如苏东坡在《上巳日，与二三子携酒出游，随见辄作数句。明日集之为诗，故辞无伦次》就说"主人劝我洗足眠，倒床不必闻钟鼓"①。睡前热水洗脚，可以使分布于脚底的涌泉穴、失眠穴（又称百敲穴）、内太冲等穴位得到良好的刺激，发挥镇静安眠的功效，也能减少脑部充血的症状，帮助安眠。

谚语"入厨先洗手，立灶勿多言""扫地扫角落，洗面洗眼角"，主张要勤洗手面与眼角。中医理论认为面部为五脏之华，勤洗有助于活血与美容。洗手面与眼角不仅是讲究卫生，也是中医养生方式。热水洗手面，可活血化瘀，暖手去寒，润肤美容。

谚语"春捂秋冻，身体健康""热防中暑，冷防伤风""冬不蒙头，春不露背""白露白露，身体勿露""一日脱衣，三日盖被"，"走路勿凹胸，出汗不迎风"等，强调了顺应四季气候的变化而调整穿衣习惯，达到养生保健的目的。春季万物复生，阳气初升，阴气甚浓，不可急于骤减衣服。春季宜捂，棉衣不宜早脱，下肢宜暖，上身背部不宜受寒，以养肺气。春季早晚温差变化大，应随着天气冷暖变化适时增减衣物，以免感冒。俗话说"避风如避箭，避色如避乱，加减逐时衣，少餐申时饭"。《素问·上古天真论》也说"虚邪贼风，避之有时"②。又《素问·风论》云："以春甲乙伤于风者为肝风，以夏丙丁伤于风者为心风，以季夏戊己伤于邪者为脾风，以秋庚辛中于邪者为肺风，以冬壬癸中于邪者为肾风。"③ 所以"风者，百病之长也"。这些论断都警醒人们穿衣露背时应注意风邪湿痹的侵袭。

谚语"填平积水坑，防止虫蛇生"提醒人们注意环境卫生。早在《诗经》里，就记述有灭鼠的活动，强调洒扫庭院、堵鼠洞、熏杀老鼠。《朱子治家格言》也说："黎明即起，洒扫庭除，要内外整洁。"④ 这对预

---

① （宋）苏轼撰、（清）王文诰辑注：《苏轼诗集》，孔凡礼点校，中华书局1982年版，第1190页。
② 牛兵占、肖正权主编：《黄帝内经素问译注》，中医古籍出版社2003年版，第1页。
③ 同上书，第334页。
④ （明）朱伯庐：《朱子治家格言》，上海古籍出版社1991年版，第1页。

防流行性传染疾病,保护环境、避免污染有积极意义。

  谚语"蒙蒙盖盖脸皮黄,风吹日晒身体壮""冻冻晒晒身体壮,抖抖索索面皮黄""阳光是宝,越晒越好""冬天晒回被,抵过一件衣"等,强调冬日晒阳光取暖,聚阳护阴。《素问·四气调神大论》说:"冬三月,此谓闭藏,水冰地坼,无扰乎阳,早卧晚起,必待日光,使志若伏若匿,若有私意,若已有得,去寒就温,无泄皮肤,使气亟夺,此冬气之应,养藏之道也。"① 冬天地闭、气血藏、阴气盛、阳气潜。此时人体机能和代谢水平减弱,多在户外晒晒阳光,可敛收阳气,增强机体免疫力。冬天多晒晒被子,既可以杀菌,也可以吸收阳光。这有利于养生。

第四节　调情养生

  养生,重要的还是内在心态的调整、情志的调养、保持健康乐观与恬淡虚无的思想境界。良好的精神有助于人体阴阳调和以及生命的延续,衰老的延缓。《素问·上古天真论》说:"是以志闲而少欲,心安而不惧,形劳而不倦,气从以顺,各从其欲,皆得所愿。故美其食,任其服,乐其俗,高下不相慕,其民故曰朴。是以嗜欲不能劳其目,淫邪不能惑其心,愚智贤不肖不惧于物,故合于道。所以能年皆度百岁而动作不衰者,以其德全不危也。"② 这体现了道家"无为"的思想。温茂兴提出:"恬淡清静、致虚无为是道家哲学思想的重要内容,也是道教养生修身的基本要求,即通过虚静养神以达到颐养天年的目的。"③ 温州方言谚语在情志的养生方面,提倡节制人的喜怒哀乐忧等七情六欲,保持乐观开朗的心态。谚语如:

  (1) 笑口常开,青春常在。
  (2) 满面春风,万事亨通。

---

① 牛兵占、肖正权主编:《黄帝内经素问译注》,中医古籍出版社 2003 年版,第 12 页。
② 同上书,第 1 页。
③ 温茂兴:《论道教文化对中医调神养生思想的影响》,《贵阳中医学院学报》2006 年第 4 期。

(3) 笑一笑，十年少；愁一愁，老一老。
(4) 生气催人老，笑多变年少。
(5) 人有七情六欲，样样都要适度。
(6) 要养生，有三戒：大怒，大欲，大醉。
(7) 怒甚伤气，思多损神。
(8) 河狭水急，人急气生。
(9) 一勿赌力，二勿赌食，三勿赌气。
(10) 柴怕扭，人怕忧。
(11) 困多毛病多，哭多烦劳多。
(12) 日日不发愁，活到百出头。
(13) 药好难医假病，酒香不解真愁。
(14) 百药医百病，心病无药医。
(15) 心病还须心药医。
(16) 要想人健，勿爱体面。

谚语"笑口常开，青春常在""满面春风，万事亨通""笑一笑，十年少；愁一愁，老一老""生气催人老，笑多变年少"等，主张持有乐观生活的态度，常保精神的快乐。年轻快乐的心情也是人们养生的重要因素。《论语·述而》曰："饭疏食饮水，曲肱而枕之，乐亦在其中矣。不义而富且贵，于我如浮云。"[1] 孔子称赞他的弟子颜回，曰："贤哉回也！一箪食，一瓢饮，在陋巷，人不堪其忧，回也不改其乐。贤哉回也！"所以，这种"孔颜之乐"劝谏人们无论身处逆境或顺境，都应保持快乐积极的心态去面对人生，看淡功名利禄与物质欲望的追求，忌患得患失、诚惶诚恐。肖群忠说："现代养生理论认为，人的健康长寿取决于四个要素，合理饮食，适量运动，戒烟限酒，心理平衡。一般认为，影响人的寿命长短的因素，包含遗传、体质、营养、环境、医疗条件等各种要素，但公认其中要占到六、七成的最重要的要素在于心理平衡和精神快乐。"[2] 可见快乐情志的养生对生命的长寿有多么重要，智者乐的心境促成情志养生的胸怀。

---

[1] （魏）何晏注、（宋）邢昺疏：《论语注疏》，北京大学出版社1999年版，第91页。
[2] 肖群忠：《孝道的生命崇拜与儒家的养生之道》，《哲学与文化》2011年第6期。

谚语"人有七情六欲，样样都要适度""要养生，有三戒：大怒，大欲，大醉""怒甚伤气，思多损神""河狭水急，人急气生""柴怕扭，人怕忧""困多毛病多，哭多烦劳多""日日不发愁，活到百出头"等，主张养神情绪的适度调养，情志波动幅度的变化都不利于健康的修养。《素问·阴阳应象大论》说："人有五藏，化五气，以生喜怒悲忧恐。故喜怒伤气，寒暑伤形。暴怒伤阴，暴喜伤阳。厥气上行，满脉去形。喜怒不节，寒暑过度，生乃不固。故重阴必阳，重阳必阴。故曰：冬伤于寒，春必温病；春伤于风，夏生飧泄；夏伤于暑，秋必痎疟；秋伤于湿，冬生咳嗽。"[①] 所以"圣人为无为之事，乐恬憺之能，从欲快志于虚无之守，故寿命无穷，与天地终，此圣人之治身也"。[②] 七情六欲适度，节欲是情志养生和长寿的秘诀，心平气和才能延年益寿。《论语·季氏》说："君子有三戒，少之时，血气未定，戒之在色；及其壮也，血气方刚，戒之在斗；及其老也，血气既衰，戒之在得。"这从人生的不同阶段告诫人们心态平和才有益于身心健康。

谚语"药好难医假病，酒香不解真愁""百药医百病，心病无药医""心病还须心药医""要想人健，勿爱体面"等，强调养身重在养"心"。心病不除，百药难医。养心需要不断地提高心理的修为，不断建设心理平衡的状态与培养宽广的心胸。龚杰提出："养心，就是进行心理建设，以便从中产生出延缓衰老的积极效果。"[③] 中国儒家文化讲究"致中和"与"中庸之道"以及老庄哲学的"抱一致柔"思想，这对养心提出了积极的建设意见。江峰也认为："养精、养气、养神以及清修、节欲、守度、育德、博学等身心性的调适，可使人知和、至和、守和、养和，使'和'有效地转化为人的养生技艺，达到性命双修，寿久年长的目的"。[④]

谚语"一勿赌力，二勿赌食，三勿赌气"提出了情志调养的三勿原则。"力"与"气"表现出的争强好胜的心态，是对健康的损害、生命的亵渎。人类的生命是各种生态系统的平衡达到的过程。与人赌"力"和

[①] 牛兵占、肖正权主编：《黄帝内经素问译注》，中医古籍出版社2003年版，第42页。
[②] 同上书，第43页。
[③] 龚杰：《早期儒家的养生文化》，《哲学与文化》1999年第7期。
[④] 江峰：《论"和"与文化养生》，《湖北大学学报》（哲学社会科学版）2006年第2期。

"气",破坏了生命的中正平和的系统。西汉的董仲舒《春秋繁露·循天之道》说:"是故能以中和理天下者,其德大盛;能以中和养其身者,其寿极命。"① 至于"赌食"是情志波动带来的饮食恶习,吃饭应心情平和,保持宜人气氛,抑郁时进食无异于自损健康。李渔的《闲情偶寄·颐养部》"调饮啜"说:"怒时食物易下而难消,哀时食物难消亦难下,俱宜暂过一时,候其势之稍杀。饮食无论迟早,总以入肠消化之时为度。早食而不消,不若迟食而即消。不消即为患,消则可免一餐之忧矣!"又:"倦时勿食,防瞌睡也。瞌睡则食停于中,而不得下。烦闷时勿食,避恶心也。恶心则非特不下,而呕逆随之。食一物,务得一物之用。得其用则受益,不得其用,岂止不受益而已哉!"②

第五节 治未病的预防思想

中医对未病先防、既病防变一直非常重视。比如《素问·四气调神大论》说:"圣人不治已病治未病,不治已乱治未乱,此之谓也。夫病已成而后药之,乱已成而后治之,譬犹渴而穿井,斗而铸锥,不亦晚乎!"③又《素问·阴阳应象大论》说:"故善治者治皮毛,其次治肌肤,其次治筋脉,其次治六府,其次治五藏。治五藏者,半死半生也。"④我国自夏商周时期就对疾病的预防日益重视,认知体验总结出了许多养生的方法与措施。如《周易·既济》说:"君子以思患而预防之。"⑤《道德经》五十八章言:"祸兮福之所倚,福兮祸之所伏。"⑥古人端午时节喝雄黄酒,食菖蒲醢,既能预防疾病,也能养生。《左传·襄公十七年》史载"国人逐瘈狗"⑦,预防狂犬病。

中医养生,是人类的共同话题,也是关系人类健康的重要密码。养生文化是中国文化根枝叶繁的一支。中国传统的养生之道,既有延年益寿的

---

① (清)苏舆撰:《春秋繁露义证》,钟哲点校,中华书局1992年版,第444—445页。
② (明)李渔:《李渔全集》,浙江古籍出版社1991年版,第337—338页。
③ 牛兵占、肖正权主编:《黄帝内经素问译注》,中医古籍出版社2003年版,第12页。
④ 同上书,第44页。
⑤ (魏)王弼注:《周易注》,楼宇烈校释,中华书局1981年版,第526页。
⑥ 同上书,第152页。
⑦ 杨伯峻:《春秋左传注》,中华书局2009年版,第1032页。

医道,也有讲究养生的哲学与艺术的境界。尤其是方言谚语,以通俗的口语表达方式,传递着养生的朴素认知,体现了人们日常生活的经验感知。这对治未病的预防思想的宣传起到了传承民俗文化的作用。比如谚语"病后求医,不如病前防御","有虫早治,无病先防","男防车前马后,女防胎前产后"。

一 老人健体防病

谚语在老人防未病的思想上,主张要多劳多动,多保养,保持快乐心态,接受天命的安然心态。比如:

(1) 花怕秋,人怕老。
(2) 细儿长进靠大人教养,老人长寿靠自己保养。
(3) 生气催人老,笑多变年少。
(4) 劳动劳动,老来要动。
(5) 有钱难买老来瘦。
(6) 后生发福,棺材当屋;老来发福,买田起屋。
(7) 壮不赌力,老不赌吃。
(8) 小儿怕惊风,中年怕伤风,老年怕中风。
(9) 树老先老筋,人老先老脚。
(10) 前三十年困不醒,后三十年困不着。

二 病症迹象预防

谚语根据日常生活习惯和人体表征的观察,提出了通过病症迹象判断身体安恙与否的认知体验。比如:

(1) 大便常通,身体轻松。
(2) 一日打三个嚏,勿淘医生气。
(3) 屙多要命,尿多吭病。
(4) 天黄有雨,人黄有病。
(5) 天怕黄亮,人怕鼓胀。
(6) 天若改常,不风即雨;人若改常,不病即死。

(7) 男怕穿靴,女怕戴冠。

(8) 鱼烂从头起,人死从脚起。

(9) 伤筋动骨一百日。

(10) 口生不了三日疮。

(11) 眼痒烂,疤痒散。

三 疾病态度预防

谚语在对待疾病的态度上,主张要坦然接受生命规律,遇病要积极治疗。有些是长久生活经验的积累。比如:

(1) 十男九痔,十女九带。

(2) 一世人有病就是福。

(3) 无病无痛活神仙。

(4) 好稻只怕倒,好汉只怕病。

(5) 十条硬汉子,熬不过一个药罐子。

(6) 人怕上床,字怕上墙。

(7) 体强人欺病,体弱病欺人。

(8) 船怕漏,人怕嗽。

(9) 平常不生病,得病就不轻。

(10) 人吃五谷杂粮,难免灾枝病叶。

(11) 小病不望,大病难挡。

(12) 有钱要藏,有病要讲。

(13) 有病不要背,越背越吃亏。

(14) 衣裳早补破洞少,毛病要医吃苦少。

(15) 养病如养虎。

(16) 要使小儿安,常带三分饥和寒。

(17) 养蚕要勤起,养女每要勤洗。

(18) 种田人怕耘草,单个儿怕升宝。

(19) 小女每儿怕出宝,老人怕跌倒。

(20) 小女每儿生病吭真假。

四　治病方法认知

谚语在治病方法认知上,主张要有良医,治病方法简单有效。对医生的医德与疾病的根治及调养,总结了生活经验。比如:

医德:
(1) 庸医专开太平方。
(2) 看病不精,背刀杀人。
(3) 用药如用刀。
(4) 久病成医。
(5) 真病无药医。
(6) 医得了病,医不了命。
(7) 好话不在多,良药不在数。
(8) 人有四百病,医有八百方。
(9) 千方易得,一效难求。

医术:
(1) 穿山甲,王不留,妇人服了乳长流。
(2) 百脚蜈蚣咬爻蜘蛛医,蚊虫咬爻唾沫抹。
(3) 家有天南星,不怕毒蛇精。
(4) 烂脚跷,烂手吊。
(5) 拉不死的痢疾,饿不死的伤寒。
(6) 牙痛不是病,痛起唔有命。
(7) 发痧打针,打十个死十一个。
(8) 书要从头上念,病要从根上治。
(9) 用药如用兵,轻病要小心,重病要胆大。
(10) 药对方,一口汤;不对方,一水缸。
(11) 得病如射箭,治病如拉弓。
(12) 病来似风火,病去如抽丝。
(13) 慢病在养,急病在治。
(14) 三分医,七分养。
(15) 三分吃药,七分调理。
(16) 得病想亲人,越想病越深。

温州方言谚语的养生文化，反映了浙南地区的养生思想。谚语从天地阴阳调和与顺应四季节气的变化上，表达了调摄养生的规律，主要有运动养生、饮食养生、起居养生、调情养生以及治未病的防预思想。这些养生方式都是法于阴阳，和于术数。正如元代忽思慧《饮膳正要》所言："饮食有节，起居有常，不妄作劳；故能而寿。今时之人不然也：起居无常，饮食不知忌避，亦不慎节，多嗜欲，厚滋味，不能守中，不知持满；故半百衰者多矣！夫安乐之道，在乎保养；保养之道，莫若守中。守中，则无'过'与'不及'之病。"又"善摄生者，薄滋味，省思虑，节嗜欲，戒喜怒，惜元气，简言语，轻得失，破忧阻，除妄想，远好恶，收视听，勤内固，不劳神，不劳形，神形既安，病患何由而致也？"[①] 养生健体既有内因也有外因，重在"养心"。浙南地区的养生文化反映了老百姓的日常生活习俗，也成为中国养生文化不可缺失的一部分。

[①] （元）忽思慧：《饮膳正要注释》，尚衍斌、孙立慧、林欢注释，中央民族大学出版社2009年版，第75页。

第七章　浙南乡土谚语文化研究

《中华全国风俗志·自序》语曰："千里不同风，百里不同俗。中国幅员辽阔，千里者以十计，为百里者以千计。各自为风，各自为俗。风俗之不同，未有如中国之甚者也。以中国不同之风俗，数千年来，在统一国家之下，卒能相杂，相持于不敝者，其道安在。尝求之而得其故，盖以学术统一而已矣。自汉武表章六经，儒术遂尊，佛虽盛于晋唐之际，出世而非入世，不能与儒家争政治之权，所以自汉以后，迄于清季，为儒学统一国家之时期，虽其间乱亡相继，而其由乱而治，由亡而存者，无不揭櫫儒术，以为收拾民心之具，虽以不同之风俗，而卒能归于统一者也。"① 表明中国各地风俗不同，而能统一于中国，儒家学术起了重要的推动作用，也是民心乐风敬俗的结果。中国有 56 个不同的民族，各地的风土人情、俗约仪式迥异。彼此还能和睦共处、和谐共荣，也是各个民族互相尊重、入乡随俗的结果。

浙江省有 33 个少数民族，共 16 万余人；其中畲族为 14.7 万余人，主要居于浙南地区。不同的少数民族与温州汉人杂居生活，彼此融入了各自的风俗习惯。如《温州方言志·风俗》载："凡通都巨邑，四方辐辏，俗沦以杂。吾瓯界于海山，聚惟土育，风淳俗良，盖自晋始而盛于宋。师友渊源，焯闻天下，而伊洛、武夷之学在焉。"② 温州各地风俗杂处，与其独特的地理位置相关。比如"温之为州，最浙东极处，负山滨海"，"瑞安为邑，大海巨浸界其东，大罗、云峰诸山峙其北，云江枕乎城之南，其西南则闽括万山之支凑焉"，"乐清山川宏丽，大海堑其前，群山障其后，东有九牛、文峰，连桥环其左，西则箫台、西岑，叠巘抱其右，

---

① 胡朴安：《中华全国风俗志》，上海书店出版社 1986 年影印版，第 1 页。
② 王瓒、蔡芳编：《弘治温州府志》，胡珠生校注，上海社会科学院出版社 2006 年版，第 10 页。

若两臂之捍卫然者","平阳为邑,东南濒海,西北抵山,横阳之江贯其中","泰顺为邑,东有龙斗大川,西抵福安高山,飞龙山崎乎其南,舞凤山倚于县治之北,山川秀丽,林木深阻"[1]。以温州为中心的浙南地区,山林川海,物产丰富,人口杂居,民性各异。调查温州方言谚语,浙南地区的乡土文化,集中表现在三个方面,如:方俗文化、风土文化与乡戏文化。

第一节　方俗文化

温州方俗文化主要指地域习俗表现出的民风民俗文化,方言谚语反映的方俗文化有随遇而安的社会心态,也有婚庆洞房的礼仪,还有墓葬行为仪式等。除此,方俗文化突出表现在岁时节令风俗方面。

一　随遇而安

东汉班固《汉书·地理志》载:"凡民函五常之性,而其刚柔缓急,音声不同,系水土之风气,故谓之风;好恶取舍,动静亡常,随君上之情欲,故谓之俗。"[2] 唐孔颖达《诗·小雅·谷风序疏》认为风与俗"义通"。[3] 民俗是伴随着风俗而出现的。风俗是不同地域的人们生活习惯约定俗成的,是一种历史的延续与发展过程,具有稳定的社会心理。民俗是承袭风俗的文化生活现象。民俗文化作为一个地域经年累月形成的风俗习惯,具有强大的稳定性、传承性、凝聚性及生命力。面对不同地域不同山川海湾的民俗文化,温州百姓表现出了随遇而安的民俗心态。比如:

(1) 各地各乡风,各人各祖公。
(2) 十里不同雷,百里不同风。
(3) 入港随湾,入乡随俗。

---

[1] 王瓒、蔡芳编:《弘治温州府志》,胡珠生校注,上海社会科学院出版社2006年版,第6页。

[2] (汉)班固:《汉书》,鼎文书局1986年版,第1640页。

[3] (汉)毛亨传、(汉)郑玄笺、(唐)孔颖达疏:《毛诗正义》,北京大学出版社1998年版,第435页。

(4)入山问禁，入乡问俗。

谚语侧面反映了不同地域的风俗彼此尊重、彼此互信，是客观地理环境造就不同社会风俗习惯使然。温州自宋代开始就是滨海贸易港口城市，市区内河道纵横、港湾交错，不同的山区河道形成不同的民风民俗。比如现今龙湾的婚嫁习俗与市区鹿城的就大不相同，所以入乡随俗，形成随遇而安的社会心态是历史的必然，也是传承优秀文化传统的必然。

二　婚庆洞房

秦汉以后，浙江地区民间娶亲，基本上承袭周代礼制。如《仪礼·士昏礼》和《礼记·昏义》有关于婚庆礼俗的内容，即所谓的"六礼"，依次为"纳彩""问名""纳吉""纳征""请期""亲迎"。新娘进门后，就开始了与新郎共同的新生活。洞房，就是汉族民间对新郎与新娘所居新房的俗称。闹洞房，明代就有这习俗。叶大兵《浙江民俗》说："民间有'新娘进门三日无大小'，即三日中无尊卑之分，均可与新娘戏谑。""闹新房，俗有越闹越兴旺之说"[①]。闹新房，民间也戏称为看新妇、戏新妇，是传统婚俗中的组成部分。闹新房的重点在于戏弄新娘，不过也有弄新婿的，把闹的对象转移到新郎身上。浙江温州闹新房有文闹和武闹两种形式。文闹主要是趣逗新娘与新郎同饮交杯酒，让新郎表演各种娱乐节目并写下婚后誓言竹简等。武闹主要是有人从新房中拿走物件，让新郎用利市或糖果赎回，一般比较粗俗但不失情趣。温州方言谚语在闹洞房上，也表现了当地的婚俗情趣。比如：

(1) 七日洞房冇大小。
(2) 到洞房间冇大小，进祠堂门就排辈。
(3) 娶老婆省，点眼药用大。

温州闹洞房时间较久，一般有七日。闹房者不分长幼尊卑，语言有时粗俗。如晋代葛洪《抱朴子·疾谬篇》说"俗间有戏新妇之法，于稠众之中，亲属之前，问以丑言，责以慢对。其为鄙黩，不可忍论。或蹙以楚

---

① 叶大兵：《浙江民俗》，甘肃人民出版社2002年版，第189页。

挞，或系脚倒悬，酒客酗酱，不知限齐，至使有伤于流血蹉折支体者，可叹者也"①，其中"慢"通"谩"，"其"同"甚"，"至使"通"致使"，"支体"通"肢体"。温州闹洞房也有这种情形，没大没小。但正如谚语所说，闹洞房没大小，但进了祠堂门就要论资排辈了，严格遵守祖训规制。

谚语"娶老婆省，点眼药用大"讲的是婚俗中的"纳征"礼节。"点眼药"，温州方言指送彩礼。纳征就是男方给女方正式送聘礼，这是男方能否把女方娶过来的关键，这就是后人所说的买卖婚姻。温州婚俗在纳征礼节方面，更加严格，往往规定了双方各自的聘礼与等级。所以说男方"点眼药"形象地描绘出了温州婚俗的金钱观。随着现代社会的发展，年青男女价值观的改变，婚俗也是因人而异、因时因地，毕竟夫妻双方幸福生活最为重要。

三 墓葬行为

浙江的传统丧葬习俗以及清明扫墓习俗，体现了叶大兵先生所说的"生有所养，死有所葬"的道德观念，这也是自古及今人生的重大礼仪。从墓葬行为与仪式上，体现了人情社会的众生百态。比如方言谚语：

（1）命好看围丧，冬好看上仓。
（2）墓饼不分，墓头起火熏；墓饼不散，墓里生白蚁。
（3）上坟讲坟式，下坟只讲吃。
（4）五十不造屋，六十不种树，七十不作衣。

谚语"命好看围丧，冬好看上仓"表达了温州送终时的场面。"看围丧"，温州方言指"死者儿孙绕棺木三圈以示告别"，这是送终时子女、亲戚、朋友等围绕灵柩时的尽孝行为。儿孙满堂，子女亲戚都能到场，围绕棺木里三层外三层，则表示死者生前福寿双全，也极言其命好，能善始善终。如老人临终前子女没有到齐，俗言"月亮缺只角"，表示遗憾。谚语运用对比，冬天日子是冷冬还是暖冬就要看上苍的安排了。"仓"通"苍"。

---

① （晋）葛洪撰：《抱朴子》，商务印书馆1937年版，第603页。

谚语"上坟讲坟式，下坟只讲吃""墓饼不分，墓头起火熏；墓饼不散，墓里生白蚁"，指清明之日扫墓，俗言上坟。温州上坟讲究坟式，比如摆放新鲜菊花、供果与酒饮。一般是祭祀祖坟时，于墓供菜十大碗，八荤二素，水果三色，汤饭杯筷均六副。然后上坟，念祝文，放鞭炮，有的还奏乐。祭拜完毕，上坟用的礼品带回家分送邻居或自家享用。下坟后，温州人一般定酒席，讲吃喝，亲戚子孙齐聚一堂，共叙天伦。清明扫墓时，带的干粮墓饼，根据祭祀的辈分均匀分割，扫墓仪式礼毕，要撤回墓饼，以免招惹白蚁。这是温州扫墓祭祖习俗。

谚语"五十不造屋，六十不种树，七十不作衣"，语出清曾廷枚的《古谚闲谭·种树谚》。谚云："五十不造屋，六十不种树，七十不制衣。宋章申公父银青公逾年七十，集亲宾为庆会。有饷柑者，食之而甘。嘉其种，即令收核，种之后圃，坐人窃笑，意谓不十年不着子，恐不能待也。后公食柑，十年而终。"① 这条谚语意在说明人进入老年后就不筹划长远打算。在温州民俗，谚语指"打寿枋"与"立寿"及"做百岁衣"。"打寿枋"指一般50岁以后老人就开始准备办后事，要预制棺材，也叫"打百岁坊"。"立寿"指自家购置棺木，请木匠来制作，再请油漆师傅涂红漆，男棺写"福"字，女棺写"寿"字。"做百岁衣"指老人过了50岁，要提前做敛衣，俗称"寿衣"或"百岁衣"。在温州苍南县，有的后辈为长辈在去世前，预制入殓时的衣服鞋帽，俗称"压寿"，含有冲喜之意。

四　岁时节令

关于中国的岁时节令文化，李永匡、王熹提出："中国古代节令文化，内涵宏丰，外延广阔，表现形式多种多样；且历朝历代，传承相继，屡盛不衰，故最具民族特色，是中国传统文化中，具有强大'生命力'的重要构件和组成部分。古代节令文化，作为文化'大系统'而言，则又包含着'时''空''人''文''地''物''节''候'等诸多文化'要素'。这些要素恰又是通过'四时'之'有节'的'节'和'令'，加以'聚光'，加以'汇聚'；且由千百万参与节令文化活动的人们之群体性活动事象，而表现出来的。"② 可以看出，中国的岁时节令具有相对

---

① （清）杜文澜辑：《古谣谚》（第九十九卷），清咸丰间刊本，第30页。
② 李永匡、王熹：《中国节令史》，文津出版社1995年版，第1页。

的稳定性、传承性；同时具有广泛的包容性和融合性。岁时节令从先秦到明清乃至现代，它在传承中有变异，在变异中求发展。岁时节令习俗的地域性也张扬着中国民俗活动的鲜明个性，是一份珍贵的精神文化遗产。

所谓节日民俗就是指特殊日子的文化内涵以及人们所表现的相沿成习的各种活动，其特殊性就是特定的风俗习惯。中国传统的岁时节令节日体系"萌芽于先秦时期，成长于秦汉魏晋南北朝时期，定型于隋唐两宋时期"[①]。据宋代陈元靓《岁时广记》载述，当时的节令主要有元旦、立春、人日、上元、正月晦、中和节、二社日、寒食、清明、上巳、佛日、端午、朝节、三伏节、立秋、七夕、中元、中秋、重九、小春、下元、冬至、腊月、交年节、岁除。这一系列节日基本囊括了中国传统社会的重要节日，元明清以来基本没有突破。但到了民国以后，尤其是新中国的确立，中国的岁时节令活动在各个地域上有自己的民俗节日活动，表现出了区域性的特征。比如温州，春夏秋冬一年四季都有自己独特的节庆活动，反映了浙南地区的岁时节令习俗。比如谚语：

（1）立春大似年。
（2）正月初一端元宝，口口声声沃是好。
（3）初一开殿门，初二拜丈人，初三拜娘舅，初四会亲友。
（4）三十日的吃，正月初一的困。
（5）初四缩一缩，初五觑台阁。
（6）正月正月慢，二月才挏坎。
（7）初四接灶，初五路头日。
（8）元宵乡下滚龙灯，城里闹龙灯。
（9）正月灯，二月鸢，三月麦秆作吹箫。
（10）清明不插柳，少年成白首。
（11）五月龙船两头翘，三催四催回。
（12）重五大于年。
（13）有心拜年，重五不迟。
（14）蒲剑艾旗雄黄酒，钟馗爷到长虫走。
（15）六月六，狗洗浴。七月七，烘烧杂麦麦。

---

① 高丙中：《民间风俗志》，上海人民出版社1998年版，第247页。

(16) 七月半,盂兰盆。日里布施经,夜里放河灯。

(17) 中秋月光圆,家家庆团圆。

(18) 九月九,吃登糕,去登高。

(19) 十二月日日好娶亲,六月日日好尝新。

(20) 人到冬至边,快乐活神仙。

(21) 冬节汤圆吃过大一岁。

(22) 廿四夜糯米糖,封住灶王爷的嘴。

(23) 廿三廿四佛上天,廿五廿六散长年。

(24) 尝新吃个饱,卅日吃个爽。

  谚语"立春大似年","年"指春节。立春乃春之岁首,民谚说"年大不如春大"。温州立春时辰,旧时有燂春和吃春茶的习俗。《温州府志》记述:"立春日,烧樟叶,燃爆竹,啖栾实,煮茗,以宣达阳气,名曰煨春。"① 燂春就是立春日放三个双响花炮和长串鞭炮。民间认为立春日阳气升,用火和爆竹协助阳气升空,显达的阳气,可以驱除阴气,能保佑农村全年风调雨顺、家庭平安。吃春茶,在温州也俗称为"煨春"。立春日,人们把朱栾叶切碎,间以白豆或黑豆放进茶叶烹煮,也有用红豆、红枣、柑橘、桂花和红糖合煮,煨得烂熟,俗称"春茶"。春茶祭祀祖辈,后给晚辈分饮,这就是"煨春"。民间认为吃春茶能益智明目、吉祥喜庆、大富大贵。立春日,家家户户贴窗花,喜迎春节。

  谚语"正月初一端元宝,口口声声沃是好",正月初一是一年的开始,民间都认为要讨好彩头,都说吉利话、送利市。叶大兵说:"立春日宜说吉利话,忌吵嘴、打架,尤其是交春时刻,更应慎重,'保得立春好,一年自然好。'"② 南朝梁宗懔《荆楚岁时记》载:"正月一日是三元之日也。《春秋》谓之端月。鸡鸣而起,先于庭前爆竹,以辟山臊恶鬼。"③ 正月初一,温州民间有在堂阶前烧响爆竹,以辟除污秽。三元是岁之元,时之元,月之元,这一天是各种时间单位,比如年、季、月、朔望等的开始,所以吉利语最重要。

---

① 胡朴安:《中华全国风俗志》,上海书店出版社1986年影印版,第66页。

② 叶大兵:《浙江民俗》,甘肃人民出版社2002年版,第232页。

③ (南朝)梁宗懔:《荆楚岁时记》,谭麟校注,湖北人民出版社1985年版,第1页。

谚语"初一开殿门,初二拜丈人,初三拜娘舅,初四会亲友",表现了温州民间拜年的习俗。拜年从汉代就有,宋代盛行,明代名帖投贺,民国后就开门第二天揖拜亲朋好友,以示庆贺年俗,加强关爱。初一开殿门,非常慎重,人们对大门作揖磕头,拜门神,开门俗称开财门,预兆一年的吉与凶。初二就开始外出拜年活动了。拜年时有的喝杯茶水,有的大摆宴席。而且这种拜年等级次序遵循从亲到疏、从尊到卑,在今天浙南地区几乎承袭旧俗,基本没有违背。

谚语"三十日的吃,正月初一的困","三十日"指的是大年三十,这一天的晚上吃年夜饭,是过年的高潮。全家团圆,共叙天伦,饭毕长辈给晚辈分发压岁钱,然后全家开始守岁,民间俗语"坐长寿夜"。所以到了正月初一,新年的第一天,大家就非常想睡觉。"困",温州方言,指睡觉。

谚语"初四缩一缩,初五觋台阁",大年初四"缩一缩"指把过年这几天的剩饭剩菜合在一起吃的大杂烩,清扫年货,俗称"折箩"。室内垃圾灰尘都需要清除一遍,垃圾丢在院中,叫"扔穷"。另外初一到初四,一般店家商铺都是闭门不营,各种想买货物的都要克制节缩一下。大年初五,温州各地盛行台阁活动,颇具盛名。台阁又为抬阁,一般由数十名健壮男子抬杠。台阁是如同端午节的水上观赏性彩舫。舫内有三层透空台阁,上坐儿童所饰戏曲人物;中间置放千秋架,有龙女作翻腾状,形象逼真。温州乐清蒲岐台阁据叶大兵记述,因为装饰奇特,扮演奇特而深受观众喜爱。叶大兵记述蒲岐台(抬)阁谜语,表现了现在台阁的盛况,如"远看仙人腾云,近看三国封神;都说是铜身铁骨李金孝,仔细看看都是蒲岐人"[1]。"觋",温州方言指"看、瞧"义。

谚语"正月正月慢,二月才抲坎",意思是说过年时间从正月开始,比较长,浙江温州有些地方拜年持续到正月十五元宵节为止,有的还"拜年拜到二月十",所以说正月慢。"抲坎",温州方言指开始干活。正月拜完年了,二月才开始做事。

谚语"初四接灶,初五路头日",指民间大年初四迎接灶神,初五迎接财神。清代顾禄《清嘉录》载正月初五日,"为路头神诞辰。金锣爆

---

[1] 叶大兵:《浙江民俗》,甘肃人民出版社2002年版,第239页。

竹，牲醴毕陈，以争先为利市，比早起迎之，谓之'接路头'"①。所以初五戏称为路头日。

谚语"元宵乡下滚龙灯，城里闹龙灯"，元宵节又称上元节，正月十五。元宵节起源于汉代，正月十五祭祀泰一神，"从黄昏开始，通宵达旦用盛大的灯火祭祀，加上夜晚常有流星经于祠坛之上，从此形成了正月十五张灯结彩的习俗"。② 温州民间延续了汉代的元宵习俗，一般城里人挂龙灯，猜灯谜；乡下人玩耍龙狮子。如《平阳县志》载："上元，通衢上结竹棚，挂彩，夜间悬各色花灯，放花炮，装鳌山。庙宇尤盛，近多滚龙狮子，沿门口贺。"③

谚语"正月灯，二月鸢，三月麦秆作吹箫"，表达了浙南地区欢快轻松的民俗文化。正月元宵的灯火以及过年三天通宵达旦的灯火，象征红红火火，吉星高照。二月放纸鸢，即风筝。清明前后，阳气回升，神州万里，东风送暖，正适合孩子们放风筝，正所谓"春风万里飞纸鸢"。二三月间，男女老少外出活动，放风筝成为大家喜闻乐见的民俗。放纸鸢还有健身作用，如晋代李石《续博物志》卷十说："今之纸鸢，引丝而上，令儿张口望视，以泄内热。"④ 放纸鸢需要长时间昂首翘望，伴随奔跑牵引挥臂，且在空旷新鲜空气的场所，这样既娱乐又有益身心健康。三月麦秆作吹箫，生动再现了当时小孩放纸鸢的欢快场景。

谚语"清明不插柳，少年成白首"，运用反语，双重否定表现了清明节的插柳习俗。清明插柳习俗是延续了寒食节风俗，表示后人悼念春秋时的介子推。《东周列国志》第三十七回"介子推守志焚绵上　太叔带怙宠入宫中"记述："因以清明前一日为寒食节，遇节，家家插柳于门，以招子推之魂，或设野祭，焚纸钱，皆为子推也。"⑤ 明清时期，清明节已经普及中国大江南北。浙南地区清明时节在门壁插柳，男女皆戴柳树枝编成的头冠或柳叶环，表示祈愿，佩戴的柳枝柳环，也俗称"簪柳"。与此谚语语义类同，民间谣谚有"清明不戴柳，红颜成皓首"。

---

① （清）顾禄：《清嘉录》，上海古籍出版社1986年版，第17页。
② 韩养民、郭兴文：《中国古代节日风俗》，陕西人民出版社2002年版，第115页。
③ 胡朴安：《中华全国风俗志》，上海书店出版社1986年影印版，第67页。
④ （晋）李石撰、（明）吴琯校：《续博物志》，商务印书馆1936年版，第139页。
⑤ （明）冯梦龙、蔡元放：《东周列国志》，上海古籍出版社2012年版，第239页。

谚语"五月龙船两头翘，三催四催回"再现了五月端午节划龙舟的盛况。"三催四催回"是划龙船的号子，表为屈原招魂。在温州，每年端午节前后各个市区、县镇河流中都有划龙舟比赛，河流两岸人山人海，声浪滔天，热闹非凡。尤其在温州鹿城区，端午节过后的半个月，社区等民间组织持续划龙舟活动半月有余。温州温瑞塘河和南塘地区也成为全国龙舟赛的主要赛地。"五月划船两头翘"指划龙舟的首位立有龙头，船尾是艄公，手拿蒲扇，身体随着船的前进前后摇摆，以助船行与保持舟身平衡。

谚语"重五大于年""有心拜年，重五不迟""蒲剑艾旗雄黄酒，钟馗爷到长虫走"等，强调了端午节的重要。"重五"指五月初五端午节。在浙江又被称为"浴兰节""端阳节""重午节"或"医药节"等。浙南地区畲族又称为"雄黄节"。端午节先秦就有，后吴越两地盛行，民俗龙舟竞渡纪念屈原。温州地区端午日要搞家庭卫生大扫除，喝雄黄酒，别艾叶于门窗，贴天师符，挂钟馗像，还要截蒲为剑，割篷作鞭，辅以桃梗、蒜头、悬于床头与窗户，用来驱鬼，俗称"蒲剑篷鞭"。"钟馗符"贴于门首驱除蛇虺等长虫毒物。端午的节日民俗与热闹气氛堪比过年，亲戚朋友彼此郊游，联络感情，是民间深受欢迎的传统节日。

谚语"六月六，狗洗浴。七月七，烘烧杂麦麦"指农历七月初七的"乞巧节"，又称"七夕"。"烘烧"指面制甜薄片饼，"麦麦"指炒蚕豆。这些俗称为"巧食"。《温州府志》载："七夕作巧食以啖，以巧食掷屋脊上，谓雀含此布桥，以使牛女相会。是夕群儿取瓦片敲击，以庆其会。"[①] "六月六"本来不是一个节日，但民间节俗现象是每个月的月序与这个月的日序重合的当日，基本上就定为节日，比如"二月二，龙抬头；三月三，上巳节；五月五，端午；七月七，七夕；九月九，重阳"等。六月六已经仲夏了，天气炎热，浙南有些地方这一天把家畜赶到池塘里或河滩里洗澡，以除虱子，所以俗谚"六月六，狗洗浴"。

谚语"七月半，盂兰盆。日里布施经，夜里放河灯"指七月十五中元节，又称七月半，与清明、冬至合称鬼节。在佛教中，又称盂兰盆节，是一种佛教仪式，当日举行追荐祖先的活动，叫盂兰盆会，与中国民间追思悼念先祖的民俗信仰相契合。清代文人王凯泰《中元节有感》诗，生

---

① 胡朴安：《中华全国风俗志》，上海书店出版社1986年影印版，第63页。

动地描绘了盂兰盆节的习俗，如"道场普度妥幽魂，原有盂兰古意存。却怪红笺贴门首，肉山酒海庆中元"①。白天中元节做法会，诵经布施，夜里在河里放水灯，民间认为可以为冤魂引渡奈何桥，借河灯托生。

谚语"中秋月光圆，家家庆团圆"指农历八月十五中秋节，又称仲秋和团圆节。中秋佳节是亲人团聚的日子，身在异乡不能相聚的望月寄托相思，后来演变成中秋赏月的习俗。中秋赏月兴于唐代；宋代始称中秋节，玩月宴饮为盛事；明清之际中秋赏月，吃月饼，亲人团聚的习俗内容大增。这是华夏民族普遍欢度的节日。人们常常用"月到中秋分外明"赞美中秋的月圆皎洁。在温州还有赏月吃月饼和赏月小摆设的习俗。

谚语"九月九，吃登糕，去登高"指农历九月初九重阳节，又称"重九"或"登高节""老人节"。重阳节在战国就有登高远望、饮菊花酒的风俗活动。在温州浙南地区，重阳节有吃重阳糕的习俗，也成"登糕"，以米粉制作，层层叠加，宛如登高。所以重阳这一天在山多地少的浙南，人们喜欢结伴登高游玩。重阳登高风俗自古延续，也是强健体魄的活动。如明末清初词人陈其年（原名陈维崧）《重阳登高》诗曰："禊日从游万柳堂，序成欲拟右军王。好秋又过茱萸节，野兴还寻蒼卜乡。望入关山情倍迥，闲餐茗粥话偏长。浊醪粗饭身强健，为补登高到上方。"②温州重阳节还是敬老节，晚辈要拜望长辈，共饮菊花酒，食重阳糕。

谚语"十二月日日好娶亲，六月日日好尝新"指月份到了十二月基本上就快过年了，月份吉利适合婚嫁礼俗，所以十二月娶亲嫁女的人特别多。"好尝新"指早稻登场，民间摆酒请客，品尝新米饭。

谚语"人到冬至边，快乐活神仙""冬节汤圆吃过大一岁"，指冬至节习俗。冬至温州又称"至日"，俗称冬节。冬至是一年当中夜最长、日最短的一天，从冬至开始就"入九"，开始了真正的冬天。冬至从汉代开始就举行过庆贺仪式，温州的冬至通过进补营养品以庆贺，所以"快乐活神仙"。温州的冬至，民俗一般是食汤圆或麻糍。汤圆有甜糖与芝麻馅，也有咸肉馅。汤圆煮熟，在黄豆粉中滚动，使之沾满豆粉，成为冬至点心。也有麻糍煮熟切成块状，放在加有红糖的豆粉里滚动，沾满料馅，俗称"擂麻糍"。吃汤圆或麻糍，寓意团圆喜庆，所以谚语"冬节汤圆吃

---

① 王德毅主编：《丛书集成三编》（第五十三册），新文丰出版公司1997年版，第581页。
② （清）戴璐：《藤阴杂记》（卷八），上海古籍出版社1985年版，第90页。

过大一岁","吃了冬至丸,就算长一岁"。

谚语"廿四夜糯米糖,封住灶王爷的嘴""廿三廿四佛上天,廿五廿六散长年""尝新吃个饱,卅日吃个爽",指大年三十及前几天的宴饮与祭祀民俗。十二月二十四是小除夕,俗称"过小年",有祭灶神、送灶神和掸新的习俗。

第二节　风土文化

浙南地区的温州及各县独特的山川河海风貌、市井生活百态,造就了各自的风土文化,也孕育着别样的民风民俗。比如谚语:

山清水秀出能人,穷山恶水出刁人。

此谚语突出了温州各地的地理生活环境生养着不同性格民风的人们。《弘治温州府志·风俗》载温州"吾瓯界于海山,聚惟土育,风淳俗良"[1]。《乐清县志》记述"东瓯限山阻海","山水奇迥","仕多忠亮……民多磊落"[2]。《平阳县志》记述"平阳滨海……俗醇厚,尚朴素"[3]。《泰顺县志》记述"泰居瓯极西,山势高下,大小有序,无刻峭顽怪状,水清澈可鉴,而鲜奔溃,风土温和,民质不戾"[4]。《万历温州府志》记述"瑞安俗近永嘉,然尚俭约"[5]。

温州县市各行各业都有不同的谋生方式,它是当时社会生活的写照,至今在温州街头或县市街巷及乡村礼堂都能看见各自的身影。比如谚语:

(1) 温州弹棉郎,挑担走四方。
(2) 平阳出戏子,瑞安出才子,温州出荡子。
(3) 天不怕,地不怕,只怕温州人打官话。

---

[1] 王瓒、蔡芳编:《弘治温州府志》,胡珠生校注,上海社会科学院出版社2006年版,第10页。
[2] 胡朴安:《中华全国风俗志》,上海书店出版社1986年影印版,第64页。
[3] 同上。
[4] 同上书,第65页。
[5] 同上。

浙江素有"百工之家"。温州"弹棉郎"指以弹棉花为业的人，挑着扁担走街串巷，天南海北，帮人打棉被谋生。"平阳出戏子"指平阳民间出现的六种戏曲，比如高腔、昆剧、乱弹、和剧、马灯戏和木偶戏。平阳木偶戏的传统民间艺术，俗话"傀儡木偶，南有泉州，北有温州"。平阳是出戏子的地方。"瑞安出才子"主要指瑞安南戏鼻祖高则诚，他创作了南戏《琵琶记》，从此温州成为南戏的肇始地，平阳成为南戏重要的发祥地。"温州出荡子"是清末民初的俗谚，"荡子"指温州不务正业的游手好闲之人。俗语"荡子回头金百万"，指比喻痛改前非、重新做人。"天不怕，地不怕，就怕温州人打官话"，温州话属吴语，俗称瓯语。温州话内部差异较大，但不影响沟通，温州话被称为中国最难懂的方言，所以外地人与温州人打交道，就怕他们说温州话。比如"老鼠拖个驮猫儿"中"拖、驮"作"叼"解。又如"衣裳着取抵寒威"中"着取"是"穿起来"的意思。

根据温州各区地域环境，也涌现出了脍炙人口的谣谚，比如：

（1）青田怕水推，温州怕火煨。
（2）走走温州过，去爻一条裤。
（3）处州十县九呒城，平阳一县九条城。
（4）潮水尽大，漫不过江心寺。
（5）走到麻行僧街口，觇着沃是和尚头。
（6）五六月冇鞋拖，勿走我南塘街；十二月冇笼裤，勿走我南塘过。
（7）小南门河船儿，我不撞你，你撞我。
（8）春游西湖，秋游雁荡。
（9）名山高高，只道士岩半腰。
（10）担担怕仰口，讨饭怕街狗。
（11）奶儿勿嫁垟厂，刮风下雨走不上。
（12）奶儿勿嫁塘下，走上走下冇仗坐。
（13）潮大漫不过白塔尖，水急冲不掉净水崖。
（14）东炎亭，南霞关；西到分水岭，北上玉苍山。
（15）冇穿三条裤，勿走江口过。
（16）蒲门三条岭，条条透天顶。

谚语"青田怕水推，温州怕火煨"指出了青田的地貌特点，青田是"九山半水半分田"，地处浙江东南部，层峦叠嶂，千山万壑。青田山多田少，盛产石雕，誉为"石雕之乡"。这样的地形地貌，农民种田与日常生活就害怕山川水泽，暴雨台风侵袭，这句谚语刻画出了青田常常饱受水患痛苦。温州怕火煨，言指温州怕火灾。因为过去温州的房屋大部分是木质结构，当时街道民房都是连排结构，所以火灾一点就连成一片。烧毁后的废墟，温州话叫"火烧基"，过去遗留下的"火烧基"相当多。

谚语"走走温州过，去爻一条裤"指温州人做生意专门骗别人，就像给人脱了一条裤子，被骗个精光。

谚语"处州十县九呒城，平阳一县九条城"中的"处州十县"指丽水县、青田县、缙云县、松阳县、遂昌县、龙泉县、庆元县、云和县、宣平县、景宁县。"平阳一县九条城"极言当时平阳抗击倭寇修筑的防御城墙之多。除平阳县城外，另外八条城是仙口寨城、宋步寨城、金乡卫城、蒲门所城、江口城、芦浦城、艚城和壮士所城。

谚语"潮水尽大，漫不过江心寺"指位于瓯江中游的江心屿，岛屿上有寺庙，为"江心寺"，被称为"瓯江蓬莱"。瓯江水涨潮时，一般没有漫过江心寺，突出了江心屿这个江中岛屿的险要奇特位置。

谚语"走到麻行僧街口，觑着沃是和尚头"，"麻行僧街"原来是温州著名的老街。市井称的"麻行"是交易麻纺织品的店铺。"麻行僧街"是因为江心寺声名远播，南宋后期以及京城朝拜的僧徒和官员众多，在望江亭永清门外，开设店铺专为僧人服务，从南宋至清末民初，朝拜者络绎不绝。所以看着的都是和尚。"觑"是看义。

谚语"五六月冇鞋拖，勿走我南塘街；十二月冇笼裤，勿走我南塘过。"温州南塘在温州南郊，西临塘河，六七月份的时候，日晒路面发烫，没有鞋子会灼伤脚板。南塘街十二月时，西北风特别大，没有遮掩严实的灯笼裤，会被风吹冻。南塘街现在是温州的水岸风情文化街，是温州江南水乡的地标性街区。

谚语"小南门河船儿，我不撞你，你撞我"，"小南门"是温州的河船码头，"我不撞你，你撞我"极言河船往来甚多。

谚语"春游西湖，秋游雁荡"，"雁荡"指温州的雁荡山。《梦溪笔谈》卷二十四说"温州雁荡山，天下奇秀"①，并引用唐代僧人贯休《诺矩罗赞》的诗句"雁荡经行云漠漠，龙湫宴坐雨蒙蒙"，极言雁荡山的巍峨秀丽，山水清凉，是秋游盛景。

谚语"名山高高，只道土岩半腰"，"道土岩"指乐清县中雁荡山。"半腰"描画出了雁荡山的挺拔奇俏特点，雁荡山是中国"东南第一山"，享有"海上名山，寰中绝胜"的美誉。根据主体山脉的分布，有北雁荡山（乐清东北部）、中雁荡山（乐清市西南）、南雁荡山（平阳县西部）、西雁荡山（泽雅）、东雁荡山（洞头半屏山）。

谚语"担担怕仰口，讨饭怕街狗"，"仰口"在温州方言指无石级的上坡山路。谚语运用类比，突出挑担肩夫上坡谋生的艰难。

谚语"奶儿勿嫁下垟厂，刮风下雨走不上""奶儿勿嫁塘下，走上走下冇伉坐"，"下垟厂"指旧时沿海一带的农村"搭茅为舍"，俗称"茅棚厂"，因茅屋位于城东首田垟（田野），所以当地百姓称为"下垟厂"。嫁人勿嫁下垟厂是劝告女子嫁夫要看家境，不然刮风下雨没有地方躲避。"塘下"是瑞安东北部，离温州很近，交通便捷。"伉"，温州方言指多余的意思。"奶儿勿嫁塘下"指女子回亲不容易，坐车人多没位置。

谚语"东炎亭，南霞关；西到分水岭，北上玉苍山"，"炎亭""霞关"是苍南县地名。谚语指出了苍南县的地理风貌。苍南县从西到温州的分水岭，向北是玉苍山，又称八面山，八面朝向，沿海有霞关、炎亭等海港。

谚语"冇穿三条裤，勿走江口过"，"江口"指苍南龙港镇东面，鳌江江口，冬春间江风大。所以从江口经过，需要多穿裤子保暖。谚语"蒲门三条岭，条条透天顶"，"蒲门"是今蒲城，属苍南县，山高滨海，高耸云顶。谚语极言蒲门的山势陡峭挺拔。

浙江方言谚语根植于当地深厚的文化土壤，是口语的精品、集体经验智慧和文化传播的总结。它一经形成就与浙江的政治、经济、文化、语言、风俗及人文地理有直接的关联。浙南方言谚语在风土文化方面，也集中反映了当时当地的特产风貌。比如浙南各地域有各自的特产，形成当地的特色标杆，反映了当地的生活风俗。例如：

---

① （宋）沈括：《梦溪笔谈校证》，胡道静校证，上海古籍出版社2011年版，第761页。

（1）龙泉宝剑好，洞头玛瑙多。
（2）青田看石雕，乐清看木雕。
（3）宁波汤圆，温州鱼丸。
（4）茶山杨梅梧埏柑，要吃鲜货到灵昆。
（5）陶山甘蔗喷恁松，娄渡萝卜红彤彤。
（6）要吃江蟹岛炎亭，要吃蟳蠓到莘塍。
（7）炎亭江蟹大，矼艚鲥鱼鲜，炊虾要推蒲门炊。
（8）东溪吭西溪讨，炎亭口无货去矼艚。
（9）潮基鱼咸，溪坦柴爿。
（10）乐清三件宝：乌灯、炭轮、豆腐皂。
（11）垟坑后塔，仙篁竹闸，三年不满水，猪娘会戴耳朵脚。
（12）大安笑，南院叫；大安叫，南院笑。

以上谚语都宣传了各地的特色产品，也吸引着远方的客人。比如瑞安陶山的甘蔗，"喷恁松"指形容甘蔗的松脆，形容词。炎亭是苍南县南部渔港，盛产梭子蟹；莘塍是瑞安东部小镇，蟳蠓肥而不腻。蒲门的炊虾是虾类中最小的，多炊熟晒干上市。"炎亭吭货"中的"货"指海鲜。谚语"大安笑，南院叫；大安叫，南院笑"，"大安"和"南院"都是瑞安县下面的大安乡和南院村，意思是大安的稻田怕旱，南院的稻田怕涝。

第三节　乡戏文化

中国戏曲是诗歌、音乐、舞蹈、杂技、说唱、表演、美术、雕塑等各种艺术表现手法融合的一个整体艺术。而诞生于民间的乡戏是中国戏曲艺术的重要组成部分，民间曲艺代代传承，创作和表现的艺术形式为群众所喜闻乐见，也有寓教于乐、道德宣扬的社会功用。浙江南部的温州除了享誉南戏的故祖外，地方剧种，俗称"瓯剧"的曲种，也在艺术的表演与学习中传承着乡戏文化。调查温州方言谚语，乡戏文化主要表现在：戏台文化、戏曲功夫、道德文化等方面。

一　戏台文化

浙江戏曲艺术形式多样，南北都有独特的曲艺，如谚语"北有评书，南有唱词"。"评书"指杭州评话，以杭州方言为艺术载体，成为杭州和绍兴的主要曲艺。"唱词"即浙南温州的鼓词，旧时以盲人表演，俗称"瞽词"。这种曲艺按照演唱形式分为"平词"和"大词"。前者主要是待客与婚丧嫁娶演唱，后者一般在供奉娘娘庙中演唱，又称"娘娘词"或"唱南词"。另外温州民间还创作了地方剧种，如谚语"高昆乱弹，和调讨饭"就指明了四种地方戏曲演艺，如高腔、昆曲、乱弹及和调。旧时艺人在街头乞讨为生常常演唱地方剧种。温州是南戏的发源地，也是瓯剧之乡，种类别具特色的曲艺，深受当地百姓的欢迎。而对于如何欣赏曲艺，如何理解曲艺的艺术内涵，也衍生了不同的民间戏台文化。比如谚语：

(1) 锣鼓响，脚底痒。
(2) 内行人觑门道，外行人觑闹热。
(3) 台上演得流汗，台下还嫌勿好看。
(4) 买卖觑装潢，觑戏觑行头。
(5) 一装二唱三敲打。
(6) 只要戏唱好，不在开场迟早。
(7) 要做深，懂古今。
(8) 勿做糊涂戏，勿学糊涂艺，勿生糊涂气。
(9) 后台好，一半戏。
(10) 上台发台瘟，落台唱不完。
(11) 台上艺精，台下人精。
(12) 台上状元，台下丐。
(13) 上台穿龙袍，下台着破袄。

这些谚语都形象生动地表现了台上台下及看戏群众的人间百态。"锣鼓响，脚底痒"，乡村人爱看戏，一听到锣鼓敲，就丢下手中的活计，去凑热闹、去看戏。但不是人人都能看懂戏台上的戏文，所以谚语"内行人觑门道，外行人觑闹热"，内行人能看出门道，知道台上演员表演的主题，外行人只能跟着其他人鼓掌、欢笑，凑个热闹，聊以娱乐。看戏的时间久了，大家就总结了戏台表演的门道，如"一装二唱三敲打"，"买卖觑装潢，觑戏觑行头"。开戏后，就看看戏台上演员的服装，演唱的口型、声调、动作,再听听演员细说故事情节时锣鼓的敲打,久而久之,就知道了戏台表演的剧目了。根据民间百姓热爱戏曲的精神,总结的朴素经验感知,对于戏曲表演艺术也有积极的启迪作用。如谚语"只要戏唱好,不在开场迟早","要做深,懂古今","后台好,一半戏"等,就是主张重视艺术的功力与理解。艺术的追求无止境,只有深深理解艺术表演的内涵,提高艺术修为,才能奉献戏曲精品。比如温州南戏的代表作《张协状元》就是重视了戏文反映现实的艺术力量,深深扎根民间的乡土艺术。谚语"上台发台瘟,落台唱不完""台上艺精,台下人精""台上状元,台下丐","上台穿龙袍,下台着破袄"等,反映了台上台下表演与生活的对照。戏剧表演反映生活,又高于生活,如果沉迷其中不能自拔,就会"落台唱不完",下台了还在癫狂状态,难免让人觉得异常。戏曲表演经年累月的熏染,也会附会戏文的内容于生活的日常行为认知中,成了"台下人精"。但旧时的戏曲表演者,大多是生活贫困,处于社会底层的百姓,以唱戏为生。戏台上穿着龙袍,表演皇帝;或穿着状元郎服饰,表演状元。表演完毕,下台还原生活本真身份,可能穿着破棉袄,像乞丐那样乞讨生活。

二 戏曲功夫

颜长珂《中国戏曲文化》说:"戏曲的舞台表现手段,无论语言还是动作,都经过特殊的艺术加工,与生活中的自然形态有不小的距离,带有假定的色彩。整个演出,追求的也是一种真真假假虚虚实实的境界。"[①]戏曲表演的目的就是以优美的表演艺术来吸引观众,娱乐大众,给人带来审美的愉悦与艺术的享受。为此,表演戏曲的功夫与艺术技巧也是千锤百炼、反复演练,才能达到台上台下的共鸣。温州方言谚语在戏曲的唱功与演练方面,总结出了艺术行当的技艺。比如:

(1) 讲有节拍,唱有板眼。
(2) 心与口合,口与手合,手与眼合,眼与身合,身与气合。
(3) 笑从眼起,惊怒从嘴生;愁从眉起,哭脸鼻上生。
(4) 耳大要有轮,嘴大要有唇,眼大要有神。

[①] 颜长珂:《中国戏曲文化》:中国国际广播出版社 2011 年版,第 3 页。

（5）痴者吊眼，疯者定眼，悲者掩泣，羡者色飞。
（6）净角要撑，旦角要松，生角要弓，武生取当中。
（7）举手不过眉，抬手不过肩；指东先往西，指南先往北。
（8）站有站相，坐有坐相。
（9）会写的坐着，会唱的站着。
（10）三四人千军万马，六七步万水千山。
（11）宁穿破，不穿错。
（12）拳不离手，曲不离口。
（13）三日不念，口生；三天不做，手生。
（14）唱戏要嗓子，拉弓要膀子。
（15）翘竹无翘篾，唱曲不口吃。
（16）打铁先打钉，学唱先学声。
（17）练眼先练手。
（18）未学做篾先学蹶，未学小旦先学扭。
（19）大花学双腿，小花练张嘴。
（20）文戏琴多，武戏鼓多。
（21）后台好，一半戏。
（22）饱吹饿唱。
（23）锣鼓好学戏难打。
（24）千日胡琴百日箫。
（25）千日琵琶百日箫。
（26）小旦纳一纳，台下纳爻断个末。
（27）嗓一遍，腿一挈，风头霉头两间壁。

以上谚语都是温州南戏和地方瓯剧行当的基本功，学戏唱戏演戏扮戏等都是苦中见真功夫，俗语"台上一分钟，台下十年功"。每个角色行当都有不同的要求，比如谚语"净角要撑，旦角要松，生角要弓，武生取当中"指表演京剧"云手"程式动作，具体要求不同，如净角云手两臂要撑开，生角云手两臂略呈弧形如弓，旦角云手要显得柔和松弛，武生云手在动作幅度和力度上要在净与生之间取其中。"小旦纳一纳，台下纳爻断个末"，"纳"指小旦弯腰施礼，"断个末"指一个也没有，此谚语指小旦演得不好。

三 道德文化

戏曲舞台是大千世界的缩影。戏曲以艺术的表现形式给观众带来精神的愉悦美感，也在弘扬或反映社会道德文化。中国传统儒家思想，宣扬"仁、义、礼、智、信"文化核心，强调社会伦理与道德规范的修养，它关系社会的和谐与安定。如《礼记·大学》说："古之欲明明德于天下者，先治其国；欲治其国，先齐其家；欲齐其家者，先修其身；欲修其身者，先正其心；欲正其心者，先诚其意；欲诚其意者，先致其知。物格而后知至，知至而后意诚，意诚而后心正，心正而后身修，身修而后家齐，家齐而后国治，国治而后天下平。"[1] 温州戏曲道德文化的价值判断以善恶美丑为核心，民间道德元素也成为艺术创作的生命源泉，为此涌现出了一批宣扬道德文化的民俗民谚。比如：

(1)《雷公报》里周白奇两面嘴。
(2)《紫霞怀》里大伯娘只爱自好。
(3)《三仙炉》里狂生。
(4)《三官堂》里娘舅唔有好话。
(5)《百花台》大小姐生来丑。
(6)《蜃中楼》老戏，哮咕人老气。
(7) 摸弯（莫安）儿，摸闪（莫兴）儿。
(8) 打炮碰着胡大海。
(9) 落得海拣日，靠造化。
(10) 落得海送文书，乱讲瞎话。
(11) 黄翠英卖花，三等三样。
(12) 日也斩姚期，夜也斩姚期。
(13) 寿山吃薄粥，命苦。
(14) 何仙姑对药愆，你一句，我也一句。
(15) 有人救陈三，呒人救五娘。
(16) 祸闯出薛刚愆。
(17) 孔明神算，曹操奸算，司马懿回头算。

---

[1] （汉）郑玄注、（唐）孔颖达疏：《礼记正义》，北京大学出版社1999年版，第1592页。

(18) 刘备招亲，弄假成真。
(19) 关公守华容道，曹操抓不牢。
(20) 好曲轮勿到周仓唱。

《雷公报》《紫霞怀》《三仙炉》《三官堂》和《百花台》都是传统瓯剧戏曲。《蜃中楼》是昆剧剧目，即《张羽煮海》。莫安儿、莫兴儿是瓯剧《百花台》里的恶奴，两人勾搭专门干坏事。胡大海是瓯剧《凤台关》中人物，"打炮碰着胡大海"，比喻碰上莽撞的人。落得海，是温州鼓词《南游》中人物，原姓刘，平日爱撒谎。黄翠英是瓯剧《鸳鸯带》中人物。姚期是戏曲《上天台》中人物，刘秀想斩他。寿山是瓯剧《金手铜》中人物，为刘文龙的仆人。何仙姑对药是曲目，"何仙姑对药恁，你一句，我也一句"讲述何仙姑与吕洞宾对药调笑，争吵不休的戏剧情节。陈三、五娘是戏曲《陈三五娘》中人物，五娘曾受到陈三的陷害。薛刚是戏曲中人物，因喝酒闯大祸，导致满门抄斩。

戏曲道德文化的宣扬，鲜明的"善恶"观，成为戏剧的精神传统。余秋雨《中国戏剧史》说："中国传统精神文化的中和特征，本与戏剧的冲突本性有很大矛盾，但当中国戏曲终于成型之后，中和性也就规定了中国戏曲'悲欢离合'的完备性，规定了'愿天下有情人皆成眷属'式的大团圆结尾的普遍性。精神传统总会凝冻成美学成果。有时，逆向力量也会转化为正面成果。"[①] 温州戏曲传达的道德文化也在逆向与正向中让观众赏心悦目，寓教于乐。

浙南方言谚语的乡土文化通过考察温州的方俗、风土与乡戏，勾画出了基本轮廓。方俗文化体现了浙南地区随遇而安的社会心态，既有独特的婚庆洞房礼俗，也有地域性的墓葬行为，还有岁时节令的乡约礼俗。在风土文化方面，展现了各行各业的市井百态，也有吸引天地四方游客的卓越物产。乡戏文化孕育着姿态万千的戏台文化，既能窥视到一板一眼见真功夫的戏曲生涯，也能享受戏曲道德文化宣扬的审美情操。处于浙南地域的温州钟灵毓秀、山川秀美、人文荟萃，丰富多元的乡土文化传承着中国传统精神文化，也在扩散着海外八方的温州情怀。

---

① 余秋雨：《中国戏剧史》，天下远见出版社 2007 年版，第 33 页。

第八章　浙南经济谚语文化研究

明代中后期是温州商品经济和城镇化发展的鼎盛时期。当时温州政府鼓励垦荒、兴修水利、夯筑堤坝、修建塘堰，并从外地引进农作物新品种、加以推广种植，这些措施加速了明中后期温州的农业、手工业及商业的发展。比如《弘治温州府志》土产"麦"记述："然温地下湿，不宜粟麦，人亦罕种。岂无亢爽之麓，不复兴垦，盖平畴沃壤，河流灌输，粒米易丰，稍泛则交广连樯之艘至矣。惟山溪之乡涸稻田而种之，刈稻种豆，刈豆种麦，已仲冬矣。麦备四时之气，八月劝种，四月登之。今以后时之种，四气不备，穗亦短短，终非麦乡。若艺粟，则绝无仅有。"① 又如《弘治温州府志》土产"布帛"载："然温地不产桑柘，虽有植桑者，极其垦锄之力，亦枝条短弱，高不过数尺，叶亦稀细。惟麻、苎仅仅缉纺被体，市无布帛绢店，缣匹之输官者悉仰于衢、婺之丝商。机杼之家涩于买贵，故人力取精以倍其赢，女子夜织，男子以织名家者相望。于是温克丝之名遍东南，言衣者必资焉。"② 从外地引进丝绸原料、加工制作精品丝绸，"取精以倍其赢"，有力地占有市场、促进了当地丝织业的发展。当地百姓根据温州的地势地貌特征，改粟种稻、稻豆连种，获得了很好的经济效益、发展了当地的农业经济。明代中后期经济发展的举措与百姓务农经商的聪明智慧在后代中承袭发扬，形成了浙南经济发展的支柱。

温州作为浙南经济发展的重镇，在农业、林业、畜牧业、渔业以及商业方面，都承袭了前代经济发展的习惯与民俗，从而形成浙南地区特有的经济文化。龙应台曾指出："文化不过是代代累积沉淀的习惯和信念，渗

---

① 王瓒、蔡芳编：《弘治温州府志》，胡珠生校注，上海社会科学院出版社2006年版，第114页。

② 同上书，第115页。

透在生活的实践中。"① 其文化底蕴是"一种共同的价值观"。浙南地区的经济文化也是百姓经济发展的一种朴素信念与行为习惯,渗透在民族的血液里,在点滴的生活行为中流露出经济发展的意识,形成经济发展的共同价值观。调查浙南方言谚语,其经济文化的发展也就在农业文化、林业文化、畜牧业文化、渔业文化及商业文化中彰显其特质。

第一节 农业文化

人类文明经历了渔猎时代、农业文明时代(包括新石器时代、青铜时代、铁器时代)与工业文明时代。在近代工业文明从西方传入前,中国传统的产业主要有农业、林业、畜牧业、渔业和手工业等。温州地处浙江偏东南一隅,温润的气候条件与海洋文化的影响以及温州人精明能干的商业头脑催生了温州商业文化,"温商"如今成为国际知名效应。在这几种产业的发展过程中,农业文化的传统生产民俗反映了人们的民俗观念、保证了生产的顺利进行。

据新石器时代产生的陶瓷考古资料,在公元前六千年左右,黄河流域的中下游地区就存在着农业文化遗址,家畜饲养业有了一定的发展。杨植民先生提出:"农业是人类社会最早的物质生产部门,是自然再生产和经济再生产相结合的产物,是人们利用现有的社会资源对农业资源,特别是生物资源进行改造、加工取得产品的物质生产过程。"② 农业的本质就是利用生物有机体进行物质循环和能量循环,从而促使人类在农地、草场、林地、江河湖海以及沙漠等方面开拓领域。与农事生产和实践相关,民间代代承袭的是农村民俗活动,这些民俗形成当地的农业文化。根据农事活动的特点、农业生产的季节性特征以及农业生产时间与劳动时间不一致的特性,浙南农民总结出了农事生产经验,从而指导农业生产、提高效益、稳定农业生产。

调查浙南方言谚语的农事谚语,反映浙南经济文化的农业文化主要体现在:以农为本的劝农思想;讲究人地共生关系;倡导勤奋耕耘行为;顺应节令物候;注重田间管理;兴修水利,灌溉有方以及把握农忙时机。

---

① 龙应台:《文化是什么,文化在哪里》,《中国社会报》2007年第6期。
② 杨植民:《农学思想史》,湖南教育出版社2006年版,第7页。

一 劝农务本思想

农业是立国之本，是最重要的第一物质生产部门。基于农业的重要地位，中国从先秦到明清时期，都有朝廷命官与地方官吏督促农业生产。这种劝农思想强调了农业的主导地位，弱化了工商业的发展，重农抑商意识在明代中后期的浙南地区也非常兴盛。劝农思想有其特定的历史背景，在保障农业生产的同时也促进了全国经济的发展。比如"明太祖初年屡令州县招募流民开垦荒地，特设司农司掌理垦荒事宜，并将山西无田的人民迁往黄河南北，江浙无田的人迁往淮南。为奖励种植衣料类植物，洪武元年，昭示天下农民，凡有田五亩至十亩者，栽桑麻木棉各半亩，十亩以上者倍之。不听劝导者，规定处罚，其办法是不种桑者，使出绢一匹；不种麻者使出麻一匹；不种木棉者使出棉布一匹"[1]。这些强令措施能督促地方经济作物的种植，提高本国的综合国力，凸显了农业生产的重要性。上下五千年的华夏民族，对农业生产上的认知地位从未减轻。承袭农本思想，浙南地区农业生产也有着鲜明的劝农思想。比如谚语：

(1) 三百六十行，种田为王。
(2) 三十六行，靠稻垟里出。
(3) 一日无粮天下乱。
(4) 千方百计，不如种田。
(5) 千层万层，不如脚底一层。
(6) 农夫勿种田，城里断火烟。
(7) 吃尽五味盐好，走遍天下田好。
(8) 百样生意不值铲草皮。
(9) 生意钱，顾眼前；锄头钱，万万年。
(10) 衙门人一缕烟，生意人一百年，种田人万万年。
(11) 生意卖家眼前花，狂风吹不倒犁尾巴。
(12) 春天种一把，胜过货郎一夏。
(13) 生意命，种田定。
(14) 坐贾行商，不如开荒。

---

[1] 吴聪贤：《中国农业发展》，中央文物供应社1984年版，第35页。

(15) 王母娘娘看重金童子，共产党看重田秀才。

以上谚语强调农业的本体地位，重农抑商的劝农务本思想深入民间。俗话说"三百六十行，行行出状元"，农事谚语高度强调了务农的重要与主体地位，也轻视了工商业的发展。对于务农，早在我国西周时期就产生了重农思想。如《国语·周语》卷一记述了西周后期虢文公规劝周宣王行籍田礼节，说"夫民之大事在农，上帝粢盛于是乎出，民之蕃庶于是乎出，事之共（通供）给于是乎在，和协辑睦于是乎兴，财用蕃殖于是乎始，孰庞纯固于是乎成"①。春秋时期商鞅、韩非子等思想家明确农本商末的思想，汉代的贾谊、晁错、王符等进一步发展了重农抑商的国策。东汉班固的《汉书·文帝纪》载有汉代统治者的农学思想，如"农，天下之大本也，民所恃以生也，而民或不务本而事末，故生不遂"②。唐代以降，对农业的本体地位的强调从未衰退。如唐代诗人白居易的《赠友五首》诗句"南人弃农业，求之多苦辛。披砂复凿石，砣砣无冬春。手足尽皴胝，爱利不爱身。畲田既慵斫，稻田亦懒耘。相携作游手，皆道求金银。毕竟金与银，何殊泥与尘。且非衣食物，不济饥寒人。弃本以趋末，日富而岁贫。所以先圣王，弃藏不为珍。谁能反古风，待君秉国钧。捐金复抵璧，勿使劳生民"③。白居易关注民生，提出了抛弃农业是"弃本趋末，日富而岁贫"，再回头也是徒增"苦辛"，劳民伤财。明清乃至现代，农业的主体地位是国家的基本国策，但在稳固农业本体地位的同事，积极发展工商业，繁荣我国的经济文化也是新时代赋予的历史使命。

谚语从正反面强调了"种田""种稻""铲草皮""开荒"等农业生产活动，通过与"百样生意""衙门"（指做官）"生意买卖""买货郎""坐贾行商"等生意经济行为做对比，形象通俗地提出劝农务本思想。如谚语"生意钱，顾眼前；锄头钱，万万年"主张农务是根本，只有靠锄头从事农业生产的赚钱营生才是长久之计。做生意的，有亏有赚，眼前的利益，不能长治久安。这是传统农业思想在当下浙南地区农民心态与行为认知的反馈。敬农、爱农、靠农的农业文化心态承袭了西周以来的文化传

---

① （吴）韦昭注、（宋）宋庠补点：《国语》，学民文化社1998年版，第36页。
② （汉）班固撰、（唐）颜师古注：《汉书》，中华书局1964年版，第118页。
③ 孙海通、王海燕：《全唐诗》，中华书局1960年版，第4677页。

统，尤其在浙南山多地少的生态环境中，务农为本的意识与农业主体行为模式成为中国传统文化的重要篇章。

二　人地共生

从事农业生产，土地对农民是至关重要的。对待土地，不同的行为方式与认知心态以及劳动态度会产生不同的收益。浙南地区的农民，珍惜每一寸来之不易的山区土地，提倡人地互相依赖的共生互利的关系、主张勤地致富。比如谚语：

(1) 渔民不离船头，农民不离田头。
(2) 脚大踏田岸，手大捧饭碗。
(3) 人养地，地养人。
(4) 人靠地长，地靠人养。
(5) 仰面求人，不如低头求土。
(6) 人有人心，地有良心。
(7) 人不亏地皮，地不亏肚皮。
(8) 人误地一时，地误人一年。
(9) 一寸土地一斤粮，多种就能多打粮。
(10) 地是宝，越重越好。
(11) 地是刷金板，服勤不服懒。
(12) 只有破人，唔有破田。
(13) 人勤地生宝，人懒地生草。
(14) 田是死宝，人是活宝。
(15) 不怕荒年，只怕靠天。
(16) 靠天越靠越荒，靠手粮食满仓。
(17) 少留闲田不愁荒。
(18) 种田人望大稻，读书人望大考。

谚语通过对比，以明白晓畅的语言，揭示了朴素深刻的道理：土地是农民的依靠。谚语强调人地之间的和谐共处，提倡"尽地力之教"，努力耕种，提高土地产量。如谚语"人养地，地养人"与"人靠地长，地靠人养"，有了土地，就依靠土地，辛勤耕耘，才能收获土地的馈赠。土地是农民的衣食父母，在农民观念中，地与人一样都有良心、共生于宇宙天地间、互促互动。只要勤于用心耕种，土地就是块宝，如谚语"越种越好"所说。谚语以通俗的语言也揭示了天、地、人在农业生产活动中的有机联系。如《淮南子·主术训》说"食者民之本也，民者国之本也，国者君之本也。是故人君者，上因天时，下尽地财，中用人力。是以群生遂长，五谷蕃殖"①。又《齐民要术·种谷》有"顺天时，量地利，则用力少而成功多，任情返道，劳而无获"②。这些都强调了劳动者的主观能动性。所以谚语"人勤地生宝，人懒地生草"，"靠天越靠越荒，靠手粮食满仓"，"人误地一时，地误人一年"以及谚语"地是刷金板，服勤不服懒"与"田是死宝，人是活宝"等，都提倡发挥农民的积极性与主动性，顺应农时，勤力耕种，才能不"仰面求人"，也就能"勤地生宝"，创造财富。

三　勤力运作

浙南方言谚语在农事活动上，注重讲究勤奋劳作、务实勤力、持之以恒；并根据节气的变化，主张早晚有度、把握农时辛勤耕耘。中国先民在周代就按照月令从事农业生产活动，勤力与时序结合，才能有效产出。比如《诗经·豳风·七月》③记述"七月流火，九月授衣""七月流火，八月萑苇""七月鸣鵙，八月载绩""四月秀葽，五月鸣蜩""八月其获，十月陨萚""五月斯螽动股，六月莎鸡振羽"……"九月筑场圃，十月纳禾稼""九月肃霜，十月涤场"，这些农事活动都是周秦先民按月记述农事生产活动，观察物象配合农事运作。浙南农事谚语也体现了当地百姓按节令时序勤力劳作的场面。比如谚语：

（1）赶早不忙，种早不慌。
（2）赶种抢收，不紧叫苦。
（3）当忙有闲人，八月有破箩。

---

① （汉）刘向撰、何宁集释：《淮南子集释》，中华书局1998年版，第685页。
② （北魏）贾思勰：《齐民要术校释》，缪启愉等校释，明文书局1986年版，第43页。
③ （汉）毛亨传、（汉）郑玄笺、（唐）孔颖达疏：《毛诗正义》，北京大学出版社1999年版，第494—507页。

(4) 三月有闲人，八月有破箩。
(5) 春天不下土，一年要饿肚。
(6) 春插时，夏插刻；春争日，夏争时。
(7) 春早一日，秋早十日；春误一日，秋误十日。
(8) 正月嬉，二月旷，三月落田种不逮。
(9) 到了雨水天，农活勿迟延。
(10) 芒种芒种，样样要种；芒种不种，样样断种。
(11) 芒种前后，夜当日走。
(12) 五月六月站一站，十冬腊月少餐饭。
(13) 冬天不停脚，春天不饿肚。
(14) 勤力人亩亩种好稻，懒惰人丘丘出青草。
(15) 后生好比一枝花，不动锄头不开花。
(16) 冬不节约春要愁，夏不锄头不开花。
(17) 勤人耕方田，懒人耕圆田。
(18) 要想收成好，全靠手脚到。
(19) 锄头柄长，一年就有一年粮。
(20) 亲眷少走，田头勤望。
(21) 种地如绣花。
(22) 种田种田摸，一年摸到头。
(23) 种田种到老，难扣正好好。
(24) 相公易做，农事难学。
(25) 日头如水火如汤，六月种田苦难当。
(26) 一滴血，一滴汗，五谷不到心不安。
(27) 一靠干，二靠算，三靠年时好。

谚语强调农活要赶早不赶晚，珍惜时间。农活不等人，否则天地荒废，叫苦害己。"赶种抢收"，"当忙"则忙，不做闲人，贻误农时就要饿肚，这是农民生产农业活动的经验总结。正如谚语"正月嬉，二月旷，三月落田种不逮"从反面教训：对待农业生产，必须严肃以待、不能戏弄玩耍、更不能擅离职守、丧失播种时机。"旷"，温州方言指不坚守岗位，"逮"指赶上（时机）。只有勤于耕种，勤于把握农事，时时刻刻关注农事生产，按照节令气候勤奋运作，才会"种好稻""不饿肚"。谚语劝说人们要脚踏实地、细心观察、耐心耕作、多勤多劳。因为"要想收成好,全靠手脚到"。谚语提到的节令气候有"雨水""芒种""腊月"以及农事生产密切相关的时间"三月""春天""秋天""冬天""正月""二月""五月""六月"等,这些都是运作农活的时机,从事农业生产需要多观察物象。比如《七修类稿·天地类》卷三说:"芒种,五月节。谓有芒之种,谷可稼种矣。"① 所以芒种日是嫁接种谷的好时机。在当令的月份与节气里去田间"多勤望""多站一站",就不会延误农活。从事农活是艰辛的劳作,农事生产也是具有高度连续性的时效行为,农民辛苦耕作,收获不易。谚语"种田种田摸,一年摸到头""相公易做,农事难学""日头如水火如汤,六月种田苦难当""一滴血,一滴汗,五谷不到心不安""一靠干,二靠算,三靠年时好"等,都表达了农业运作的艰苦与辛酸,也主张积极发挥人的主观能动性与节令月份的物候特征相结合。

四 节令农事

浙南地区农作物丰富,有大麦、小麦、稻谷、番薯、棉花、芝麻、玉米及麻等其他作物。这些经济作物的生产与运作都有既定的农时,浙南百姓根据日常农业生产经验凝练成智慧,表现在谚语里。根据节令从事作物的生产是古人经验的传承,在中国农业科技文化中起着重要参照作用。公元前475年至公元前221年,《逸周书·时训》记述的二十节气有"立春、惊蛰、雨水、春分、谷雨、清明、立夏、小满、芒种、夏至、小暑、大暑、立秋、处暑、白露、秋分、寒露、霜降、立冬、小雪、大雪、冬至、小寒、大寒"② 等,其中惊蛰与雨水、谷雨与清明的次序与现在不同,它在古代以时令来指导农业生产已经迈出了科技领先的步伐,并影响着现代农业的生产。《农书·天时之宜篇》说"万物因时受气,因气发生,时至气至,生理因之"③,它指出了万物顺应时间受气候的影响。因气候条件而萌发生长,时间到了、气候到了、生长发育也因之顺畅。气候与时间的观察指导了民间的农事运作。浙南方言谚语对育秧、播种与种植经济作物等强调把握农令时节。

---

① (明)郎瑛:《七修类稿》,中华书局1959年版,第59页。
② (晋)孔晁注:《逸周书集训校释》,商务印书馆1937年版,第87—92页。
③ (元)王祯:《农书译注》,缪启愉、缪桂龙译注,齐鲁书社2009年版,第10页。

（一）育秧

浙南地区的育秧技术与发明，主要通过移栽与复种制发展来解决季节性农业生产的矛盾。游修龄在《中国稻作史》中提出："南方稻田从唐宋以后因稻麦（豆、油菜）复种的扩大，大部分稻田改用育秧移栽。"① 陈旉在《农书·善其根苗篇》认为："凡种植，先治其根苗，以善其本。本不善而末善者鲜矣。欲根苗壮好，在夫种之以时，择地得宜，用粪得理，三者皆得，又从而勤勤顾省修治，俾无旱干、水潦、虫兽之害，则尽善矣。"② 强调育秧与稻苗优良的重要。他提出秧苗健壮的三个条件："种之以时，择地得宜，用粪得理。"即是播种要契合时机、秧田要选择合适、秧苗施肥得当。从宋至清及现代，农业育秧技术日趋完善。浙南方言谚语在秧苗的田地、选秧、浸种、插秧等方面总结了前人的经验与教训，具有积极的指导作用。比如谚语：

（1）宁愿田等秧，不要秧等田。
（2）雨打秧田泥，秧苗出不齐。
（3）清明下谷种，不用问爹娘。
（4）三月清明不浸种，六月五谷呒处来。
（5）月光生毛，秧田要筑墙。
（6）插秧不过清明，移栽不过立夏。
（7）枇杷黄，插田忙。
（8）立夏开秧门。
（9）秧过小满十日种，十日不种一场空。
（10）小暑插老秧，呒谷纳田粮。
（11）十成稻，九成秧，插秧要插扁蒲秧。

谚语"宁愿田等秧，不要秧等田""雨打秧田泥，秧苗出不齐"，"月光生毛，秧田要筑墙"等，提出了整治秧田的重要，提倡根据气象做好秧田管理。"月光生毛"指天气晴朗时夜空月亮发芒现象，预示着会下雨。俗语说"月亮长毛，有雨明朝"。这时修筑秧田四周的高度就要比不

---

① 游修龄：《中国稻作史》，中国农业出版社1995年版，第150页。
② （南宋）陈旉：《农书集注》，万国鼎集注，农业出版社1965年版，第32页。

下雨时高出几公分，防止雨打秧泥，造成秧泥流失，影响秧苗长势。秧田对育秧至关重要，一般都需要除稗措施、修整秧田平面。如清初刘应棠的《梭山农谱·耕谱》就提出了秧田的质量标准，"土烂如面，水平如镜"①。谚语"三月清明不浸种，六月五谷吮处来"，提出秧苗浸种的时令是三月清明时节。浸种是为了催芽，以便播种。元代王祯《农书·播种篇》提出浸种的方法，如"每岁收种，取其熟好、坚栗、无秕、不杂谷子，晒干，蔀藏，置高爽处。至清明节取出，以盆盎别贮，浸之。三日，漉出，纳草篅中。晴则曝暖，浥以水，日三数；遇阴寒，则浥以温汤。候芽白齐透，然后下种"②。谚语"清明下谷种，不用问爹娘"，"插秧不过清明，移栽不过立夏"，"枇杷黄，插田忙"，"立夏开秧门"，"秧过小满十日种，十日不种一场空"等，提出了秧苗发育好以后，就要在农历四五月清明与立夏时节，打开秧田四周泥栏，即"秧门"，抓紧时间插秧移栽，这时也是插田的忙碌时节。如果错过节气，过了小满十日还不种，发育好的秧苗就会成稗草。谚语"小暑插老秧，吮谷纳田粮"，"十成稻，九成秧，插秧要插扁蒲秧"，指出了插秧须注意品质的好坏与秧龄。小暑是每年的七月份，这时选择秧龄不能过老，否则插后抽穗、结谷稀少，在旧社会还无法缴纳田粮。明代宋应星的《天工开物·乃粒》就指出："秧过期老而长节，即栽于亩中，生谷数粒，结果而已。"③所以要控制秧龄、选择秧苗老嫩。浙南山区的农民一般选择"扁蒲秧"，它是一种壮秧、白根多、清秀健壮、能多发棵的秧苗。这种秧苗能多出产量。俗语说"秧好半年田"。选择好秧苗，能起到事半功倍的效果。

（二）种稻

浙南地区水稻种植主要是籼稻和粳稻，一年两季收成，分早稻与晚稻。早稻为籼米，晚稻为粳米。元代王祯《农书》记述"南方水稻，其名不一，大概为类有三：早熟而紧细者曰籼，晚熟而香润者曰粳，早晚适中、米白而粘者曰糯。三者布种同时"④。江南水稻，对温度、水量及日长的需求是种植的关键。李伯重在《江南农业的发展》指出，"籼稻因对

---

① （清初）刘应棠：《梭山农谱》，王毓瑚校注，农业出版社1960年版，第20页。
② （元）王祯：《农书译注》，缪启愉、缪桂龙译注，齐鲁书社2009年版，第55页。
③ （明）宋应星：《天工开物译注》，潘吉星译注，上海古籍出版社2008年版，第3页。
④ 同上书，第55页。

温度较高而不耐低温，粳稻则对温度要求不高而较为耐寒"，"早稻对日长反应钝感或无感，不论在短日或长日的条件下，只要温度条件相同，生育期就变化不大。晚稻则对日长敏感，是典型的短日作物"。[①] 根据浙南的山势地貌与水稻的生长环境，民俗谚语强调当令农活的播种与早稻晚稻的养护。比如：

(1) 五月不晒，五谷不结；六月不晒，五谷还债。
(2) 五月盖被，有谷呒米。
(3) 六月凉，稻不长；六月热，稻头结。
(4) 夏至响声雷，茅草晒成灰，早稻担勿归。
(5) 伏里雨多，谷里米多。
(6) 小暑割草，大暑割稻。
(7) 稻插立秋后，晚稻割唔有。
(8) 秋前不搁田，秋后叫皇天。
(9) 雨打秋头，晒煞穗头。
(10) 七月秋霖八月乌，种田儿郎好唱歌。
(11) 立秋一场雨，遍地出黄金。
(12) 雷打秋，稻丰收。
(13) 春旱不算早，秋旱减一半。
(14) 处暑根头摸，一把烂泥一把谷。
(15) 白露不秀，寒露呒收。
(16) 白露白利利，秋分晚稻齐；寒露不出头，晚稻喂黄牛。
(17) 白露汤，种田不用慌。
(18) 晚稻不吃寒露水，小麦不吃交夏梅。
(19) 梅打菊花心，柴米贵如金。
(20) 寒露无青稻，霜降一齐倒。
(21) 早稻闪龙闪来；晚稻闪龙闪去，闪一闪，去一勺。
(22) 早白越热越生权，京成越淋越生桠。
(23) 好谷不见穗，好麦不见叶。

[①] 李伯重：《江南农业的发展：1620—1850》，王湘云译，上海古籍出版社2007年版，第47页。

（24）春雨足，谷满屋。
（25）稻秀雨浇，麦秀风摇。
（26）谷种落田百日收。

　　以上谚语都注意到水稻种植的季节性特征，尤其是雨水、气温、生育期等对早稻与晚稻收成有重大影响。一般来说，早稻栽培季节早，多是在春季，生育期气温偏低，所以施肥量较多。春日雨水量充足，有利于早稻生长，但生长期短。因为不耐低温天气，所以五月六月需要多晒阳光，否则"五谷不结"。六月及夏至气温上升，早稻结穗缀谷。而且"伏里雨多"，稻谷产的米就多。遇到大暑，炎热气候，农村就要开始抢收了。晚稻一般在立秋前播种，之后插稻秧的，秋后恐无收成，招致怨声。晚稻一般生育期较长，从七月到寒露节气都可以生育，产量较高。但忌讳干旱，需要多翻土。所以"立秋雨""白露汤"都有利于晚稻的生育，但"秋旱"就会减少收成。遇到寒露时节，晚稻就会受到影响，正如谚语所说"寒露无青稻，霜降一齐倒"。在寒露时节，基本上就开始抢割晚稻了。晚稻忌讳风吹，所以晚稻需要防风。谚语"早稻闪龙闪来；晚稻闪龙闪去，闪一闪，去一勺"，指风大容易吹落麦穗稻谷。谚语"梅打菊花心，柴米贵如金"指菊花一般秋天开放，"梅"指六七月的梅雨。因为梅雨击打菊花而盛开，违背时令，以菊花作比，喻晚稻歉收而物价上涨。

　　另外谚语"麦老生皮，稻老生米"与"阳坡麦子阴坡谷"，指出了麦子、稻谷生长周期与地理环境的差异。麦子老了就会干瘪成皮，稻谷老了就会生米。麦子与稻谷在生育晚期带来不同的结果。麦子喜阳，一般种在阳面。晚稻对温度要求不高而耐寒，种在阴面也没关系。早稻晚稻一旦落种，生长周期一般为三个月。所以谚语说"谷种落田百日收"，这也警醒农民注意抢收农时。

　　谚语"雨打秋头""雷打秋"是从汉代相沿下来的"打秋"民俗活动，指夏历立秋日举行的祈雨仪式，江南地区盛行。"通过打秋，当地村民以此祈盼及时下一阵雷雨，吓碎所谓秋胆，湿暑祛夏，减少风潮之灾，以利秋季农作，故称打秋"。[①] 立秋时节，浙南地区早稻已经收割，晚稻也已移栽，农作物进入生育期，立秋正是夏秋之交的重要时期，俗话说

---

① 赵宗福、梁家胜：《中国人应知的民俗常识》，华北文创2016年版，第344页。

"入伏下雨伏里旱,立秋下雨吃好饭"。又如"七月秋,样样收;六月秋,样样丢",指农历七月立秋,五谷丰收;立秋日在农历六月,则五谷歉收。又如"秋前北风秋后雨,秋后北风干河底",指立秋前刮北风,秋后必下雨;立秋后刮北风,则冬天可能干旱。

(三) 种麦

浙南地区的麦品种主要有小麦与大麦。麦自古就是"五谷"中的一种重要粮食作物。甲骨文中"麦"字形有"麦、来、辫"等,卜辞中有"来麦""受麦""呼麦""告麦""田麦""登麦""食麦"等。由此,麦在商周时期有了进一步发展。据统计,麦在《诗经》中出现9次,仅次于黍稷。《汉书·食货志》记述董仲舒的言论,如"《春秋》它谷不书,至于麦禾不成则书之,以此见圣人于五谷最重麦与禾也"[①]。又《战国策·东周策》卷一说:"今其民皆种麦,无他种矣。"[②] 麦这种由黄河流域普遍种植的作物,推广到了长江中下游的江南地区。浙南地区小麦与大麦的种植也很广泛,而且"麦豆共植"成为当地农业经济特色。温州方言谚语,反映了浙南地区种麦的农业民俗。比如:

(1) 春分麦起身,一刻值千金。
(2) 小麦到小满,不黄也倒秆。
(3) 大麦不过夏,小麦不过满;小麦过了满,不折自会断。
(4) 麦到小满谷到秋,迟早成熟一路收。
(5) 麦吃两年水,只怕清明前日雨。
(6) 大麦种过年,小麦冬至前。
(7) 大麦种到年,只愁唔有田。
(8) 麦吃四季水,宜早不宜迟。
(9) 不前也不后,种麦十月半。
(10) 年前麦壅土,寒冬麦不苦。
(11) 若要麦,密密拍。
(12) 麦子屁股痒,越压越肯长。
(13) 冬雨麦命,春雨麦病。

---

① (汉) 班固撰、(唐) 颜师古注:《汉书》,中华书局1962年版,第1137页。
② (西汉) 刘向辑录:《战国策笺证》,范祥雍笺证,上海古籍出版社2006年版,第20页。

(14) 麦怕四月旱。
(15) 麦怕胎里瘦。
(16) 麦收三月雨，不收二月雪。
(17) 麦不离豆，豆不离麦。
(18) 入伏不种豆，种豆也无收。

  以上谚语提出了种麦的时令节气以及要注意的事项。小麦一般在农历小满，五月中下旬，籽粒开始灌浆饱满，还未成熟。如果过了小满，麦壳干瘪籽实不饱满，麦秆自会折断、变黄，发生歉收现象。小麦是夏熟作物，"春分"三月间，麦子能起立田间，就预示着夏季好收成。通过观察物象，"春分"与"小满"是小麦的关键发育期。谚语"春分麦起身，一刻值千金""小麦到小满，不黄也倒秆""大麦不过夏，小麦不过满；小麦过了满，不折自会断""麦到小满谷到秋，迟早成熟一路收"等就警醒小麦种植的时间把握。小满时节，江南一带一般河满湖满，小麦需求的水量比较充足，但到了清明四月前仍下雨，就会影响六月间的收成。所以麦怕清明雨。谚语"麦吃四季水，宜早不宜迟"也强调了水量供应的季节性特征。

  大麦与小麦不同，小麦一般只能种到冬至前，大麦可以种到过年腊月，两者的生长发育期长短不同。有的山区气候温润，种麦选择十月半，俗称"下元节"。正值农村收获季节，新谷糯米丰收时，选择种麦。种麦需要水量与养分，年前翻土，给麦地施肥，麦子能挺过寒冬。《齐民要术·大小麦》说："秋锄以棘柴耧之，以壅麦根。故谚曰：'子欲富，黄金覆。''黄金覆'者，谓秋锄麦、曳柴壅麦根也。至春冻解，棘柴曳之，突绝其干叶。须麦生，复锄之。到榆荚时，注雨止，候土白背复锄。如此则收必倍。"[1] 主张麦壅土，锄地，覆棘柴草等，帮助麦子度过寒冬。谚语"年前麦壅土，寒冬麦不苦"，揭示了种麦时壅土锄地覆草的重要性。浙南民间种麦还有"压麦"习俗。谚语"麦子屁股痒，越压越肯长"也是为了帮助麦子度过寒冬而覆盖的荆棘枯叶，让麦耐旱、多实。等到春冻溶解，就移除枯叶棘柴。谚语形象生动的比喻，刻画了种麦人的辛勤劳作场面。

---

[1] （北魏）贾思勰：《齐民要术校释》，缪启愉等校释，明文书局1986年版，第94页。

种麦还得注意稠密有度、义锄浓稠的麦苗、留足适当的空间，有利于麦子生长、防止过稠变黄。《齐民要术·大小麦》就说："麦生黄色，伤于太稠。稠者锄而稀之。"① 正如谚语"若要麦，密密拍"所云。疏密相间、空间适度，才能安全生长。谚语"冬雨麦命，春雨麦病"，"麦收三月雨，不收二月雪"，指出了麦子对雨水的需求特性。"冬雨""春雨""二月雪"对麦子的伤害极大，不利于麦子的生长发育。这对靠天吃饭的农民来说，要注意做好防冻防雨措施。谚语"麦怕四月旱"，"麦怕胎里瘦"指出了麦子的时令特征。三月小雨有利于麦子的发育、四月清明前的雨水影响麦子生长、四月干旱又损害收成，尤其是小满时节麦子在发育时籽实不饱满，出现干瘪瘦小现象。

此外浙南地区主张麦豆共生。谚语"麦不离豆，豆不离麦"提出了麦豆轮作、粮肥轮作复种措施，这有利于生物养地。这种麦豆复种使"土地复种指数虽然很高，但土地越种越肥，产量越种越高，没有出现过普遍的地力衰竭现象"。②《农书·小豆》记述："种豆，于夏至后十日为上时，亩用子八升；初伏断手为中时，亩用子一斗；中伏断手为下时，亩用子一斗二升；中伏以后则晚矣。"③ 它提出了种豆的最佳时间。所以谚语"入伏不种豆，种豆也无收"就是警醒农民不在入伏时节种豆，否则徒劳无功。

（四）种番薯

《乾隆温州府志·物产》卷十五记述甘薯"原从闽至，今得其种法，五邑俱有，玉环更饶，凶年可以为粮。产瑞邑大山者尤嘉美"④。甘薯也就是番薯，又名红薯。番薯适应性较强，与其他经济作物兼收并种。明代徐光启的《农政全书·树艺》卷二十七说它"用地少而利多，易于灌溉"⑤，属于浙南的温州地区山多地少，番薯就成了温州地区普遍种植的经济作物与粮食作物。浙南方言谚语对番薯的种植，总结了宝贵的生产经验。比如：

---

① （北魏）贾思勰：《齐民要术校释》，缪启愉等校释，明文书局1986年版，第94页。
② 姚兆余：《中国农耕文化的优良传统及其现代价值》，《甘肃社会科学》2008年第6期。
③ （元）王祯：《农书译注》，缪启愉、缪桂龙译注，齐鲁书社2009年版，第182页。
④ （清）齐召南等纂、（清）李琬等修：《温州府志》（第五册），清刊本，第2页。
⑤ （明）徐光启：《农政全书》，陈焕良、罗文华校注，岳麓书社2002年版，第426页。

(1) 五月压薯重十斤,六月压薯一把筋。
(2) 芒种压薯正十斤,夏至压薯只两斤,小暑压薯一条根。
(3) 番薯压到六月六,生起象萝卜。
(4) 霜降番薯土内顶。
(5) 冬至开霜,薯丝归仓。
(6) 做瓦靠坯,种番薯靠灰。
(7) 一蓬番薯一蓬灰,条条番薯象沙锶。

谚语提出了种植番薯重要的"压薯"法,而且不同的月份与节令,压薯时机不同,收效不同。番薯有春薯、夏薯、秋薯和冬薯。一年四季皆可种植。"压薯"指在番薯根茎上覆盖灰肥、翻土,供给生长发育营养。番薯喜温怕冷,不同的节气,压薯的分量轻重不同。芒种和六月压薯的分量最重,正重十斤。等到六月六红薯成熟了,就会像萝卜一样壮实甘甜。因为怕冷,番薯在霜降时节,就会往土里顶着生长。等到冬至霜散,就可以挖番薯,放进仓库贮藏,以备冬用。番薯的肥料最好是稻草灰料。谚语"一蓬番薯一蓬灰,条条番薯象沙锶"就提出了施用灰肥的方法与技巧。按照这种技术,经营出来的番薯爽脆甘甜。

(五) 种棉花、芝麻与麻及玉米

浙南地区的经济作物从宋元以来,品种不断增多,如棉花、芝麻、玉米及大麻等。《万历温州府志·民事》载:"惟山乡陆地种麦、豆、桑、麻、木棉花","女红不事剪绣,勤于纺绩,虽六七十岁老妪亦然。旧传有夜浣纱而旦成布者,谓之'鸡鸣布'"。[1] 又嘉靖《瑞安县志·民事》记述"陆地为畦,以种豆麦、桑柘、木棉、苎麻等物"[2]。浙南地区的温州在明代后期随着棉花连作制、翻田制的推广,棉花在江南地区普遍栽种。反映浙南棉花种植生产经验的温州谚语,强调把握农时适时耕作,彰显了智慧。比如:

(1) 谷雨前,好种棉。
(2) 谷雨种棉花,要多三根杈。

---

[1] 蔡克骄、刘同彪:《明代温州民俗文化》,知识产权出版社2010年版,第207页。
[2] 同上书,第212页。

(3) 清明早，小满迟，谷雨种花正当时。
(4) 夏至棉花根茎黄，好比毒蛇咬。
(5) 要想棉花多，抓头摸耳朵。
(6) 干铲棉花湿铲麻，雾露小雨铲芝麻。
(7) 伏天棉花锄八遍，绒细好纺多出线。

　　谚语强调种棉的最佳时节是"谷雨前"。它是四月中旬，春季的最后一个季节。俗话"雨生百谷"。它是播种移苗、种棉花的最佳时节。谚语精准地提出了种棉花的节令。谷雨前清明显得早了，立夏后的小满又迟了，只有谷雨最当时。谷雨节气意味寒潮消退、气温回升，非常有利于棉花的生长发育。如果错过当令农时、延误谷雨，到立夏种植棉花，就会"根茎黄"。它就像毒蛇啃咬，影响生长。谚语"要想棉花多，抓头摸耳朵"提出了棉花的种植技巧。"抓头"指打顶，"摸耳朵"指抹去棉花的赘芽。通过木条击打棉花顶，修剪多余的棉芽，能提高棉花产量。而且棉花的田地要勤于耕锄，伏天一般锄八遍，用干铲不用湿铲，这样长出来的棉绒细密、出线多。大麻与芝麻的田地需要浇水后或下雨天去铲翻地垄，这有利于它们的发育成长。

　　与棉花耕作农时不同，芝麻对田地的要求是未播种的生地，不喜爱熟地。如果用耕作其他作物的土地去种植芝麻就会一病到根，不容成活。芝麻对土壤质量的要求也比较高。瘦地种芝麻，只有当头开花，而不会"节节开花节节高"。若是干结燥热的土壤种芝麻，就会颗粒无收、徒费劳作。比如谚语：

(1) 芝麻爱生不爱熟。
(2) 芝麻种熟地，毛病生到底。
(3) 瘦地种芝麻，当头开朵花；结土种芝麻，颗粒不归家。
(4) 头伏芝麻二伏豆，三伏天里种绿豆。
(5) 芝麻开花节节高，蚕豆开花黑乌心。

　　谚语揭示了芝麻种植土壤的要求，也告诉人们合理利用土地的轮作制。如"头伏芝麻二伏豆，三伏天里种绿豆"，种完芝麻后，可以在同一块土地上种植大豆与绿豆。

温州谚语也提出了大麻与络麻及玉米的种植时间，如：

(1) 立夏种麻，七股八两。
(2) 六月种络麻，长似草鞋耙。
(3) 种麻冇巧，只要壅饱。
(4) 清明种玉米，处暑好出齐。
(5) 若要草子好，经常三分燥。

大麻一般是立夏时节播种，产量较高。络麻（又名黄麻）一般是四月下旬播种，十月上旬收获。如六月种，就像草鞋耙的农具，短小丑陋、出麻不多。种麻，主要在"壅饱"，就是施肥、耕锄、翻土。玉米一般在清明时种，处暑就有收获。谚语"若要草子好，经常三分燥"，指草子的栽培需要经常保持三分干燥的环境，给湿润的土壤提供空气。草子在温州指绿肥植物，是比较好的施肥材料。

五 田间管理

浙南地区的农业生产非常注重田间管理，它是作物能否顺利发育、生产及收成的重要保障。谚语"田靠管理，家靠料理""早管早发，早熟早收""田里多管，仓里谷满""只种不管，打破金碗"等，都强调了田间管理措施的必不可少。《弘治温州府志·民事》记述了："春分时节平田浸种，下秧通田。春夏之交早秧，曰插田。又分晚秧插于空行之中，曰补晚。越二十日耘苗，至再耘、三耘而止，旱时用手车引水灌田。秋获毕，以竹荡取河泥壅之，开早稻根，漉晚苗，冬初收获毕，随即犁田晒过，间有抵瘠田亩，则单插一季稻苗，其种麦者甚少。旧志谓'地不宜麦而粳稻足'是也。"[①] 这体现了当时作物管理的技术，比如"平田""通田""插田""耘苗""引水灌田""取河泥壅田"等。调查温州方言谚语，浙南地区的田间作物管理，还体现在施肥、保土、选种、深耕细作、水利灌溉、防虫病害、耕作间距、把握抢收时间等方面。

---

① 王瓒、蔡芳编：《弘治温州府志》，胡珠生校注，上海社会科学院出版社2006年版，第14页。

（一）施肥

游修龄在《中国稻作史》中指出："施肥和肥料是后起的词，古代相当于施肥概念的词是单音词'粪'。"① "肥"，据《说文解字·肉部》"肥，多肉也"。这是肥的本义，引申为田地肥沃。《孟子·告子上》说："地有肥硗，雨露之养，人事之不齐也。"② 游修龄认为"粪是指实物，肥则指抽象的土壤肥沃"。浙南温州地区，把施肥行为称为"壅"，如谚语"千处壅田，不如一处壅秧"，"夏至前壅稻，夏至后壅草"，"油菜壅花麦壅芽"等。对于"壅"的历史，可以追溯到《吕氏春秋·季夏纪》，文献记载"是月也，土润暑，大雨时行，烧薙行水，利以杀草，如以热汤，可以粪田畴，可以美土疆"。③《礼记·月令》曰："可以粪田畴，可以美土疆"，《正义》曰："粪，壅苗之根也。"④ 浙南地区的农业生产在口语习惯上把施肥称作"壅"。浙南方言谚语关于施肥的谚语有：

(1) 人靠吃食，田靠壅力。
(2) 种田靠肥，养命靠粮。
(3) 人要饭养，稻要肥长。
(4) 人缺食，面皮黄；地缺肥，少打粮。
(5) 猪靠饲料，田靠肥料。
(6) 猪壮三层肉，田肥三层谷。
(7) 油足灯才亮，肥足稻谷壮。
(8) 人勤地步懒，肥多就高产。
(9) 春积一担肥，秋多一担米。
(10) 夏天肥满塘，秋季谷满仓。
(11) 肥料足，多收谷，一熟顶两熟。
(12) 要田肥，猪栏垃圾泥；要稻好，上山割草脑。
(13) 扫帚响，肥堆长。
(14) 肥田不如肥秧。

---

① 游修龄：《中国稻作史》，中国农业出版社 1995 年版，第 173 页。
② （宋）朱熹撰：《孟子集注》，《四书章句集注》，商务印书馆 1948 年版，第 154 页。
③ （战国）吕不韦编撰、王利器注疏：《吕氏春秋注疏》，巴蜀书社 2001 年版，第 587 页。
④ （汉）郑玄注、（唐）孔颖达疏：《礼记正义》，北京大学出版社 1999 年版，第 514 页。

以上谚语都强调了壅肥、肥料的重要。不同季节的施肥多寡,直接影响到作物的收成。谚语通过正反对比,提倡种田需要肥田。对于如何壅田,浙南百姓根据生产经验,主张壅田的肥料有泥壅、草壅、粪壅及灰壅等。比如谚语"热土加生泥,像人吃高丽","生泥"即是泥壅。

谚语强调泥壅肥土的效果,作用显著,非常有利于作物的生产。游修龄认为泥壅是稻田的重要肥基。它主要是从河道、池塘中挖掘沉淀的腐殖物添加到田地里,能增加土地的有机质、克服水土流失、保存土质养分。

又如谚语:

(1) 田养萍,萍养田,壅稻有力,除草省力。
(2) 连种三年草,薄田长好稻。
(3) 担破肩膀皮,抵不上种绿肥。
(4) 会种草子,多收一熟麦。

谚语提出了草壅养田的方法。通过种草子,如草头(又名金花菜)或紫云英以及萍(莲藕)等绿肥,能增拓肥源。江南地区由于连种制的推广,前期草肥收割后,就地掩埋腐烂,就成为很好的肥料,这为后期水稻的生长提供了有利条件。《农书·粪壤篇》说"江南三月草长,则刈以踏稻田。岁岁如此,地力常盛"[①]。就指出了草壅的积极效果。

又如谚语:

(1) 杨柳青,粪如金。
(2) 金篮银篮,不如粪篮。
(3) 今年比粪堆,明年比谷堆。
(4) 种田有巧,粪水管饱。
(5) 鱼靠水活,粮靠粪长。
(6) 好酒好肉待女婿,好粪好料上秧田。

谚语提出了粪肥养田的重要。《农书·粪壤篇》认为"田有良薄,土

---

① (元) 王祯:《农书译注》,缪启愉、缪桂龙译注,齐鲁书社2009年版,第72页。

有肥跷，耕农之事，粪壤为急。粪壤者，所以变薄田为良田，化跷土为肥土也"①。粪肥是农家最常用的肥源，也是种田壅稻的主要方法。谚语比喻形象，突出了粪肥的价值地位。

又如谚语：

(1) 冇配勿请客，冇灰勿种麦。
(2) 种麦冇灰，到头吃亏。
(3) 无灰勿种麦，种起也白白。
(4) 冬天灰满缸，秋天谷满仓。

谚语提出了浙南地区使用的灰肥。壅灰对于南方小麦的发育与成长至关重要。民间认为没有灰肥就难成小麦。种了小麦，没有灰肥到头也是"白白"。"白白"，温州方言指没有用。灰肥在元代称为"草粪"。比如《农书·粪壤篇》说："积土同草木堆叠，烧之；土熟冷定，用碌碡碾细用之。江南水多地冷，故用火粪。种麦、种蔬尤佳。"② 所以浙南地区种植小麦离不开稻草或草木制作的灰肥。

对于浙南农事活动使用的肥料，民间认为"头等肥，泥壅泥；二等肥，草壅泥；三等肥，料壅泥"。这句谚语表明了日常稻田或作物生产时使用的肥料偏好。但不同作物使用壅肥的分量是不同的。比如谚语：

(1) 上粪一大片，不如一条线。
(2) 千处壅田，不如一处壅秧。
(3) 一分秧田一担料。
(4) 一担河泥四两谷，两担河泥吃餐粥。
(5) 种苗点料子，麦苗肥到死。
(6) 秧苗起身，还要点心。

谚语提供了壅肥的分量参考。施粪不需一大片，最好壅在地垄线上。稻田需要大面积壅肥，秧苗只需根基处施壅。对于秧苗施肥的多寡需因时

---

① （元）王祯：《农书译注》，缪启愉、缪桂龙译注，齐鲁书社2009年版，第71页。
② 同上书，第72页。

制宜。比如泥壅过多就会喝"餐粥",不能饱食。谚语"秧苗起身,还要点心"指移栽秧苗四五天前要施"起身肥"。但秧苗施用了起身肥,再壅苗肥就会适得其反,肥死秧苗。

谚语在不同作物的壅肥上也讲究时宜、物宜与地宜。比如谚语:

(1) 夏至前壅稻,夏至后壅草。
(2) 处暑壅田白露歇。
(3) 千车万车,不如处暑一车。
(4) 处暑牛栏白露壅。
(5) 稻壅月里,麦壅年里。
(6) 年里施肥施根线,抵过年外施三遍。

谚语强调根据不同的时令节气特点对不同的农作物来壅肥。比如"夏至"前壅稻,"夏至"后壅草,是根据稻谷的生育周期而定,不是主观妄行。壅肥要注意时机,时机不对也是徒劳。游修龄引用《知本提要》,认为"时宜者,寒热不同,各应物候。春宜人粪,牲畜粪;夏宜草粪、泥粪、苗粪;秋宜骨蛤、毛皮粪之类是也"[①]。壅肥必须根据物宜与地宜,施与作物的不同部位,冷粪与热粪也要视具体作物而定。如《农书·粪壤篇》所说"土壤气脉,其类不宜,肥沃墝确,美恶不同,治之阁有宜也"[②]。比如谚语:

(1) 油菜壅花麦壅芽。
(2) 冷粪果木热粪菜,生粪上地连根坏。

谚语就是根据物宜与地宜来安排农事生产。油菜最佳壅肥时机是开花时节。果木壅肥一般用冷粪,蔬菜用热粪。如果冷热颠倒就会坏根,浪费人力与物力。生粪是指未经盦制的粪料。农事生产一般忌讳用生粪。熟粪应用广泛,但也要讲究冷热,根据时宜、地宜与物宜壅肥。

---

① 游修龄:《中国稻作史》,中国农业出版社 1995 年版,第 176 页。
② 王祯:《农书译注》,缪启愉、缪桂龙译注,齐鲁书社 2009 年版,第 72 页。

(二) 保土

农业生产离不开土壤，对土地的保护是壅肥的前提。土质层的营养对农作物的吸收与发育起着重要的促进作用。浙南方言谚语在土地的养护方面，有自己的心得体会。比如：

(1) 粪是摇钱树，土是聚宝盆。
(2) 白米细面，土中提炼。
(3) 落土三分收。
(4) 寸土不可丢，种瓜种豆都有收。
(5) 上吃雨露，下吃泥土。
(6) 土层底子深，麦脚落得稳。
(7) 三年不翻粪成土，土翻三年也成粪。
(8) 家土伴野土，一亩抵十亩。

谚语强调了土地养护的重要。土地养护得当，就是聚宝盆，播种就能丰收。土与粪也可以相互依存与转化，常翻作常勤力，粪土融合更有利于播种与养育。农村习俗喜欢在熟地上掺杂新土，也就是别处的野土，农村经验认为可以提高亩产量。土地养护不好，水土就会流失严重，而无土就无生。所以谚语"寸土不可丢，种瓜种豆都有收"，主张寸土必保。尤其是江南地域农业生产采用的轮作制与复种制的推广，对土地质量的养护就提出了更高的要求。比如谚语"种年番薯种年稻，一年就有两年好"，"近家无瘦地，远田不富人"，"千金难买相连地"等，认为养地护地，不必舍近求远，连地耕种千金难买。

(三) 选种

种子是农作物的命根，种子质量的好坏关系到收成的多寡。俗语"种瓜得瓜，种豆得豆"。如果种子良莠不齐，就难免出现杂类。对待选种农事，应谨慎从之。《齐民要术·收种》认为"凡五谷种子，浥郁则不生，生者亦寻死。种杂者，禾则早晚不均，春复减而难熟，䒌卖以杂糅见疵，炊爨失生熟之节。所以特宜存意，不可徒然"[1]。这表明了选种时应特别小心谨慎。浙南方言谚语对待农业生产的选种事项再三强调慎重，

---

[1] (北魏) 贾思勰：《齐民要术校释》，缪启愉等校释，明文书局1986年版，第37页。

比如：

(1) 好女有好娘，好种多打粮。
(2) 母大儿肥，种好苗壮。
(3) 好种出好苗，好花出好桃。
(4) 种田选好种，等于土地多两垅。
(5) 好种出好稻，坏种出稗草。
(6) 宁可摸大脚嫂，不可种大脚稻。
(7) 调田不如换种。
(8) 好种种三年，不选就要变。
(9) 麦种调一调，好比上遍料。
(10) 种子换一换，多碗割稻饭。

（四）精耕细作

　　浙南地区的温州从事农业耕种讲究"精耕细作"。精耕细作的农业思想，形成于黄河中下游。当时人们"随着大规模的北人南迁，在带去了先进生产工具和作物良种的同时，也带去了精耕细作的传统农业思想"①。江南农业的发展广泛采取精耕细作的做法。多耕深耕也是农民长期从事农活经验的总结。比如《弘治温州府志·民事》记述了农民分秧插田后耕耘田亩的劳作方式，如"越二十日耘苗，至再耘、三耘而止"②，又《瑞安县志·民事》有"越二十日而耘，三耘而早禾成熟矣"③。这些都是身体力行地实践"精耕细作"。人们"通过精耕细作，合理利用农耕资源，保护环境和地力，实现今天意义上的'集约型经营'，以提高单位面积产量"④。温州方言谚语积极倡导精耕细作，比如：

(1) 种田不认爹和娘，深耕细作多打粮。

---

① 杨乙丹、何婧云：《浅谈魏晋南北朝时期南北农业文化的交流》，《农业考古》2008 年第 1 期。
② 王瓒、蔡芳编：《弘治温州府志》，胡珠生校注，上海社会科学院出版社 2006 年版，第 14 页。
③ 蔡克骄、刘同彪：《明代温州民俗文化》，知识产权出版社 2010 年版，第 212 页。
④ 吴点明：《周祖农耕文化思想探究》，《甘肃社会科学》2009 年第 6 期。

(2) 田不冬耕不收，马无夜草不肥。

(3) 耕田深一寸，耐旱五天。

(4) 深耕长谷，浅耕长壳。

(5) 一年一层皮，十年深一犁。

(6) 犁地要深，耕地要平。

(7) 光犁不耙，枉把力下。

(8) 犁得深，耙得坦，一碗泥巴一碗饭。

(9) 一道锄头顶道粪，三道锄头土变金。

(10) 千锄生银，万锄生金，一锄不动草生根。

(11) 年底铲麦抵条被，年外铲麦补补礼。

(12) 春锄泥，夏锄皮。

(13) 谷收犁头上，麦收锄头上。

(14) 山歌不唱忘记多，稻田不耘草成窠。

(15) 每蓬稻根摸一摸，一亩多打五斗谷。

(16) 摸田摸个透，割稻谷碰头。

(17) 早稻怕抑痒，愈摸愈生长。

(18) 稗草除得快，水稻长得好。

(19) 秋天划破皮，胜过冬天犁十犁。

谚语深耕细作也是精耕细作的具体化表现。通过深耕能够提高亩田产量，也能帮助作物耐旱。犁地要深、耙地要平坦、犁耙结合，才能多快好省。除了"犁""耙""耘"外，还需要"锄""铲""摸""除"等农活。人们通过多次往复、精耕细作，促进作物的生产发育、实现丰收。但精耕细作也要根据节令因时安排。《齐民要术·耕田》说"春耕寻手劳，秋耕待白背劳"[1]。春天多风，如不多耕，地必虚燥。秋天田湿，多耕令地坚硬。俗语"耕而不劳，不如作暴"，又说"秋耕欲深，春夏欲浅。初耕欲深，转地欲浅"。《齐民要术·耕田》举例"小麦"精耕细作时也要注意月份，如"凡麦田，常以五月耕，六月再耕，七月勿耕，谨摩平以待种时。五月耕，一当三。六月耕，一当再。若七月耕，五不当一"[2]。

---

[1] （北魏）贾思勰：《齐民要术校释》，缪启愉等校释，明文书局1986年版，第26页。

[2] 同上书，第27页。

就主张不同的月份耕种的次数就不同。因此精耕细作也应因时因物因地而行，不是循环往复、多耕多作就有收益。一般立春过后，春耕即将开始，一些地区还保留了试犁的习俗，民间春耕农谚也形象描绘了适度耕种的劳作场面。比如：

(1) 秋耕深，春耕浅。
(2) 春耕如翻饼，秋耕如掘井。
(3) 春耕深一寸，可顶一遍粪。
(4) 春耕不肯忙，秋后脸饿黄。
(5) 耕好耙好，光长庄稼不长草。
(6) 庄稼不认爹和娘，精耕细作多打粮。

从农作物的生长发育周期来看，精耕细作能改善稻谷、小麦、大麦、棉花、大麻、芝麻、苎麻以及玉米的农业生态环境，增加亩产量与农作物的自身生产能力。姚兆余提出"精耕细作是近人对中国传统农业精华的高度概括，主要是指种植制度、耕作技术和田间管理技术等构成的综合技术体系"①。浙南温州方言谚语的深耕细作也是精耕细作综合体系的具体实现，但要区分不同月份与时令，观察物候因时因地制宜。

（五）防虫病害

为了保障农业生产的顺利进行，切实提高作物的生长发育与亩产量，浙南温州农民从实践中摸索出了防虫病害的预防思想和有效措施。比如谚语：

(1) 治虫，三个窍：治早，治少，治了。
(2) 治虫如锄草，一定要趁早。
(3) 草怕断根，稻怕枯心。
(4) 虱子不捉身上痒，害虫不除稻遭殃。
(5) 人人一把火，螟虫无处躲。

---

① 姚兆余：《中国农耕文化的优良传统及其现代价值》，《甘肃社会科学》2008 年第 6 期。

（6）秋前生虫，损一茎，发一茎；秋后生虫，损一茎，吭一茎。

（7）要想来年害虫小，今年火烧田边草。

（8）草是百谷病，不除要送命。

（9）麦怕金，稻怕瘟。

（10）麦黄一阵，稻黄一夜。

谚语强调防病虫要"治早、治少、治了"三个窍门。浙南农业虫害从谚语中反映出来的主要有"虱子""螟虫"以及"金"病（指麦锈病）。游修龄指出螟虫爆发在稻区的严重性超过蝗虫。螟虫分布在浙江全境，危害很大。螟虫的发展情况是"自北向南"和"由轻而重"。民间防治螟虫方法主要用火攻，除此外游修龄还记述了浙江省的防治方法有：掘稻根、点诱蛾灯、收买卵块等。"虱子"应是稻飞虱一类的小虫，影响稻谷的发育。谚语"要想来年害虫小，今年火烧田边草"，指浙南地区农民"烧草防虫"措施。因为杂草容易滋生虫害，会侵扰作物生长。谚语"草是百谷病，不除要送命"就强调除草对谷物生长的重要。谚语"麦怕金，稻怕瘟"指麦子的麦锈病，主要是由虫害引起。稻谷的"瘟病"指"火烧瘟"，是稻瘟病、赤枯病一类病害。游修龄说"火烧瘟"是"自然界中的'磷光现象'，即动物尸体骨骼中的磷经过化学变化而成为磷化氢气体，在空气中自燃的现象。古人因无法解释稻叶穗枯焦的现象，又不见白天有火烧，遂误会成磷光（鬼火）所致"[①]。不同作物对病虫害的抵抗力也有区别，如"麦黄一阵，稻黄一夜"。对防治病虫害要因时趁早，如谚语"秋前生虫，损一茎，发一茎；秋后生虫，损一茎，吭一茎"，不同时间，损害轻重有异。

（六）水利灌溉

中国农业生产一直重视兴修水利与河道灌溉。如《诗经·小雅·白华》"滮池北流，浸彼稻田"[②]，就是最早的灌溉史料。《周礼·地官·司徒》说"稻人，掌稼下地"，又"以潴蓄水，以防止水，以沟荡水，以遂

[①] 游修龄：《中国稻作史》，中国农业出版社1995年版，第195页。

[②] （汉）毛亨传、（汉）郑玄笺、（唐）孔颖达疏：《毛诗正义》，北京大学出版社1999年版，第609页。

均水，以列舍水，以浍泻水，以涉扬其芟，作田"①。这记述了周秦时期发达的排水系统。游修龄指出水稻生产中心在唐宋转移到江南地区后，"稻田开辟，水利条件的保证也随之很快发展"②。农业生产离不开水利设施。元代王祯《农书·灌溉篇》③ 引用《傅子》，说："水田，制之由人，人力修则地利可尽。天时不如地利，地利不如人事。"他认为这是"水利灌溉之利也"。地处山多地少的浙南温州，在水利灌溉方面重视兴修水库与塘堰、蓄水开渠、疏通河道，用以保障农业用水。而且根据作物的不同性质，科学合理地控制水量的多寡。比如谚语：

(1) 人靠饭养，秧靠水养。
(2) 有收有收在于水，多收少收在于肥。
(3) 有水有粪，不用问人。
(4) 田是主人水是客，主人请客正本额。
(5) 让水治人，越治越穷；让人治水，越治越富。
(6) 人治水，水养人；不治水，水害人。
(7) 今年辛勤修水库，不怕来年秋老虎。
(8) 水库是个聚宝盆，吃不完来用不完。
(9) 修塘如修仓，蓄水如蓄粮。
(10) 夏至水满塘，秋季谷满仓。
(11) 种不好庄稼一季穷，修不好塘堰一辈穷。
(12) 天晴不开沟，落雨遍地流。
(13) 水路不通，种田之忧。
(14) 水稻水多是糖霜，小麦水多是砒霜。
(15) 人怕嗽，田怕漏。
(16) 水深秧钻头，水浅苗扎根。
(17) 秧尖寸长要放水，晴天雨风夜露芽。
(18) 返青一雨水，分蘖一寸水，抽穗寸半水，灌浆跑马水。
(19) 鼓鼓糊，三分大。

---

① （汉）郑玄注、（唐）贾公彦疏：《周礼注疏》，北京大学出版社1999年版，第412页。
② 游修龄：《中国稻作史》，中国农业出版社1995年版，第165页。
③ （元）王祯：《农书》，中华书局1991年版，第79页。

（20）夏至水满塘，秋收谷满仓。
（21）晚稻水涝洼，越打越开花。
（22）车水去通田，定是好丰年。
（23）麦怕老了雨，谷怕老了淋。
（24）晚稻勿车寒露水。

谚语强调水肥对禾苗稻谷生长的重要。人与水是互生共治关系。水利灌溉做得适宜，秋季就会谷仓丰满。反之，成为种田之忧，农民一辈穷困。谚语也主张因物灌溉水肥，比如水稻，水多谷粒香甜如霜。而小麦用水过多，水肥就成了毒害小麦的砒霜。为保护农作物的生态环境，必要时要控制水量的吸取。如谚语"麦怕老了雨，谷怕老了淋""晚稻勿车寒露水"。晚稻田地如果有水涝现象，谷穗就容易开花、糜烂，影响来年丰年。

（七）适度间距

浙南农业播种与作物种植讲究彼此间的距离分配，提倡疏密有间、稀密分种。这种合理分布作物的间距，能提高不同作物的生产量。浙南方言谚语也积累了这方面的经验，比如：

（1）密植适当，粮食满仓。
（2）稀田多草，密田多稻。
（3）只有密二百，唔有稀三担。
（4）细紧细密斗方田。
（5）稀留密，密留稀，不稀不密留大的。
（6）疏油密麦，豆密吨荚。
（7）麦种种得密，麦头多麦粒。

（八）抢收农时

农业生产每年都会遇到农忙时节，而农忙时节最忌讳贻误农时。而且不同作物的收获农时也有差异，这就更需要农业生产的经验与智慧。王祯的《农书·收获篇》记述了小麦收获的时令与注意事项，如"宿麦早熟，最宜早收"。又引用《韩氏直说》"五六月麦熟，带青收一半，合熟收一半；若候齐熟，恐被暴风急雨所摧，必致抛费。每日至晚，即便载麦上场堆积，用苫密覆，以防雨作"①。所以小麦要抢收，如果错过农时，就会"麦倒如奋糠"。对于稻谷的收获，应区分早稻与晚稻。谚语"早稻要抢，晚稻要养"。《齐民要术·水稻》云"霜降获之"②，当指的是晚稻。《农书·收获篇》还提出防止收获稻谷耗损的方法，如"江南地下多雨，上霖下潦，劙刈之际，则必须假之乔扦，多则置之笎架，待晴干曝之，可无耗损之失"③。浙南方言谚语体现了农民的经验与智慧，比如：

(1) 夏天五个忙：割、打、扇、晒、藏。
(2) 一年劳动在于秋，谷不到仓不算收。
(3) 早稻要抢，晚稻要养。
(4) 稻老要养，麦老要抢。
(5) 就早不就迟，抢收如抢宝。
(6) 九熟十收，十熟九收，过熟一半收。
(7) 不怕不丰收，只怕地上丢。
(8) 稻倒满仓谷，麦倒如奋糠。

第二节 林业文化

中国林业文化的发端源远流长。根据浙江所属的良渚文化遗址出土的植物种子、丝麻织物和竹木器皿考证，林业文化"遗存年代为公元前3300—公元前2600年"④。早在先秦时期，周代就开始了有关山林的掌管，形成早期的林业管理文化。比如《周礼·地官·司徒》记述了负责林业管理的山虞、林衡，"山虞，掌山林之政令，物之为厉而为之守禁。仲冬斩阳木，仲夏斩阴木。凡服耜，斩季材，以时入之。令万民时斩材，有期日。凡邦工入山林而抢材，不禁。春秋之斩木，不入禁。凡窃木者，有刑罚。若祭山林，则为主，而修除且跸。若大田猎，则莱山田之野，及弊田，植虞旗于中，致禽而珥焉。林衡，掌巡林麓之禁令而平其守，以时

---

① （元）王祯：《农书》，中华书局1991年版，第95页。
② （北魏）贾思勰：《齐民要术校释》，缪启愉等校释，明文书局1986年版，第100页。
③ （元）王祯：《农书》，中华书局1991年版，第96页。
④ 张钧成：《中国古代林业史·先秦篇》，五南图书出版有限公司1995年版，第33页。

计林麓而赏罚之,若斩木材,则受法于山虞,而掌其政令"。①《周礼》反映的是天子掌管天下而利百姓的政治理想,山虞与林衡职责在于保护山林,维持"家天子"的统治秩序。此时的林业开发还处于初级阶段。到了北宋太平兴国年间,由宋太宗钦定编纂的《太平广记》又发现了许多森林文化的史料。郭凤平等通过挖掘《太平广记》反映的中国古代森林文化,指出:"中国森林文化既是中国传统文化形成的基础,又是中国传统文化的重要组成部分,因而同样具有文化三要素,即森林哲学思想、森林生活方式和森林科技发明。"②

林业的发展与管理形成中国的林业文化或森林文化,它注重人与自然、天与地的和谐共处,讲究山、木及人的共生与融合关系。林文镇提到日本学者筒井迪夫在专著《森林文化》中对森林文化的定义是:"人与森林融合而塑造出来的文化"。③ 日本学者林野厅根据日本的《林业白书》提出森林文化是:"将'保全森林'与'善用森林'平衡并进的智慧、巧思,及其所形成的结晶——记述、制度,并以这些基础体现于生活方式中,总称为森林文化"。④ 林野厅阐释森林文化的本质为:"森林与人的'共生'关系,以及森林内在生态系的'自然循环'原理。而人群的共同'参与'更是森林文化扎根、落实所必需的。"根据森林文化的演进以及学者的研究,林业文化内涵丰富,涉及林业生态中天人合一思想、林业产业管理与经济效益以及林业科技思想。调查浙南林业谚语,其反映的林业文化主要有:林业的致富效益、林业的生态文明、林业的栽培及林业的管理等。

一 林业致富

林木的种植能创造经济利益,能发家致富。司马迁《史记·货殖列传》记述"安邑千树枣,燕、秦千树栗;蜀、汉、江陵千树橘……齐、

---

① (汉)郑玄注、(唐)贾公彦疏:《周礼注疏》,北京大学出版社1999年版,第415—417页。

② 郭凤平、赵忠、邓瑾、胡钢:《〈太平广记〉反映的中国古代森林文化》,《世界林业研究》2006年第3期。

③ 林文镇:《森林文化》,造林协会1997年版,第85页。

④ [日]林野厅:《平成六年林业白书》,日本林业协会发行1995年版,第62页。

鲁千亩桑麻", "此其人皆与千户侯等"①。元王祯《农书》认为："其言种植之利博矣。"② 尹伟伦、严耕在《中国林业与生态史研究》中指出："明清时期，随着全国总人口增多、人地压力加重和国土开发的深入进行，加强林业建设的重要性和迫切性日益突出，人工栽植林木以获利的思想也更为流行。"③ 林木的种植在改善浙南百姓的生活水平方面提供了巨大的帮助。比如谚语：

(1) 山不在高，有树是宝。
(2) 一代种树，几代享福。
(3) 栽树忙一日，利益得百年。
(4) 要想富，多栽树。
(5) 千山万松，吃穿不空。
(6) 栽桑栽桐，享福无穷。
(7) 家有千株桐，一世不愁穷。
(8) 千株棕，百桶蜂，只愁火烛不愁穷。
(9) 开店不如摆摊，种田不如种山。
(10) 种竹养鱼千贯利。
(11) 三年护林人养树，五年成林树养人。

谚语从正反面强调了种植林木的致富经验。种植的林木有"松""桑""桐""棕""竹"等品种。谚语"要想富，多栽树"，"一代种树，几代享福"，"栽树忙一日，利益得百年"等主张多种树。它是功在当代、利在千秋的百年大计。黄权生、黄勇认为："在自然经济时代林木是衣食与致富之源"。④ 温州山多地少，森林覆盖面积非常广阔，种植的林木品种在创造自身经济效益的同时，也营造了良好的生态环境、构建了良性生物链，如种植棕树能招蜂引蝶、酿造蜂蜜，种竹可以有竹笋，种松树可以

---

① （汉）司马迁：《史记》，中华书局1959年版，第3272页。
② 王祯：《农书译注》，缪启愉、缪桂龙译注，齐鲁书社2009年版，第106页。
③ 尹伟伦、严耕：《中国林业与生态史研究》，中国经济出版社2012年版，第7页。
④ 黄权生、黄勇：《三峡林业谚语中的人树关系及林木栽培探微》，《三峡大学学报》（人文社会科学版）2009年第3期。

有榛果。所以林业能创造很多林产品,具有很高的经济效益。据《永嘉县志》①记述,永嘉县是浙江省木材重要产区之一,也是浙南地区的林木重镇。林木种植的经济用途主要是木材采伐与加工类,比如"算盘、家具与农具"等;竹类采伐与加工类,比如"谷箩、畚箕、竹垫、竹席、竹床、竹椅等";柴炭类有"木柴、木炭"等;油料类,比如"桐籽、油茶籽、柏籽"等;干果类,比如"板栗、红柿"等;棕箬类,比如"棕片、箬叶"等。另外还有林化产品,比如"松脂、芳香油、烤胶、桐茶碱、木焦油、樟脑油、蜡石、刨花板"等。林木的副产品能创造巨大的经济效益,所以谚语"三年护林人养树,五年成林树养人",指出了林木的前期投入与后期得利的关系。林木的经济效益不仅解决了百姓的生活温饱问题,也能带领大家共同致富。

二 林业生态文明

中国文化讲究的天人合一思想,在林业文化中也有积极体现。森林文化不是林业单角色,而是环环相扣的循环多角色。发展林业文化,主要是处理好人与自然的关系,建立有序的物质与精神的生态文明。张鸿文提出:"生态文明是指人们在改造客观世界的同时,积极改善和优化人与自然的关系,建设有序的生态运行机制和良好的生态环境所取得的物质、精神、制度方面成果的总和。它反映的是人类处理自身活动与自然界关系的进步程度,是对人类长期以来主导人类社会的物质文明的反思,是对人与自然关系历史的总结和升华,是人与社会进步的重要标志,是人类历史发展的必然。"②浙南地区的林业种植经验与历史教训,都深刻地反映了生态文明建设的重要。比如谚语:

(1) 砍树是吃祖宗饭,栽树是造子孙福。
(2) 绿遍荒山头,千沟清水流。
(3) 治山治水不栽树,有水有土保不住。
(4) 要知五谷,先看五木。
(5) 若要田增产,山山撑绿伞。

---

① 永嘉县地方志编纂委员会:《永嘉县志》,方志出版社 2003 年版,第 543—551 页。
② 张鸿文:《论林业在建设生态文明中的作用》,《林业经济》2008 年第 6 期。

(6) 门前柴山，门后树山。
(7) 穷家莫穷山。
(8) 住山边，烧新鲜。
(9) 寸木斗水丈地湿。

谚语"砍树是吃祖宗饭，栽树是造子孙福"主张要休养生息，杜绝过度砍伐森林。如果人们不注意生态文明的保护与建设，只顾眼前利益，就会遗祸子孙后代。谚语"治山治水不栽树，有水有土保不住""绿遍荒山头，千沟清水流""寸木斗水丈地湿"等就提倡生态林业文明的建设，处理好人与森林的共生、共栖关系。林木的种植可以防止水土流失、涵养水土、减少森林次灾害的发生，比如旱涝灾害。多栽树、能够千山绿遍、千沟水清、溪流常在。这是绿色生态文明和谐的典范。林木与农业也是息息相关、互相影响。如谚语"要知五谷，先看五木""若要田增产，山山撑绿伞"等强调林业生态文明的保护对种田的积极作用。因为树多了，根系就能紧抓土壤与水分。森林灾害发生时就能避免水石冲毁农田与农舍、牢固水土，有利于农业生产的顺利进行。谚语"门前柴山，门后树山"，"住山边，烧新鲜"指出了林业给生活带来的便利。林木的种植可以为日常生活提供柴火，减去劳碌奔波于市场的烦琐。俗话"早晨开门七件事，柴米油盐酱醋茶"，"柴"是第一位的。良好的林业生态文明建设，可以为百姓提供的日常所需，而无需乱砍滥伐。所以谚语"穷家莫穷山"就提出了植树造林的重要。人们只有重视并处理好人与森林的相互依存的共生关系，才能青山绿水、万古长流。

三 林业栽培

林木种植品种不同，其种植的习性与节令以及生长周期就会不同。这就需要因地因时因种灵活栽培。林业的栽培鲜明地体现了人与自然的共生共存关系。如《周易·坤》"天地变化，草木蕃"[1]。古人很早就注意到了天人与林业的关系。浙南地区的温州林业种植也本着林木与人的共生共栖关系总结了林业栽培与养护的经验。

---

[1] （魏）王弼注、（唐）孔颖达疏：《周易正义》，北京大学出版社1999年版，第32页。

（一）栽培节令

遵循林业生态文明的和谐天人关系，就需要注意林木栽培的时令或季节特征，因时种植，才能事半功倍。比如谚语：

(1) 若要树栽活，莫让春晓得。
(2) 正月种松，二月种杉。
(3) 正月竹，二月木。
(4) 栽树不过清明节。
(5) 正月头好插柳，正月初好栽树，正月中好栽松。
(6) 惊蛰种树树成荫，芒种种树自费心。
(7) 但望来年竹，不图今年笋。
(8) 种竹怕春知，插杉怕雨来。
(9) 栽竹无时，雨过就移。

谚语根据不同林木的季节特点而种植。比如正月种竹子与松树，二月种杉木，清明节之前种树不宜延后等。对于正月，百姓也细化到月头、月初与月中，这凝聚着种树的宝贵经验。谚语"惊蛰种树树成荫，芒种种树自费心"就强调了种树要注意农时。谚语"但望来年竹，不图今年笋"主张给竹子一定的生长时间，不能还未成竹就挖笋食用，等到竹子茂盛，日后竹笋享用不尽。谚语"种竹怕春知，插杉怕雨来""栽竹无时，雨过就移"指出了栽种竹子的最佳时间是在雨后，而杉木喜欢晴天，所以"怕雨来"。从以上谚语来看，栽培林木一般都集中在正月与二月，一般不过清明节，更是"莫让春晓得"。这种林木栽培的经验是非常丰富的，有一定的科学道理。

（二）栽培习性

浙南地区的林木品种多样，如杉木、松树、榕树、柳树、楹木、柏树、油茶树、黄杨木、桉树、桐油树、乌桕、竹子等，它们的生长习性不同，就需要根据各自林木的特性来种植与培育。温州林业谚语就彰显着百姓的智慧。正如谚语"造林要知树脾气，不然白白花力气"，就警醒林木人员要掌握树木的特性，因地因木种植。比如谚语：

(1) 真杉木，不会烂。

(2) 松树板，只怕雨打日头晒。
(3) 榕树不上山，杉树不落垟。
(4) 松树干死不下滩，柳树淹死不上山。
(5) 要使松树长，隔山听锄响。
(6) 大风载松，有力无功。
(7) 松栽毛，楹栽大。
(8) 松树毛长一寸，会吃又会困。
(9) 未至惊蛰先响雷，栽插松柏勿用捶。
(10) 种树无他巧，只要用力敲。
(11) 柏子树不用壅，桐子树不用种。
(12) 当阳油茶背阴木。

　　谚语根据不同林木的习性总结了多种养护的经验。比如松树害怕雨打日晒，但性喜干，就需做好防范措施。而柳树喜欢水多，不喜干。谚语"松树干死不下滩，柳树淹死不上山"形象地描绘出了松树与柳树对雨水的不同要求。不同林木的栽种位置也很讲究。比如榕树一般种在地势低洼的地方，杉木种在山上地势高的地方。油茶树喜阳，一般种在山包向阳的地方。杉木喜阴，一般种在山槽或山涧背阴的地方。谚语"当阳油茶背阴木"，"木"指松木，喜阴。谚语"真杉木，不会烂"，因为杉木喜阳喜光，怕盐碱地，喜酸性土壤，一般需要温暖湿润、肥沃与排水系统好的土质。如果不是这样的土壤栽培的杉木，就极易腐烂。真正的品质优良的杉木是不会腐烂的，谚语提供了鉴别真假杉木的标准。不同习性的林木，长势也不同，比如谚语"要使松树长，隔山听锄响""大风载松，有力无功""松栽毛，楹栽大"，"松树毛长一寸，会吃又会困"等就指出了松树、楹木的不同长势情形。松树长得较慢，在大风季节里也不宜栽种松树，松树需要勤锄草。对比松树，楹木一般长势较快。松树还是小树苗时，楹木已经成材。松树不仅长得慢，而且"会吃又会困"，这提醒林木工人要勤施肥、勤锄地，刺激松树早日成材。另外谚语"未至惊蛰先响雷，栽插松柏勿用捶""种树无他巧，只要用力敲"提出了种树的方法，但还需区别对待。在惊蛰之前先打雷时，可以不用捶击松柏。这是林木栽培的经验，是否可行还需实践检验。谚语"柏子树不用壅，桐子树不用种"指柏子树种植不需要过于施肥，桐子树可以采取插种方式，它们容易存活。

（三）生长周期

不同的林木品种生长周期变化不定，这给林木的栽培与养护提供了周期参考。林木的种植极其需要耐心与细心，切勿贪多求快。比如谚语：

(1) 千年不大黄杨木。
(2) 屋边桉树栽，三年背，五年抬。
(3) 桐子桐子，快大快死。
(4) 木过丈三，不压自弯。
(5) 若要快，当年栽竹就吃笋。
(6) 是竹是笋，五日作准。

谚语指出了林木周期各有不同。比如黄杨木，属灌木或小乔木，成年能有1—6米。现代植物学认为黄杨木花期有三个月，果期是五六月成熟，喜欢生长在山谷、溪边或山下。因为生长缓慢，又称"千年矮"。谚语"千年不大黄杨木"极言黄杨木生长周期漫长，需要耐心呵护。桉树是常绿植物，一般是高乔木，有药用价值，喜阳，适宜于阳光充足的山坡、路旁或平原，生长周期为三到四年，五年就能长成参天大树。那时需要人抬，人无法背得动。谚语"屋边桉树栽，三年背，五年抬"指出了桉树的生长周期。谚语"桐子桐子，快大快死"指桐油树长得越快死得越快。因为桐油树四到七个月就能开花，可以长到10米高，但生命周期短暂，一般能活三到五年，又名三年桐、五年桐。谚语"是竹是笋，五日作准"指出了竹子与竹笋的生长周期问题。竹子属高大乔木，一般的竹子茎秆每日可以生长0.3米，但开花期需要12—120年。现在植物学认为竹子一生只开花结籽一次。竹笋是竹子的芽发育而成，一般竹子下雨时种下，成活后五日或一周时间就可以判别是竹笋还是竹苗。谚语"若要快，当年栽竹就吃笋"从反面强调栽竹需要耐心，急躁冒进不能种好竹林。谚语"木过丈三，不压自弯"指杉木枝干粗大到三丈左右就会把自己压弯。植物学认为杉木属高大乔木，喜阳，胸径可以粗达2.5—3米，高达30米。等杉木胸径达到"丈三"时，也就是树木成熟的时候。

四　林业管理

　　林木的栽植一般需要育苗、选苗、移苗、浇水、培土、栽种、施肥、灌溉及锄草等过程。栽植林木后，重要的一环就是林业管理。谚语"造林不护林，到老是个零"，指林业护理是个艰辛而又漫长的工程。无论是从环境生态学意义上来讲，还是从实际经济效益及科技文化上来讲，都应成为我国林业发展的长期战略。比如浙南方言谚语：

　　（1）苗木当柴烧，领带系裤腰。
　　（2）不怕硬嘴鸟，只怕蛀心虫。
　　（3）十年树木，百年砌屋。
　　（4）栽树一刻，管树十年。
　　（5）造林不护林，到老是个零。
　　（6）植树容易管树难。

　　谚语"苗木当柴烧，领带系裤腰"强调行为的不适当。苗木需要保护，才能找准自己的定位，只有护理得当才能长成大树。谚语"不怕硬嘴鸟，只怕蛀心虫"强调了林业病虫防治工作的重要。"硬嘴鸟"，温州方言指啄木鸟，"蛀心虫"指蛀虫。据《永嘉县志》记载"永嘉有病害10种，虫害10目17科206种"。常见的虫害有"松毛虫、双条杉天牛、杉稍细卷叶蛾、杉木栖白蚁、柳杉毛虫、油桐尺蠖、油茶介壳虫、千年桐蚜虫、竹蝗、竹毒蛾、笋苍蝇"等。可见林业病虫灾害防治工作的严峻。谚语"植树容易管树难"[1]也强调了管理的艰难。谚语"十年树木，百年砌屋"一语源自《管子·权修》，书中记述了管子对国君治理国家的谏言，如"一年之计，莫如树谷；十年之计，莫如树木；终身之计，莫如树人。一树一获者，谷也。一树十获者，木也。一树百获者，人也"。由此演变成谚语"十年树木，百年树人"。而浙南温州谚语"十年树木，百年砌屋"[2]谴责了乱砍滥伐的行为。林木不易生长，一朝成百年参天壮

---

[1]　永嘉县地方志编纂委员会：《永嘉县志》，方志出版社2003年版，第538页。
[2]　（齐）管仲著、（唐）房玄龄注：《管子》（第一卷），台湾中华书局1973年版，第10页。

木，就被人砍伐用来做房子，实可惋惜。所以谚语"栽树一刻，管树十年""造林不护林，到老是个零"都强调了管理林业是不容忽视的百年大计。

第三节　畜牧文化

　　畜牧业是浙南地区经济发展的一个重要支柱，也是温州地区传统家庭副业。《永嘉县志·畜牧业》记载"在5000年前新石器时代已有原始养猪，秦汉时期有发展，温州地域西晋墓葬品中有陶制猪栏"[1]。据此可以推测浙南的畜牧业在新石器时代就已经出现。新石器晚期，我国畜牧业进入发达时期。以安岚笔名发表于《农业考古》的论文《中国古代畜牧业的主要成就》，指出"根据各地发掘的文化遗址中的兽禽骨骼和陶兽石兽来看，主要的禽畜有：家猪、狗、羊、牛、野马、鸡"[2]。畜牧业发展到夏商周时期，六畜已经作为食物来源。如晋代郭璞注《穆天子传》卷二记载"甲子，天子北征……因献食马三百、牛羊三千"[3]。又有"壬申，天子西征，至于赤乌。赤乌之人献酒千斛于天子。食马九百，牛羊三千"。明清畜牧业的发展承袭元代格局，畜牧业成为种植业的附庸。江南地区人多地少，山多土少，农民主要分散饲养少量的家畜与家禽，比如"五畜"，指牛、猪、羊、狗与鸡等，除此外还饲养兔子、鸭鹅等。明代徐光启的《农政全书》卷八记述："江南寸土无闲，一羊一牧，一豕一圈，喂牛马之家，鬻刍豆而饲焉。"又"江南园地最贵，民间苜葱薤于盆盎之中，植竹木于宅舍之侧，在郊桑麻，在水菱藕，而利数共争，谁能余隙地？""地有不尽之力，竟同于稿壤而莫取。"[4] 尽管如此，江南一带农牧民还是积累了许多宝贵的饲养经验。

　　从远古到现代，中国畜牧业的发展经历了萌芽、形成、发展、成熟乃至现代高科技的发展阶段。畜牧业是中国经济发展不可或缺的部门。如清

---

[1] 永嘉县地方志编纂委员会：《永嘉县志》，方志出版社2003年版，第498页。
[2] 陈文华：《论农业考古》，江西教育出版社1990年版，第260—263页。
[3] （晋）郭璞注：《穆天子传》，《四部丛刊初编·子部》，上海涵芬楼影印藏明天一阁刊本，第3—5页。
[4] （明）徐光启：《农政全书》，陈焕良、罗文华校注，岳麓书社2002年版，第113页。

人杨屾在《豳风广义·弁言》中指出:"致富之本,皆出于农。农非一端,耕、桑、树、畜,四者备而农道全也。若缺其一,终属不足。"① 畜牧业与农耕经济相辅相成,构成社会经济结构的重要基础。浙南山区的农民在新中国成立后,积极发展畜牧业,积累了一定的饲养经验,也提高了认识。调查浙南温州地区的畜牧业谚语,反映浙南畜牧文化体现在:畜牧效益、饲养方法及相畜技巧等。

一 畜牧效益

畜牧业的发展给农民的生活带来了切实的利益,增加了收入,帮助农民走上了致富奔小康的道路。浙南方言谚语表达了农民的真实想法。比如:

(1) 要知五谷,先看五畜。
(2) 家养百头牛,抵个万户侯。
(3) 春耕到,牛是宝。
(4) 有地无牛,日夜发愁。
(5) 种田不养猪,仓里不见谷。
(6) 养猪如储蓄,一头千斤谷。
(7) 有饭吃,插二禾;有钱用,养猪婆。
(8) 一只麻雀一个脑,一头毛猪统是宝。
(9) 养猪不赚钱,也肥几亩田。
(10) 猪是农家宝,栏肥壅田好。
(11) 养猪养羊,本短利长。
(12) 羊栏摇钱树,猪栏聚宝盆。
(13) 喂鸡穷,喂鸭富,喂鹅起大厝。

谚语把畜牧业与农业的发展紧密相连,畜牧业对农业的发展起了积极的推动作用。"要知五谷,先看五畜"表明"五谷"丰收与否与"五畜"相依相存。因为畜牧业养殖能为农作物的发育提供肥料与养分,正如谚语"猪是农家宝,栏肥壅田好"所说,猪粪是很好的种田肥料。尤其是春耕

---

① (清)杨屾:《豳风广义》,郑辟疆、郑宗元校勘,农业出版社1970年版,第2页。

农忙时节，耕牛更是重要的"劳动力"。所以"牛是宝"，更是致富能手。谚语"有地无牛，日夜发愁"更加形象地强调了牛在畜牧业中的重要地位。"家养百头牛，抵个万户侯"也是极言牛的价值，溢美之词夸赞牛能给人们带来丰厚的收益。浙南畜牧业养殖的家畜还有传统走向现代的猪产业。谚语"种田不养猪，仓里不见谷"，"养猪如储蓄，一头千斤谷"提倡种田养猪。猪的经济价值高于千斤谷，养猪能积蓄财富。谚语"冇饭吃，插二禾；冇钱用，养猪婆"也是主张养猪带来创收。谚语"一只麻雀一个脑，一头毛猪统是宝"表明养猪一本万利的行业。因为猪肉、猪毛、猪脏器以及猪粪等都能获利。谚语"养猪不赚钱，也肥几亩田"以让步假设方式指出养猪业对农业的促进作用。"养猪养羊，本短利长"指养猪业与养羊业周期短收益快。"羊栏摇钱树，猪栏聚宝盆"指出了养羊与养猪都是经济增收、聚集财富的畜牧业，提倡猪羊兼蓄。"喂鸡穷，喂鸭富，喂鹅起大厝"指家禽业中，养鸡获利少，喂食鸭鹅能致富。以上谚语以朴实的语言，总结了畜牧业养殖的经验，生动再现了浙南山地农民通过畜牧养殖走上致富路的生活场面。

二 饲养方法

调查浙南山区的畜牧业，谚语反映出来的主要家畜和家禽有牛、猪、羊、兔、鸡、鸭、鹅等。除此，浙南还有各种品种的畜牧饲养。据《永嘉县志·畜牧业》记述猪的品种有"永嘉乌猪"，它是"地方优良品种，属脂肪型，体毛、壳蹄均黑色，早熟易肥，耐粗饲，适应性强，繁殖率高，为民国时期至建国初期当家猪种"[①]。这种"乌猪"至今成为永嘉的特色物产，深受四方喜爱。养牛业有黄牛、水牛、奶牛。温州平阳还专门建立奶牛基地，是"一鸣牛奶"的主要奶源。养羊业主要饲养山羊，还引进珍稀品种"四奶头山羊"。养兔业也是由来已久，1949 年，存栏就有 5 万余只，后来引进长毛兔、安哥拉毛用兔和西德长毛兔。"由于长毛兔经济效益高，逐步取代本地肉用兔"[②]。家禽方面，除了传统的本地鸡、麻鸭、灰鹅外，还引进了外地禽类，鸡有灵昆鸡、芦花鸡、仙居鸡、火鸡、澳洲黑鸡等；鸭有北京鸭、樱桃谷鸭等；鹅有浙东白鹅、广东狮头鹅

[①] 永嘉县地方志编纂委员会：《永嘉县志》，方志出版社 2003 年版，第 499 页。
[②] 同上书，第 504 页。

等。不同种类的家畜和家禽，浙南农民在繁育与饲养方面取得了一定的成就。

比如养牛谚语：

（1）冬牛不瘦，春耕勿愁。
（2）牛有千斤力，不可一时逼。
（3）好马不停蹄，好牛不停犁。
（4）冬牛的食，夏天的力。
（5）三分喂，七分用。
（6）老牛怕过冬，怕受西北风。
（7）雷打冬，十个牛栏九个空。
（8）牛怕底肚水。
（9）呒好牛娘，上犁上耙泽肠。
（10）春风似尖刀，瘦牛站不牢。

谚语主张在冬季养牛要注重养护，多喂食多养膘，春耕就能发挥作用。谚语"冬牛不瘦，春耕勿愁""春风似尖刀，瘦牛站不牢"就强调冬天养牛需要准备充足的饲料。正如谚语所说"冬牛的食，夏天的力"，所以冬天要多食。谚语"老牛怕过冬，怕受西北风""雷打冬，十个牛栏九个空"，强调冬天饲养要密切注意牛的饮食与身体状况，尤其在冬天气候反常的时候，牛往往容易生病，"十个牛栏九个空"生动形象地说明了牛患疾病的普遍性。谚语"好马不停蹄，好牛不停犁"强调"好牛"是犁田耕地的好帮手，但用牛出力要适可而止，切勿蛮横逼迫。谚语"牛有千斤力，不可一时逼"就主张有节度地合理使唤牛。谚语"牛怕底肚水""呒好牛娘，上犁上耙泽肠"强调养牛要注意预防疾病，平时注意保持牛栏干燥卫生、饮食清洁。"底肚水"，温州话指拉肚。"泽肠"，温州话指"撒尿"。

比如养猪谚语：

（1）人舞劳碌，猪舞长肉。
（2）猪牯好，好一地；猪娘好，好一窝。
（3）养牛放山，养猪关栏。

（4）养猪有巧，栏干食饱。
（5）吃饱栏暖，一日长斤半。
（6）人吃大麦站不牢，猪吃大麦断条毛。
（7）孝敬槽头有肉吃。
（8）小猪要游，大猪要囚。
（9）养猪种田，养羊栽姜。

谚语根据猪的生活习性，强调选好猪种极其重要，如谚语"猪牯好，好一地；猪娘好，好一窝"强调母猪的体质影响着幼崽的发育。"人鼾劳碌，猪鼾长肉"指出了猪的习性特征：打鼾多长肉。谚语也指出了养猪要区分大猪与小猪，"小猪要游，大猪要囚"主张小猪要散养放养，大猪要关栏养，正如谚语"养牛放山，养猪关栏"所说，养猪需要关栏养。谚语"养猪有巧，栏干食饱"、"吃饱栏暖，一日长斤半"、"孝敬槽头有肉吃"等强调食料的充足。但养猪饲料切忌"大麦"，百姓认为猪吃大麦有损身体。如谚语"人吃大麦站不牢，猪吃大麦断条毛"提出了饲料要多元化，但忌讳喂食大麦。谚语"养猪种田，养羊栽姜"提倡家畜与农业的多样经营致富，也说明了浙南百姓普遍实行养猪与养羊的副业生活。

比如养羊谚语：

（1）羊吃碥口之草。
（2）羊水要加盐，一日两三钱。

谚语强调养羊饲料的注意事项。"羊吃碥口之草"，这里的"羊"指山羊。"碥口"，温州话应指"隘口"，险要的关口。因为山羊喜欢爬山崖寻食，尤其是凶险关口的灌木枝或牧草，觅食能力强，食性杂。"羊水要加盐，一日两三钱"主张养羊时在饮水里加盐，帮助肠胃消炎，促进生长。

比如禽畜谚语：

（1）兔随草长，毛随兔长。
（2）兔无夜草不长毛，吃露水草会病倒。
（3）养鹅勿用算，两月七斤半。

(4) 鸡鸭大得快，饲料常变换。
(5) 百日鸭，正好杀；三月蛋，可当饭。
(6) 天下第一苦，牧鸭跟摆渡。

谚语强调养兔要多喂食草料，如谚语"兔随草长，毛随兔长"，草吃多了，兔毛就长得快，能够创收。但草料注意不能喂食"露水草"，因为兔食露水草容易生病。对于家禽养殖来说，养鹅比较容易，平时散养，就能长肉。如谚语所说"养鹅勿用算，两月七斤半"。养鸭似乎是最为辛苦的。饲料需要常换常新。养殖三个月就可以食用，鸭蛋也可以当饭吃。但养鸭一般需要放养，因为鸭子喜欢戏水，人们通过水上赶鸭促其生长。所以谚语说"天下第一苦，牧鸭跟摆渡。"

三 相畜技巧

选择家畜与家禽，还需具备观察它们的基本技巧，这是农民生活的经验之谈。由于畜牧谚语具有地域性，浙南畜牧谚语反映了当地的养殖情况。比如：

(1) 树看年轮，牛看牙齿。
(2) 要看牛：公前，母后。
(3) 看牛不要早，只要常吃露水草。
(4) 吭好牛娘，上犁上耙泽肠。
(5) 春风似尖刀，瘦牛站不牢。
(6) 人鼾劳碌，猪鼾长肉。
(7) 猪牯好，好一地；猪娘好，好一窝。
(8) 捉小羊，看母羊。

谚语指出判别牛龄的方法主要是看牙齿。牛的公母之别，是公前母后。看牛吃露水草是否生病来判断牛种的好坏。牛种不好，犁地耕田就会撒尿无力。春天瘦牛不适合耕地，因为弱不禁风。同理，猪崽也要看猪娘、小羊看母羊。猪打呼噜是好事，会长肉。观察家畜养殖的技巧有助于更好地选种、配种，消除疑虑，增加创收。

第四节 渔业文化

中国渔业早在先秦时期就有初步发展。如《诗经》记载了各式各样的捕鱼工具，比如"罶、笱、梁、潜、罩、罛、罭"等，就是渔业不可缺少的工具，也反映了当时渔业文化的开端。《管子·禁藏》记述："渔人之入海，海深万仞，就彼逆流，乘危百里，宿夜不出者，利在水也。"[①]表明当时渔人开始出海捕鱼了。《永嘉县志·渔业》记载："东晋时期，永嘉先民已入海捕鱼。南北朝时，开始张网作业。唐僖宗时茗岙乡乾口村已盛行稻田养鱼"。[②] 海洋捕鱼已经成为温州沿海人民谋生的传统职业。到了南宋，《梦粱录·鲞铺》记载了杭州"城内外鲞铺不下一二百余家"[③]，"鱼鲞及海味琳琅满目，温、台、四明等郡的海洋渔业繁荣兴旺"[④]。《弘治温州府志》载："宋代，永嘉土贡石首鱼、水母线、虾米、鲻虫、蟛蜞、壳菜、鬼脚"。[⑤] 丰富的土贡产品，展现了当时渔业产品的发达。明清时期，因政治因素与东南沿海抗击倭寇的军事防御工程建设，清政府于顺治年间禁止渔民深海作业。"朱元璋死后，明成祖一度实行对外开放政策，以后明朝历代统治者又实行屡禁屡放政策，使得温州沿海地区的发展起落不定"[⑥]。直至康熙二十三年，《皇朝文献通考》卷三十三"市籴考二"记载："浙江沿海地方请照山东诸处见行三例，听百姓以装载五百石以下船只，往海上贸易捕鱼。预行禀明该地方官登记姓名……"[⑦] 康熙二十四年后，温州渔业又开始兴盛。温州洞头是主要的海港，渔民以不定期地季节性捕鱼，依鱼汛涉潮结伴而行，汛后回岸。在漫长的海上渔业生活中，浙南地区的温州渔民总结了丰富的渔业经验，也形

[①] （齐）管仲著、（唐）房玄龄注：《管子》（第十七卷），台湾中华书局1973年版，第9页。

[②] 永嘉县地方志编纂委员会：《永嘉县志》，方志出版社2003年版，第509页。

[③] （南宋）吴自牧：《梦粱录》，商务印书馆1939年版，第148页。

[④] 顾瑞：《渔史文集》，淑馨出版社1992年版，第11页。

[⑤] 永嘉县地方志编纂委员会：《永嘉县志》，方志出版社2003年版，第509页。

[⑥] 陈丽霞：《历史视野下的温州人地关系研究》，浙江大学出版社2011年版，第83页。

[⑦] （清）嵇璜等撰：《皇朝文献通考》（第六册），上海图书集成局遵武英殿聚珍版校印，1901年，第3页。

成了当地的渔业文化。渔业文化指"鱼类捕捞、养殖、渔获物加工等渔业生产方式，也包括渔民独特的生活、习俗、宗教信仰等内容"[①]。温州渔业文化突出地表现在根据鱼汛周期；节令的更替；潮汐、月亮以及气候的变化来安排海上作业，并根据市场行情对鱼类产品的估价来调整捕鱼的品种。

一 节令捕鱼

浙南地区的温州渔民，尤其是沿海洞头渔村，他们世代依山靠海，捕鱼为生，海洋是他们的衣食父母。在经年累月的海洋生活中，观察物象与节气变化，积累了丰富的节令捕鱼的知识。渔业谚语就传递着渔民对海洋的认知与海上作业的经验。比如：

(1) 三冬望一春。
(2) 三个早起抵一工，三个夏海抵一冬。
(3) 春过三十六，河鱼上田渎。
(4) 春雪发鰳鱼，冬雪鱼结群。
(5) 春天巴篓鱼免，冬天马鲛鳗。
(6) 惊蛰虾蛄芒种虾。
(7) 清明加三月节，墨鱼无处叠。
(8) 清明鲫，谷雨鲤。
(9) 三月三，鲤鱼跳过滩。
(10) 三月三，辣螺爬上山；三月四，辣螺捉个吃吃觑。
(11) 四月做北汤，渔网收起藏。
(12) 芒种皮，中秋蛏。
(13) 夏至大烂，黄鱼当饭。
(14) 夏至夏至烂，鱼货烂爻剩爿坛。
(15) 夏至发西北，鲜鱼墨恁黑。
(16) 六月河鱼儿见筋，十二月河鱼儿戴头巾。
(17) 白露天，带鱼满船尖。
(18) 九月九，涂头相分手。

[①] 李勇：《百年中国渔文化研究特点评述》，《甘肃社会科学》2009 年第 6 期。

(19) 十月蛏，糠条筋。
(20) 冬至过，年兜末，带鱼成柴爿。
(21) 十二月鲨鱼头戴金。
(22) 黄花鱼不过年。

谚语根据节令月份和海鲜品种的繁殖与生活习性总结捕鱼经验。谚语"三冬望一春"指鱼汛时期，注意冬天的修养以期来年春天的好收成。"三个早起抵一工，三个夏海抵一冬"强调夏天捕鱼要早起。以上谚语指出了春天捕鱼的品种有：河鱼、鲫鱼、巴篓鱼免（指小黄鱼，闽语）。夏天的鱼有：黄鱼、鲊鱼（指海蜇），不过夏至的黄鱼容易腐烂，因为多而贱卖，谚语"夏至大烂，黄鱼当饭"就指出了黄鱼在夏至市场行情不好。秋天主要是蛏子，冬天主要是马鲛鳗、带鱼与鲨鱼，还有一些特定的节气也提供了捕鱼经验，比如惊蛰捕捞虾蛄，芒种捕捞海虾与虾皮，清明捕捞墨鱼、鲫鱼、鲤鱼，谷雨捕捞鲤鱼，此时鲫鱼与鲤鱼最为肥美。三月三与四月一般为休渔或禁渔期，所以谚语"三月三，鲤鱼跳过滩"，"三月三，辣螺爬上山；三月四，辣螺捉个吃吃觑"，"四月做北汤，渔网收起藏"等，指三月三（三月节）是鲤鱼的交尾产卵期，不宜捕捞。四月要把渔网收起来，"做北汤"，温州话指不用出海。三月因为休渔期，渔民就捉滩涂上的辣螺海鲜来贩卖。六月也是休渔期，因为河里的鱼儿才刚刚发育，没有成年。谚语"六月河鱼儿见筋，十二月河鱼儿戴头巾"指出六月不在河里撒网，等到十二月鱼儿长成壮年才捕捞，"戴头巾"，温州话指鱼儿成年。浙南每年在三月和六月休渔，禁止捕捞，给幼鱼生长的时间。这也是古人休养生息的方法。如《淮南子·主术训》记述："是故生无乏用，死无转尸。故先王之法，畋不掩群，不取麛夭，不涸泽而渔，不焚林而猎。"[①] 为了资源的生养不息，必须留足鱼群的繁殖生育周期。谚语指出白露捕捞带鱼，九月九重阳节是捕捉蛏子的最佳时机，此时鲜肥滑嫩，到了十月蛏子就变成干瘦无味。谚语"十月蛏，糠条筋"，生动地指出了错过捕捉蛏子的月份，蛏子就变老不鲜美了。冬至时节正是带鱼捕捞的好时节，尤其到了年末，带鱼肥大鲜美。十二月份，是成年壮硕的鲨鱼捕捞期。以上谚语

---

① （汉）刘向撰、何宁集释：《淮南子集释》，中华书局1998年版，第688页。

都总结了不同海鲜品种的最佳捕捞期，主张因时因节捕捞，才能发挥最大的经济效益。谚语"黄花鱼不过年"就指出了黄花鱼这种温州名贵海鲜，也有自己的最大经济有效期。过年时节，黄花鱼市场行情就不如春天。冬天最贵的鱼种属带鱼和鲨鱼。

二 观察物象捕鱼

浙南地区的温州洞头由 103 座岛屿和 259 座礁石组成洞头列岛，海洋资源丰富，渔场面积有 4800 多平方公里，是浙江省的重要渔场。海产品与人工养殖产品以及滩涂的海鲜产品为浙南地区创造了巨大的经济总量。洞头独特的海港优势资源，让靠海吃海的渔民，形成了通过观察海潮的潮涨潮落、月夕的阴晴圆缺以及风向的变化来捕鱼的习性，呈现了经年累月的经验与教训。比如谚语：

（1）一时风开一时船，一潮水张一潮网。
（2）张网人盼南流，小商贩盼称头。
（3）新落洋带米，老落洋带被。
（4）张鱼怕打风，赶鸭怕干冬。
（5）混水泛起，趁早抛锚。
（6）月斜，鱼乱撒；月平，无鱼过节。
（7）光水蟢蟟暗水蟹。

"张鱼"指张网捕鱼。谚语指潮涨时能带来丰收，海水"南流"是有鱼群聚集的迹象，渔民往往根据潮涨张网。张网捕鱼忌讳海面刮风，海风一吹，张出去的网就易涣散，捕鱼不集中。谚语"张鱼怕打风，赶鸭怕干冬"通过形象的比喻，借用赶鸭怕冬天结冰没水，无法放养家禽的行为，强调海上作业需要观察风的有无及风向的变化来确定撒网时机与方位。"月斜，鱼乱撒；月平，无鱼过节"则主张根据月夕牵动海潮的变化来确定捕鱼的时机。"月斜"与"月平"都不适宜海上作业。月亮的阴晴圆缺会带动海水的潮涨潮落，只有月亮圆满的时候，海水涨潮，才是捕鱼的最佳时机。海水涨潮也形成了民俗崇拜现象。周志锋就提出浙东渔民"捕鱼跟潮汛有密切关系，大潮、涨潮往往是捕捞的好时机；涨潮又象征着丰收发财、兴旺发达，因而形成了对大潮尤其是涨潮的崇拜"[①]。与浙东类似，浙南温州洞头沿海一带新房上梁、搬新家、造船、入殓等一般选择涨潮时刻。谚语"混水泛起，趁早抛锚"指观察水质的变化，预示着暴风雨来临，为避免灾难，需要趁早抛锚上岸。谚语"光水蝤蠓暗水蟹"主张根据水质光暗的变化来捕捉蝤蠓与螃蟹。

三　市场行情

渔民的捕鱼也是需要根据市场行情来安排捕鱼的时机与品种，因为市场决定价格的波动，它直接影响渔民的经济收入。这也给海上捕捞品种与销售时机提供了讯息。谚语通过几种海鲜产品的市场情况反映了海洋生活的不确定性。比如：

(1) 头担虾饭黄鱼价。
(2) 小暑黄鳝不值钱。
(3) 虾蚼蟺升米对一篮。
(4) 工玳响吱吱，三个铜钿一畚箕。

谚语"头担虾饭黄鱼价"强调惊蛰与芒种时节捕捞的虾蛄及水虾开始的一周比较值钱，堪比黄鱼价。春天的黄鱼（又名石首鱼，有大黄鱼与小黄鱼）是比较昂贵的。谚语提倡捕虾要趁机趁早。"小暑黄鳝不值钱"指小暑农历7月6日或8日捕捉黄鳝不值钱，农历6月份的黄鳝最肥，价格最高。谚语"虾蚼蟺升米对一篮"中的"虾蚼蟺"，温州指虾蛄。惊蛰时节，每年的农历3月5日或6日或7日，最当令、价格较高，错过惊蛰，六七月的虾蛄价格暴跌，谚语以夸张的手法强调错过最佳捕捉时机，就得贱卖。谚语"工玳响吱吱，三个铜钿一畚箕"中的"工玳"指蛏子，温州温岭一带，把蛏子叫作蜻（缢蛏），贝壳类海鲜。九月九重阳节是蛏子的最佳采拾期，错过重阳，十月份的蛏子价格就非常低贱，如三个铜板能买一簸箕一样。因为十月份的蛏子不再肥美，市场滞销。

另外，还有一些渔业谚语也反映了浙南渔民生活的经验，比如："打

[①] 周志锋：《浙东方言与海洋文化探析》，《绍兴文理学院学报》2009 年第 2 期。

渔翁，十网打来九网空，一网上来做富翁"强调海上捕鱼生活的艰辛与不易，靠天吃饭，没有定准。贫富只在一夕之间。"海涂是大田，够你吃千年"提倡管理好海滩与滩涂。温州渔民一般在滩涂上人工养殖蛏子、泥螺、海螺、蚌壳等，在休渔与禁渔期，海涂上的养殖品也能创造经济效益。"船同水，两隔壁。吃点水，不算奇"总结海上作业常常遇到船进水的状况。认为只要水量不是太大，由于水的浮力，船基本没事，不必大惊小怪。"鸬鹚叼鱼不落肚"主张利用鸬鹚这种水禽帮助渔民捕鱼。"杨柳青，断鱼腥"指清明前后，也是杨柳泛青的时候，这时鱼儿一般躲进水草中产卵，渔民捕鱼量下降。"断鱼腥"极言捕鱼的数量锐减。

第五节　商业文化

以温州为代表的浙南商业的发展，明代无疑是一个重要分水岭。明代王士性在《广志绎》卷四"江南诸省"说宁、绍、温、台人"海滨之民，餐风宿水，百死一生，以有海利为生不甚穷，以不通商贩不甚富"①。又《乐清县志·财用》记述当时乐清经济状况，如"弃蚕亦尠丝多类，商贾罕至焉"②。文献表明，当时明代温州商业比较低迷。但从丝织品、漆器品、制盐业来看，温州商业又有一定的发展，如"天下码头，物所出所聚处，苏杭之币，淮阴之粮，维扬之盐……广陵之姬，温州之漆器"③等记述，表明当时温州漆器在国内拥有一定的市场占有量。明代温州盐业比较发达，如《万历温州府志·风俗》载"滨海之家多藉鱼盐之利"。《弘治温州府志·盐课》有永嘉场、双穗场、长林场、天富北监场与天富难监场等五大盐课，其中永嘉场"额办盐六千七百四十五引三百三十一斤一十五两二钱，该支工本钞一千三百四十九锭八百二十八文"④。办理的盐课相当多，也说明了当时的盐业发达，关系百姓的生计民生。明清以来，客帮以宁波人为主占领了温州的商业市场，广开药店、钱庄、银行、

---

① （明）王士性：《广志绎》，中华书局1981年版，第68页。
② （明）侯一元：《乐清县志》（卷三），石印本，国家图书馆藏1918年版，第17页。
③ 蔡克骄、刘同彪：《明代温州民俗文化》，知识产权出版社2010年版，第26页。
④ 王瓒、蔡芳编：《弘治温州府志》，胡珠生校注，上海社会科学院出版社2006年版，第129页。

船局以及温州的进出口贸易，外地商人在温州的势力如此庞大，几乎左右着温州地区商业的命脉。民国乃至如今，专门从事商业的人口和外来商帮的增加，促进了温州商业的活跃。

《弘治温州府志·形胜》记述温州的地理位置是"郡当瓯粤之穷，地负海山之险，环地千里，负海一隅"[①]。地形大多坎坷，交通不便，自古有之。温州多山少地。自20世纪六七十年代开始，直到80年代初，计划经济的僵化管理促使温州人自发顽强地寻找商机。正如费孝通先生所说："温州原来是个穷地方，人多地少，单靠农业连温饱都难以维持。当地农民就大批到外地去打零工，卖手艺，如木匠、裁缝、修鞋、弹棉花等。一时浙江人满天飞，远到边区的小镇上都有他们的足迹。"[②] 在改革开放的时代里，温州人形成了市场前列的先锋群体。温州商人更是遍布世界各地，形成"有市场的地方就有温州人，有温州人的地方就能开拓市场"[③]的温商现象。在温商现象背后，从方言谚语中也体现了浙南地区温州人的商业文化特质。

一　诚信不欺

温州商人在行商经营中，非常注重人品的诚信与忠厚。所谓"君子爱财，取之有道"。诚信不欺，讲究信誉是生意长久的准则。比如谚语：

(1) 心正称才平。
(2) 暴利不取，赔本不干。
(3) 金子招牌落地。
(4) 货真价实，童叟无欺金三益。
(5) 买货买真，亏本亏轻。
(6) 一分钱，一分货。
(7) 货对货，免罪过。

[①] 王瓒、蔡芳编：《弘治温州府志》，胡珠生校注，上海社会科学院出版社2006年版，第6页。

[②] 费孝通：《从实求知》，北京大学出版社1998年版，第202页。

[③] 吕福新等：《浙商的崛起与挑战——改革开放30年》，中国发展出版社2009年版，第254页。

(8) 刻薄难赚钱，忠厚不蚀本。
(9) 买卖不成仁义在。

谚语主张公平公正、诚实守信、仁义忠厚、赚钱有道的商业行为。这也体现了儒商的仁义品质。谚语"金子招牌落地"指信誉好。"货对货，免罪过"强调讲信用不欺瞒。诚信是中国的优良传统，也是结交人际关系最可贵的品质。正如《管子·枢言》说："先王贵诚信，诚信者，天下之结也。"① 又如佛经《渐备一切智德经》卷一说"以立诚信法，不为欲所污"②。诚信是坚持道义，忠义仁善，考验着每一个生意人的做人规范。先理人、后理财的远见给商家带来了更多的后续实惠。温州人秉承以义制利、诚信不欺的商业文化，让温州人在商圈赢得了口碑、占领了市场。

二 审度市场

温商在坚持人品的考量时，积极审度市场的需求。温州商人能行销海外，就是靠着不敢落后、敢为天下先的拼搏精神。他们善于开拓市场、审时度势，能最大限度地获取市场占有量与利率比。方言谚语体现了温商的市场敏锐性与精明的商业头脑，比如：

(1) 俏货不愁销。
(2) 卖头不卖尾，卖快好赚钱。
(3) 生处好赚钱，熟处好过年。
(4) 媒婆评，伢郎搭。
(5) 你勿会吹螺，就勿卖肉。
(6) 门上不挂牌，谁知你卖酒。
(7) 有心开酒店，不怕赊酒钱。
(8) 神仙难定柴米价。
(9) 发财快，做买卖。

---

① （齐）管仲著、（唐）房玄龄注：《管子》（第四卷），台湾中华书局1973年版，第12页。

② ［日］高楠顺次郎、渡边海旭等监修：《大正新修大藏经·华严部下》（第十册），新文丰出版公司1983年影印版，第464页。

(10) 乌乌店，胜过百亩田。
(11) 价倒如山倒。
(12) 南门外趁河厢，随口有价钱。
(13) 卖缸客，对半掰。
(14) 人觑坯，佛觑盔，买货觑癸堆。
(15) 黄金有价玉无价。
(16) 一个便宜九个爱。
(17) 呆人看暹秤。
(18) 货问三家，事问三老。
(19) 货问三家不吃亏。
(20) 小心无蚀本。
(21) 不怕不识货，只怕货比货。
(22) 百货中百客，蹩脚牛娘有卖牛客。
(23) 百鸟吃百虫，百货中百客。

谚语"俏货不愁销"主张着眼市场的需求度来进货卖货。这也体现了温州商人的一贯市场做法，什么货赚钱就卖什么货。

谚语"卖头不卖尾，卖快好赚钱"体现了温州商人薄利多销的市场战略。进货后尽快销罄，不留存货。尽快盈利是温州小商品经济或自由市场的销售经验。

谚语"生处好赚钱，熟处好过年"体现了温州商人的商机与开拓市场的勇气。温州商人喜欢闯荡世界各地，但每到过年，浓浓的乡土情怀驱使他们不远万里回家过年。勇敢闯荡是温商的精神品质之一。

谚语"媒婆评，伢郎搭"体现了温州商人在市场交易行为上的圆滑与狡诈。"评"，温州话指说谎。

谚语"你勿会吹螺，就勿卖肉"描绘了温州商人的市场宣传策略。

谚语"门上不挂牌，谁知你卖酒"体现了温州商人的品牌效应意识。

谚语"有心开酒店，不怕赊酒钱"是说温州人做生意敢于冒险。

谚语"神仙难定柴米价"指市场行情的波动会影响商品的价格，依据市场行情来做生意。

谚语"发财快，做买卖""乌乌店，胜过百亩田"，强调市场买卖能快速致富的理念。在这重商意识下，温州小商品经济异常活跃。尤其是改革开放后，形成的"温州模式"，使赚钱成为一种习惯。

谚语"价倒如山倒"警告市场价格的跌落会给囤积的货物带来毁灭性的打击。尤其温州民营企业，喜欢囤货聚财，一旦市场价格暴跌，商家就会一败涂地。所以找准市场定位相当重要。

谚语"南门外趁河厢，随口有价钱"，"河厢"指内河航船，南门外有很多商贩在船上交易，因为随处流动，漫天要价，没有标准。这也体现了温州小商小贩的急功近利心态。

谚语"卖缸客，对半掰"指温州商人对自己的货物自负盈亏，特别是对于易碎物品，更是赚赔各半。

谚语"人觑坯，佛觑盔，买货觑奂堆"强调找准市场定位与商机。每种事物都有自己的特点，正如买货看数量多寡来确定成本的投入多少。"奂堆"指数量。

谚语"黄金有价玉无价"强调根据市场行情与产品的特质来审度商品的价值。

谚语"一个便宜九个爱"刻画了生意场上人们的趋利心态。

谚语"呆人看暹秤"指出了做生意的死板、不灵活的市场交易行为。

谚语"货问三家，事问三老""货问三家不吃亏""小心无蚀本""不怕不识货，只怕货比货""百货中百客，蹩脚牛娘有卖牛客""百鸟吃百虫，百货中百客"等，强调市场交易应谨慎小心、多方比较。通过同一货物比较不同商家的价格与质量，来确定市场的占有量，只有这样才能"不吃亏""无蚀本"。谚语强调不同的商品也能满足不同的消费人群，每一种商品都有它存在的价值。

三　多谋精干

精明能干的温州商人，对市场的敏锐定位，赋予生意场上的多谋善断。对生意的花样、主意、门路、服务以及以利赚利的策略体现出"犹太人"似的高明，比如：

（1）生意生意，生出主意。
（2）人无笑脸勿开店。
（3）人歇我开，和气进财。

(4) 卖柴送柴仓，担水送水缸，卖米送米缸。
(5) 死店活人开。
(6) 一门生意两门做。
(7) 九等生意十等做。
(8) 钑柴觑纹路，生意觑门路。
(9) 畚斗侨来，钱秤秤去。

谚语"生意生意，生出主意"强调做生意有头脑、有主意，比如商品的进货、发货、销售等。

谚语"人无笑脸勿开店""人歇我开，和气进财"，提倡生意场上的微笑服务与和气生财。

谚语"卖柴送柴仓，担水送水缸，卖米送米缸"体现了温州商人售货服务到位，赢得民心与市场。"送"均指送货。

谚语"死店活人开"刻画出了温州商人灵活办事的特点。

谚语"一门生意两门做""九等生意十等做"等，刻画了温州商人的以智取利之道、多元经商头脑、善于捕捉商机及小本赚大利的谋略。

谚语"钑柴觑纹路，生意觑门路"主张商业场上善于把握诀窍，寻门路找关系，借势开拓市场。

谚语"畚斗侨来，钱秤秤去"指精明的温州商人在中草药生意中以利赚利的经营理念。"畚斗侨来"形容成批进货，以重量论称。售货却以钱论称，本小利大。

四 其他特质

调查浙南地区的温州商业谚语，由于商业市场的千变万化，需要从商者的智慧与谋虑，因而不同谚语的语义侧重不同，它彰显着不同的商业文化特质。比如：

谚语"一代打老虎，三代卖虎骨胶"指前代创业，后代获利的家族创业史。

谚语"有货不愁贫""只怕肩头唔有货，不怕脚下唔有路""有本涨得利，呒本空叹气"，强调做生意必须有本钱。

谚语"开店容易守店难"表明了创业与守业的相辅相成，强调守业比创业更加艰难。

谚语"做生意不怕蚀，只怕歇"主张做生意以勤俭取利、反对懒惰思想。

谚语"买卖好做，伙伴难搭"强调要处理好生意场上合作伙伴的关系。

谚语"冇生意，吃伙计"指出了生意场上地互相倾轧的丑态。

谚语"三分三好赚，七分七难赔"指小本生意好赚钱，大本生意难赔钱的经营理念。

谚语"船到滩头险，货到地头死"通过对比，指明了地方保护势力对外来商贩生意的倾轧。

谚语"水果不烂，一个铜钿赚一万"指生意场上要想本小利大，必须保证商品质量。

谚语"卖石灰见不得卖面的"描绘了生意场上行业间的互相竞争。

谚语"生意场中无父子，见财不发是屄头"刻画了温州商人唯利是图的商业行为，为赚钱有时六亲不认。

谚语"经一道手，脱一层皮"指出了市场交易环节成本与利润的差比原则。经过的环节越多，获利就越小。

谚语"杀头生意有人做，蚀本生意冇人做"极端地刻画了温州商人唯利是图的思想。又如谚语"只卖得行情，卖不得人情"强调生意场上的利益关系，不讲情面，只讲行情。

谚语"勤力丐儿懒行贩"主张做生意要勤快、勿懒惰。乞丐因为勤快所得的收入远远多于行商走贩，一些做大生意的行贩，因为偷懒，收入远不如乞丐。

地处浙南地区的温州是浙南典型形象的代表。它地处东南一隅，境内山多地少，俗话"八山一水一分地"。地理位置的偏僻，并没有阻碍浙南地区经济文化的发展。温州人以敢为天下先的果敢勇气，创造了农业、林业、畜牧业、渔业以及商业文化的发展与繁荣。浙南农业文化的发展在劝农务本的思想上，讲究人地共生的和谐关系，主张勤力运作的农事行为，以及顺应节令育苗、种稻、种麦、种番薯、种棉麻与玉米等。为了保证农业的顺利进行，百姓注重田间管理，比如施肥、保土、选种、精耕细作、防虫病害、水利灌溉、抢收农时等。在林业文化方面：百姓看到了林业致富的商机，强调林业生态文明建设，林业栽培注重顺应节令、掌握林木的习性与生长周期的特点，并且特别强调林业管理的重要。在畜牧业文化方面：强调畜牧业创造的经济效益。为达到经济利益的最大化，讲究畜牧业与禽业的饲养方法与相畜技巧。在渔业文化方面：谚语彰显着温州鱼米之乡的特质。谚语主张按照节令捕鱼、观察海水的潮涨潮落、月亮圆缺以及风暴、水质的变化捕鱼。谚语体现了海岛渔民丰富的生活经验与智慧，提醒人们根据市场行情捕捞不同种类的鱼种获利。在商业文化方面：坚持诚信不欺的第一品质、审度市场行情、精准定位、寻找商机、多谋善断。根据市场需求与客户需要做好买卖与供需关系，谚语体现了温州商人的精神风貌与商业特质。

第九章　浙南社交谚语文化研究

台州隶属浙江东南一隅，四面环山，东南靠海，地理位置比较闭塞，交通极其不便。如《台州府志·疆域略》第三十九卷记述："台州府在浙江省治东南五百七十七里，东西距二百四十二里，南北距二百一十一里。四正之境，东一百三十三里临海县牛头宫滨海。西一百零九里仙居县摘草岭，与金华府永康县分界。南八十五里黄岩县小岭与温州府乐清县分界，又东南盘山，又东南三界，桥一百十七里，与乐清太平分界。北一百二十六里，天台县架龙岩岭与绍兴府新昌县分界。四隅之境，东南二百零六里太平县松门卫城抵海。西南二百里仙居县，均与处州府缙云县分界。东北一百八十里宁海县界岭与宁波府奉化县分界。西北一百一十六里天台县关岭与绍兴府新昌县。"① 台州与多个县市接壤，四周被包围，出口靠海。闭塞的生活环境，山川的阻隔，形成了当地百姓不擅长工商业，而以农业为主的生活样态，造成当地生产力的落后。比如《台州府志·风俗志上》记述："台郡负山面海，交通阻塞。宁绍台同一道，然宁郡长于经商，沪渎东南巨镇，而甬人执其牛耳。粤汉各商埠凡外舶，辐凑之地，甬人辄先染指焉。台人瞠乎后也。绍郡酒利天下，刑名之幕友，关卡之员役，各衙门之胥吏，皆绍人专之。而吾台无有也。他若杭人长于仕官，台不能也。嘉湖利善蚕桑，台不知也。局处万山之中，嗤嗤以农立国，风气锢塞，工商着着，让人官途亦晨星落落，以贫富论台与甬，不啻百与以之比。视绍亦远逊焉。吾台患贫如此，故百事难于振兴，此其大原因也。"② 台州与宁波奉化和绍兴分界。宁波和绍兴擅长经商谋利，但台州百姓由于大山阻隔造成社会交往的滞后，封闭性的思维捆绑了落后的生产方式，百姓的社会交往局促于"本土本乡"的血缘关系、地缘关系和业缘关系。这种自

---

① 喻长霖等纂修：《台州府志》，成文出版社有限公司1936年版，第656页。
② 同上书，第898页。

古延续的社会交往方式在明代中晚期生活中时有表现。交往是社会主体间与客体间的相互作用，获取物质与精神需求的必要方式。它体现了人类的生存方式与活动方式，社会交往也会随着社会的变迁与历史的变革而流动迁徙。

处于山川阻隔，靠海绕山的台州人，借以生存的传统生活方式日益遭到社会交往手段革新的挑战。日益发达的交通与通讯方式，加强了台州民众与周围分界的县市的交往。思想由闭塞的状态慢慢走向开放的态势，社会交往逐渐打破传统的"本乡本土"的模式。台州人学会经商，走向了世界、开阔了局面。如今的"台商"与"温商"及"甬商"构成"浙商"的中流砥柱。台州人社会交往的变化带来生产力的变革，促进了经济的发展。"人们进行各种交往活动始终是围绕着一定的物质利益并借助于一定的物质手段或工具进行，而人类的一切物质利益和一切物质手段及工具都是在生产活动中获得的"[①]，因而台州民众的社会交往理念深深影响着当地的发展。调查台州方言谚语，许多交往的理念都体现了台州人的生活阅历与谆谆告诫，它是体验社会人间百态后的智慧结晶。这些社会交往体验形成了台州朴素的社交文化，主要表现在工作、谈吐、应酬、亲邻、交友、集体与团结观念以及训教等方面。

第一节　工作

工作是人们在社会交往中获取物质财富的根本，作为主体的人在变动的社会环境中，对待工作的态度与方法会直接影响到周围的社群关系。人是社会网络的载体，自身的行为与精神状态维系着不同的网络节点，或直接或间接地造成社会关系的变化。台州方言谚语在工作态度上提倡主动积极、谦虚谨慎、稳重耐心、吃苦耐劳，在工作方法上主张预先准备、坚持不懈、多做少说、精通专业技能等。比如谚语：

（1）笨鸟先飞。
（2）勿怕慢，只怕站。

[①] 李素霞、李延江：《交往手段革命与交往方式变迁》，《河北师范大学学报》（哲学社会科学版）2006年第1期。

(3) 打铁先要自身硬。

(4) 做日短,看日长。

(5) 磨刀勿误砍柴工。

(6) 能人背后有能人。

(7) 看事容易做事难。

(8) 做日和尚撞日钟。

(9) 做日县官理日事。

(10) 做到老,学到老,学勿好。

(11) 贪多嚼勿烂,欲速则不达。

(12) 依样画葫芦,慢工出细活。

(13) 好话说一担,勿如好事做一件。

(14) 要得会,人前累;要得精,人前听。

(15) 要饭武松打虎,做生活仰腰迭肚。

(16) 吃饭黄泥倒坎,做生活黄泥阁上田岸。

(17) 外行看热闹,内行看门道。

"笨鸟先飞":语出元代关汉卿《状元堂陈母教子》第一折:"〔三末云〕二哥,你得了官也。我和你有个比喻,我似那灵禽在后,你这等笨鸟先飞。"① 它比喻能力差的人怕赶不上别人,先行动手。也告诫人们要先行努力,才会有机会超越比你更努力、能力更强的人。

"勿怕慢,只怕站"比喻工作要积极,哪怕慢一点也没关系,就怕停止不动。

"打铁先要自身硬"出自《北齐书·帝纪·神武上》,书曰"铜钹打铁钹,元家世将末"②。记述的事件是北魏神武入洛阳后,以都督桥宁、张子期助乱为由斩杀,斛斯春坐立不安,就与南陵王宝炬、武将军元毗、魏光、王思政在魏帝面前构陷神武,此时神武的舍人元士弼也在魏帝面前奏本神武,说他受敕表现大不敬的态度,于是魏帝就心属于贺拔岳。初孝明时,两拔相争,民间谣言就说"铜钹打铁钹",指神武是铜拔,贺拔岳是铁拔,二拔相击,都将灭亡。"打铁先要自身硬"比喻打压他人先要自

---

① 杨家骆主编:《全元杂剧·初编二》,世界书局1985年版,第514页。

② (唐)李百药:《北齐书》,中华书局1997年版,第7页。

身过硬，不给他人抓住把柄。神武打击贺拔岳，因自身对魏帝敕封表现不敬态度，而最终殒命。所以在工作中，首先自身要站得稳、做得正，才不担心政令不通，下属不服从。

"做日短，看日长"指工作中要珍惜时间，不要消极怠工。

"磨刀勿误砍柴工"强调工作前做好充分准备，然后才能收到事半功倍的效果。

"能人背后有能人"语出清代小说《济公全传》、《彭公案》和《小五义》。如《济公全传》第三十三回"设阴谋恶化梁百万　发慈悲戏耍张妙兴"就说"强中更有强中手，能人背后有能人"①。谚语告诫工作中不要自傲自骄，学会谦虚礼让。

"看事容易做事难"强调工作实践的艰难，不能眼高手低，学会放低姿态，谦虚做事做人。

"做日和尚撞日钟"，"做日县官理日事"等，批判工作懈怠、不思进取的态度，戒除得多且过、缺乏担当的行为。

"做到老，学到老，学勿好"提倡终身学习要入心入耳的态度。坚持学习是工作进步的阶梯。但学习要用心记心，不断修正错误，才能进步，否则工作中出错还在原地踏步，每次学习错误而不长记性，也是学不好的。俗语"活到老，学到老"。工作中不断学习，不断成长，但需用心而不是无心。

"贪多嚼不烂，欲速则不达"提倡工作要慢慢积累，不能性急、不能盲动，更不能一步登天。谚语出自《论语·子路》"无欲速，无见小利。欲速则不达，见小利则大事不成"②和《二刻拍案惊奇》卷五"襄敏公元宵失子　十三郎五岁朝天"说"正是贪多嚼不烂了"③。清代小说《孽海花》第二十四回"愤舆论学士修文　救藩邦名流主战"记述："别再说我们那位姨太太了！真个象馋嘴猫儿似的，贪多嚼不烂，才扔下一个小仔，倒又刮上一个戏子了！"④

"依样画葫芦，慢工出细活"指工作中照搬模仿原样，耐心细致，才

---

① （清）郭小亭：《济公全传》，华夏出版社1994年版，第101页。
② （魏）何晏注、（宋）邢昺疏：《论语注疏》，北京大学出版社1999年版，第177页。
③ （明）凌濛初：《二刻拍案惊奇》，上海古典文学出版社1957年版，第115页。
④ （清）曾朴撰：《孽海花》，三民书局2005年版，第282页。

能铸精品。这也是时下提倡的"工匠"精神。"依样画葫芦"语源出自唐代僧人《大慧普觉禅师普说》卷十四语录"有来依样画葫芦"①。"依样画葫芦"也作"依本画葫芦",省作"依样葫芦"。

"好话说一担,勿如好事做一件"强调多做少说的态度。工作中勿须阿谀奉承、溜须拍马,做件好事甚于好话箩筐。谚语提倡做事要脚踏实地,不能人浮于事。

"要得会,人前累;要得精,人前听"强调工作中不怕辛苦劳累,人前人后辛苦付出,终有回报。谚语也指出人要谦虚,多听多学,才能精通。

"吃饭武松打虎,做生活仰腰迭肚""吃饭黄泥倒坎,做生活黄泥阉上田岸"运用对比和比喻,形象生动地描绘了工作的艰辛,提倡工作要吃苦耐劳。

"外行看热闹,内行看门道"语出清代小说《彭公案》第一百三十五回"马玉龙堂上受审　遇船家河中索银",文中记述:"练完,气不长出,面不改色。真是内行瞅门道,外行看热闹,一招一式样样都好"。② 谚语强调行业的专业性,提倡精通专业技能、掌握事物本质,否则只能看到表面现象,不得要领。

第二节　谈吐

社会交往需要语言来传递交往的目的与欲望,语言表达能体现内在的想法与对社会的反思。一个人的谈吐体现自身的修养与文化。合理合度的语言往往能顺利地推进交际的进行,非合理的语言往往适得其反。田学军提出"社会交往是一个以交际为原动力和目的地(主导和红线)、以关联为参照标准、以策略为手段、以选择(语言资源和语用策略)为过程、以顺应为保障机制的动态的策略社会交往过程。语境(包括非言语信息)是交际者禾策略社会交往身处的大背景,策略交际自然是策略社会交往的

---

① [日]高楠顺次郎、渡边海旭等监修,《大正新修大藏经·诸宗部四》(四十七册),新文丰出版公司 1983 年影印版,第 871 页。

② (清)贪梦道人:《彭公案》,上海古籍出版社 2011 年版,第 745 页。

出发点和归宿"[1]。在言语交际中，台州方言谚语提倡说话稳重、切中要害，说话掌握分寸，讲道理讲行话；主张讲话清楚、避免矛盾；也提倡人际交往顺应对方的心理，以最小的努力获取最大的社会效应。比如谚语：

(1) 三句勿离本行。
(2) 出口快，招人怪。
(3) 百客人前开口难。
(4) 打狗摸着狗肚肠。
(5) 打破砂锅问到底。
(6) 狗嘴吐勿出象牙。
(7) 三句好话，百事拉倒。
(8) 大树难栽，大口难开。
(9) 坛口好盖，人口难堵。
(10) 秀才讲书，屠夫讲猪。
(11) 身如烂茧，口似铁钳。
(12) 说话勿清，吵闹四邻。
(13) 打鼓听鼓声，讲话听话音。
(14) 过头酒难喝，过头话难讲。
(15) 灯勿拨勿亮，话勿讲勿明。
(16) 木杓倒难箍，话说倒难修。
(17) 相骂无好言，相打无好拳。
(18) 有理服天子，无理只直死。
(19) 有理通天下，无理寸步难行。
(20) 冷粥冷饭好吃，冷言冷语难闻。
(21) 赚吃是张嘴，赚柴也是张嘴。
(22) 话不可说死，事不可做绝。
(23) 话不说不透，砂锅不打不漏。
(24) 武艺没一毫，讲话如铰刀。
(25) 身边没有三分铜，讲话如蚊虫。

---

[1] 田学军：《策略社会交往的理论和模式》，《重庆交通大学学报》（社科版）2008年第6期。

（26）身边若有三分铜，讲话如雷公。

（27）口头言语越搬越多，铜钿越搬越少。

（28）良言一句三冬暖，恶语伤人六月寒。

（29）只可搭有理人讲话，勿可搭无理人相骂。

"三句勿离本行"指在不同场合说话，说话人的职业或行业特征明显。

"出口快，招人怪"指说话要谨慎，心直口快容易得罪人。

"百客人前开口难"指内向性格的人在人多场合往往不敢开口表达。

"打狗摸着狗肚肠"指言语交际中，说话要符合适度原则，切中要害，避免羡余信息。

"打破砂锅问到底"指社会交往中问话人对交谈对方信息的深究，探究事实本质或真相付出的努力，它是以最大的努力获取最终的效益。

"狗嘴吐勿出象牙"形象地刻画出交际中言语的丑恶招致反感的心理。谚语出自清代小说，如《海上花列传》《歧路灯》及《红楼梦》等。比如《海上花列传》第二十二回"借洋钱赎身初定议 买物事赌嘴早伤和"有"狗嘴里阿会生出象牙来！"[1] 又如《歧路灯》第一百零八回"薛全淑洞房花烛 谭簧初金榜题名"说："狗嘴里如何吐出象牙来？"[2]《红楼梦》第四十二回《蘅芜君兰言解疑癖 潇湘子雅谑补余香》也说："不用问，狗嘴里还有象牙不成！"[3] 对交谈者的厌恶，中国文化往往用"狗嘴"来刻画言语恶毒者的丑陋面目。

"三句好话，百事拉倒"指社交场合用好话搪塞问题，大事化小、小事化了。言语交际遵循礼貌原则，尤其以地缘关系结成的社会纽带，多赞扬多褒奖对方，降低自身的言语地位，从而在人情社会的言语社团中，以最小的努力获取最大的效果。

"大树难栽，大口难开"指社交中求人办事时言语输出的"延迟"状态。社会交往中说话者主体的言语身份会影响言语的表达。

"坛口好盖，人口难堵"指言语交际场合中人人都有表达的自由与权

---

[1]（清）韩邦庆：《海上花列传》，齐鲁书社 1993 年版，第 106 页。

[2]（清）李绿园：《歧路灯》，李颖点校，中华书局 2004 年版，第 768 页。

[3]（清）曹雪芹：《红楼梦》，周汝昌汇校，人民出版社 2006 年版，第 425 页。

利。如果交际双方的言语不被接受，也不应限制对方的表达，这在古代也有教训。如《国语·周语》有"防民之口，甚于防川"[1]。堵住对方的言语会造成更大的伤害。《论语·卫灵公》说"君子不以言举人，不以人废言"[2]。他强调尊重对方言语的自由表达，不因人不同而堵口。

"秀才讲书，屠夫讲猪"提出了不同行业用语的习惯差异。谚语指出交际场合中因说话者职业的特质在言语表达中投射了行业用语的特点。这也提出了社会交往需要寻求共同的语言。

"身如烂茧，口似铁钳"形象生动地比喻社交场合中言谈者的三缄其口，秘而不宣的特点，它也指出了交际场合不善言辞的特点。

"说话勿清，吵闹四邻""灯勿拨勿亮，话勿讲勿明""话不说不透，砂锅不打不漏"等，强调言语交际遵循会话的方式准则，即避免含混不清与歧义表达的言语。

"打鼓听鼓声，讲话听话音"运用比拟，主张言语交际场合中听话人需要根据对方表达的意思斟酌话语的表达。谚语强调语言表达的关系准则，即听话者所说的话与言谈者是相关的。

"过头酒难喝，过头话难讲"指社交场合说话要适度、掌握分寸。

"木杓倒难箍，话说倒难修"指言语交际注意语言的措辞与表达，谨言慎行。"话说倒"，温州话指话说反了、说错了。俗语"说出的话如泼出去的水"，意思指话一经出口就覆水难收，无法收回来。虽然重新修正，但言语已经造成伤害。

"相骂无好言，相打无好拳"刻画出了言语交际的失败让彼此恶言相向，拳打脚踢的场面。

"有理服天子，无理只直死""有理通天下，无理寸步难行"强调言语交际以理服人，讲道理明是非，胡搅蛮缠没有出路。如《大觉禅师语录》卷上就说"无字不识，无理不通"[3]。又如谚语"只可搭有理人讲话，勿可搭无理人相骂"就从反面强调与通情达理之人交际，回避无理相骂之人。

---

[1] （吴）韦昭注、（宋）宋庠补点：《国语》，学民文化社1998年版，第30页。

[2] （宋）朱熹注：《论语集注》，艺文印书馆1980年版，第6页。

[3] ［日］高楠顺次郎、渡边海旭等监修，《大正新修大藏经·续诸宗部十一》（八十册），新文丰出版公司1983年影印版，第40页。

"冷粥冷饭好吃，冷言冷语难闻"指出了言谈交际的言语礼貌问题。言谈交际要有礼貌原则。谈吐的礼貌与温文尔雅体现一个人的涵养，也会促进交际的顺利进行。又如"良言一句三冬暖，恶语伤人六月寒"强调语言表达的得体，杜绝恶语谩骂。站在对方的角度考虑言语的输出，体谅对方的话语犹如冬天的温暖。谚语源自元代王实甫的《西厢记·张君瑞害相思》第二折，里面记述"别人行甜言美语三冬暖，我根前恶语伤人六月寒"[①]。

"赚吃是张嘴，赚柴也是张嘴"指出靠嘴吃饭的本领。但也隐含着祸从嘴出的危险，所以言语交际应注意说话的方式与措辞的得体。

"话不可说死，事不可做绝"强调说话要留有余地，切不可把话说死，把事做绝。凡事留有退路，让双方都有面子。

"武艺没一毫，讲话如铰刀"揭露了言语交际者外强中干的真面目。因为没有过硬的本领，在口头表达上就以强势压人、诋毁谩骂对方。实则内心空虚，没有底气。谚语提醒交际双方要言之有据，摆事实讲道理。

"身边没有三分铜，讲话如蚊虫""身边若有三分铜，讲话如雷公"从正反两方面提出了物质资本对交际者外在精神状态的影响。在物欲横流的社会里，财富是一个人社会地位的象征。拥有财富似乎就有了自我陶醉的威望，言谈交际就显得理直气壮，实际上是一种内心空虚，担心被人排挤的社会心态。

"口头言语越搬越多，铜钿越搬越少"强调言谈交际中的关系准则。说话要说与话题相关的话，无关的话应少说不说。言语正反对比，主张言语交际言简意赅。

第三节　应酬

应酬是社交的主体与主体的对话，或言语或行为方式，为了一定的目的，在交际场合展现出来的多元样态。何刚指出"社会交往是以场合与事件（主题化的交往）为核心元素的话语交互作用的过程，是社会成员

---

① 王季思主编：《全元戏曲》（第二卷），北京人民文学出版社1999年版，第272页。

之间实现社会目的、建立互动关系、达成社会理想的最主要的途径"①。中国是一个注重人情的社会，亲戚、朋友、师生、同乡、同事等构成不同的社会角色关系，人与人之间大多不是以血缘关系为基础，彼此以人情与面子来影响他人的人际关系，为此在社交场合中呈现出千姿百态的应酬面貌。台州方言谚语在应酬方面淋漓尽致地表现出了社交复杂的情感角色关系。比如：

(1) 好前勿若好后。
(2) 百客面前莫叱狗。
(3) 先小人，后君子。
(4) 肚肠直，无衣食。
(5) 刀切豆腐两面光生。
(6) 黄泥筑墙，两面光生。
(7) 千穿万穿，马屁勿穿。
(8) 有酒有饭，勿算怠慢。
(9) 酒肉朋友，没钱分手。
(10) 对门吃饭，多谢隔壁。
(11) 吃人一口，报人一斗。
(12) 得人钱财，降福消灾。
(13) 见人讲人话，见鬼讲鬼话。
(14) 在家勿识人，出门人勿识。
(15) 对面买好嘴，背后弄死鬼。
(16) 好狗管三邻，好汉交三村。
(17) 同行勿同命，同伞勿同柄。
(18) 走出长弄堂，忘记讨饭棒。
(19) 抬进一枝香，送出用猪羊。
(20) 高帽勿是货，戴戴都好过。
(21) 自己勿会喝酒，勿傲别人脸红。
(22) 求人只有一两次，三次求人勿相干。

---

① 何刚：《话语、社交、文化——文化驱动的社会语用视角》，《外语教学理论与实践》2011年第3期。

(23) 别人求我三春雨,我求别人六月霜。
(24) 远来和尚好念经,近处菩萨远处灵。
(25) 山和水,勿相逢;人和人,时常碰。
(26) 酒杯一碰,万事亨通;筷子提提,办事如意。

"好前勿若好后"贬斥社交场合中的前倨后恭的行为方式。人前装好,背后暗算。由于角色关系的转化,朋友成为敌人,所以人们吸取教训希望背后是朋友而不是突遭暗算。俗语"明枪易躲,暗箭难防"也表达了此类社交警醒。谚语语出《法苑珠林》卷五十一"人前好言语,背后说人恶"①。

"百客面前莫叱狗",字面意思指在众人面前不要叱喝狗,暗指不要在主人面前呵斥其手下,要留几分薄面。谚语语出明清小说。如明代《醋葫芦》第十三回"产佳儿湖中贺喜 训劣子堂上殴亲"说:"打狗看主面。"②又如《施公案》第一百三十二回"关小西假请恶霸 赛郑恩暗算忠良"也说:"打狗须得看主人。"③谚语与俗语"打狗还得看主人"语义相合。

"先小人,后君子"指在社交场合先讲明规矩,然后按章程办事。谚语源自明清小说,比如明代《西游记》第八十四回"难灭伽持圆大觉 法王成正体天然"说:"我店里三样儿待客。如今先小人,后君子,先把房钱讲定后好算账。"④又《醒世姻缘传》第四十九回"小秀才毕姻恋母 老夫人含饴弄孙"记述晁夫人的话,"休这们说。凡事先小人后君子好,先君子后小人就不好了。还是说个明白,上了文书。我赏是分外赏你的。你要不说个明白,我就给你一千一万也只是该你的。"⑤清代《七侠五义》第三十二回"夜救老仆颜生赴考 晚逢寒士金客扬言"记述雨墨

---

① [日]高楠顺次郎、渡边海旭等监修:《大正新修大藏经·事汇部上》(五十三册),新文丰出版公司1983年影印版,第670页。
② (清)西湖伏雌教主编:《醋葫芦》,维思点校,中州古籍出版社1993年版,第146页。
③ (清)佚名:《施公案》,上海古籍出版社1993年版,第278页。
④ (明)吴承恩:《西游记》,岳麓书社1987年版,第646页。
⑤ (明)西周生辑:《醒世姻缘传》,袁世硕、邹宗良校注,三民书局1999年版,第686页。

的话,如"咱们先小人后君子,说明了,我可就给一间的房钱"①。谚语指出了应酬社交场合的"公平法则"。

"肚肠直,无衣食"指与人应酬时说话太过耿直、不隐晦,容易得罪人,在社会上树敌太多给生计带来困境。

"刀切豆腐两面光生"讲究交际应酬的技巧,主张两方面都照顾得到,让交际双方都有面子。如果只顾一方,另一方将受损,会造成交际的不悦。如清代小说《官场现形记》第四十九回"焚遗财伤心说命妇 造揭帖密计遣群姬"说:"凡事不能光做一面,总要两面光。"②又如谚语"黄泥筑墙,两面光生"用黄泥抹墙两面光亮,来比喻做事做人办得漂亮。

"千穿万穿,马屁勿穿"刻画了应酬交际中拍马屁没拍好,露馅儿的丑态。

"有酒有饭,勿算怠慢"指应酬中的待客之道,用好酒好饭菜招待。有酒有饭,哪怕食物简陋也不算怠慢,反映出当时的社会风气,提倡俭朴素食。如清人小说《飞龙全传》第十二回"笃朋情柴荣赠衣 严国法郑恩验面"中郑恩笑道:"乐子也不管他忠厚不忠厚,只要有酒有饭,便是合适。"③与俭素生活作风相反的是酒肉朋友,讲哥们义气,最终祸患无穷。如谚语"酒肉朋友,没钱分手"所说。

"对门吃饭,多谢隔壁"指应酬交际应关照四方邻舍,对门吃饭可能会吵闹隔壁,所以多谢隔壁的宽容与大量。谚语指出了应酬的礼貌原则与通达的胸怀。

"得人钱财,降福消灾"指受贿他人财物替人消除祸患。俗语"得人钱财,替人消灾"。谚语源自元代,如元杂剧李行甫《包待制智赚灰栏记》记述:"(二净扮街坊、二丑扮老娘上,净云)常言道,得人钱财,与人消灾。"④又明代小说《醋葫芦》第十四回"告忤逆枉赔自己钞 买生员落得用他财"记述:"惟小子弄惯了这管笔头,才知里边缘故,叫做

---

① (清)石玉昆述、俞樾重编:《七侠五义》,中国书店1989年版,第221页。
② (清)李宝嘉:《官场现形记》,世界书局1956年版,第16页。
③ 东隅逸士编:《飞龙全传》,裘效维校订,宝文堂书店1982年版,第96页。
④ 杨家骆主编:《全元杂剧·初编九》(第九册),世界书局1985年版,第4467页。

得人钱财，与人消灾，只顾骗准，值些甚么。"①

"见人讲人话，见鬼讲鬼话"指出了应酬交际中根据对象特点的不同采取不同的应对策略，表现了说话者的机灵与圆通。谚语语出清代小说《官场现形记》第三十八回"丫姑爷乘龙充快婿　知客僧拉马认干娘"说："第二要嘴巴会说，见人说人话，见鬼说鬼话，见了官场说官场上的话，见了生意人说生意场中的话，真正要八面圆通，十二分周到，方能当得此任。"②

"在家勿识人，出门人勿识"提出了应酬交际中互相尊重的重要，切不可傲慢自居。在家要兄友弟恭，在社会上要尊敬长辈同事。反之，自己遭到别人的忽视。

"对面买好嘴，背后弄死鬼"刻画出了应酬交际的前后不一致，前倨后恭的形态。俗语"当面一套，背后一套"就是指这种虚伪的人际关系。

"好狗管三邻，好汉交三村"通过形象的比喻，指在交际应酬中真诚待人的方式受到周围朋友的欢迎。谚语强调做人要真诚善良，广结善缘。

"同行勿同命，同伞勿同柄"指交际场合中行业相同命运不同的生活状况。谚语源自《礼记·乐记》，如"方以类聚，物以群分，则性命不同矣"③。

"走出长弄堂，忘记讨饭棒"谚语批判了忘恩负义、数典忘祖的行为。谚语指出了交际应酬场合中一个人的身份的转换给他的社会地位带来的变化。我们传统文化倡导"饮水思源"，谚语提醒人们要学会感恩，切不可背负道义。

"抬进一枝香，送出用猪羊"谚语用进庙烧香拜佛，用猪羊回礼的行为，比喻应酬交际的谦卑与敬重，也预示着"请神容易，送神难"的窘况。谚语主张应酬交际要注意"度"的把握，不可"适得其反"。

"高帽勿是货，戴戴都好过"指应酬交际中善于给人"戴高帽""唱高调"，讨领导欢心、吃软不吃硬的处事方式。交际中人们通过阿谀奉承，最大限度地满足对方的虚荣心，获取对方的好感，从而加快交际的顺利进行。谚语语出清代小说《镜花缘》第二十七回"观奇形路过翼民郡

---

① （清）西湖伏雌教主编：《醋葫芦》，维思点校，中州古籍出版社1993年版，第154页。
② （清）李宝嘉：《官场现形记》，世界书局1956年版，第14页。
③ （汉）郑玄注、（唐）孔颖达疏：《礼记正义》，北京大学出版社1999年版，第1095页。

谈异相道出豕喙乡",如多九公道:"老夫闻说此处最喜奉承,北边俗语叫作'爱戴高帽子';今日也戴,明日也戴,满头尽是高帽子,所以渐渐把头弄长了:这是戴高帽子戴出来的。"① 北方"戴高帽"的习气在浙南地区,尤其在社交场合中比较盛行。

"自己勿会喝酒,勿傲别人脸红"指在酒席场合上不要嘲笑对方脸红,要互相尊重。后比喻自己做不到的事情就不要指责对方。谚语与"五十步笑一百步"语义暗合。比如《孟子·梁惠王章句上》记述了孟子对梁惠王的话:"王好战,请以战喻。填然鼓之,兵刃既接,弃甲曳兵而走。或百步而后止,或五十步而后止。以五十步笑百步,则何如?"②

"求人只有一两次,三次求人勿相干"指社交场合求人办事也有个度,不可毫无节制。俗话说"事不过三",次数多了,会招致反感。如明代小说在办事上就主张"事不过三",求人有数。如《三宝太监西洋记》第二十五回"张天师计擒金定 姜金定水囤逃生"说"好事不过三"③。《西游记》第二十七回"尸魔三戏唐三藏 圣僧恨逐美猴王"也说"事不过三"④。凡事有度,掌握分寸非常重要。

"别人求我三春雨,我求别人六月霜"指出了社交场合的不对等原则。爱心需要传递,知恩图报是我们仁义文化精髓的外在表现形式。社交场合也应互惠互爱、互帮互助。谚语出自明代小说《警世通言》第二十五卷"桂员外途穷忏悔"云:"别人求我三春雨,我去求人六月霜。"⑤

"远来和尚好念经,近处菩萨远处灵"比喻人们对外来事物的迷信与崇拜,对自己身边的人缺乏信任。俗语"中国的月亮,外国的圆"就道出了崇洋媚外的盲目。谚语描绘出了尚远崇外,不相信自身力量的社会丑态。谚语源自明代小说,如《西游记》第七十二回"盘丝洞七情迷本 濯垢泉八戒忘形"记述众女子看见唐僧时,说:"好,好,好! 常言道,远来的和尚好看经。妹妹们! 不可怠慢,快办斋来。"⑥ 社交场合应有自信,相信对方无疑是搬起石头砸自己脚。

---

① (清) 李汝珍:《镜花缘》,张友鹤校注,人民文学出版社1992年版,第190页。
② (宋) 朱熹撰:《孟子集注》,《四书章句集注》,商务印书馆1948年版,第3页。
③ (明) 罗懋登:《三宝太监西洋记》,华夏出版社1995年版,第210页。
④ (明) 吴承恩:《西游记》,岳麓书社1987年版,第203页。
⑤ (明) 冯梦龙:《警世通言》,人民文学出版社1956年版,第386页。
⑥ (明) 吴承恩:《西游记》,岳麓书社1987年版,第550页。

"山和水，勿相逢；人和人，时常碰"指社交场合中出现矛盾纠纷时，应心胸开阔大度。人和人时常接触，难免有分歧，我们应宽容对方，和谐相处。

"酒杯一碰，万事亨通；筷子提提，办事如意"指出了社交场合中的酒桌应酬策略。基于人情社会关系，请客吃饭是中国人维系人情面子的主要手段，以"均等法则分配资源"[①]继续关系网络中的彼此交往。

第四节 亲邻

人是社会交往的主体，在混合性的人情社会交往关系中，"交往双方通常都会共同认识一个或一个以上的第三者，这些彼此认识的一群人，构成一张张复杂程度不同的关系网"[②]。在不以血缘关系为纽带的混合性关系网络中，邻里关系的社会交往以传承儒家"仁义"式的叙话方式就显得格外重要。人际交往的本质是"特殊性和个人化的，交往双方不仅预期将来他们可能再次进行情感性的交往，而且他们还会预期其共同关系网络内的其他人也可能了解到他们交往的情形，并根据社会规范的标准加以评判"[③]。邻里关系的相亲相爱，既有情感与物质需求，也有保持适当距离的需要。调查台州方言谚语，在邻居与亲戚关系相处方面，主张和睦相处、团结友爱、互帮互助、彼此体谅。比如：

(1) 六亲安，才是安。
(2) 远亲不如近邻。
(3) 亲三代，族世世。
(4) 人来投亲，鸟来投林。
(5) 田邻好，不觉好割稻。
(6) 邻舍好，不觉好过老。
(7) 住要好邻，嬉要好伴。

---

① 黄光国、胡先缙等：《人情与面子：中国人的权力游戏》，中国人民大学出版社2010年版，第14页。

② 同上书，第11页。

③ 同上书，第12页。

(8) 香饭勿饱，靠亲勿长。

(9) 新亲带被，老亲带米。

(10) 三年勿上门，当亲也勿亲。

(11) 亲眷篮对篮，邻舍碗对碗。

(12) 打勿断的亲，骂勿断的邻。

(13) 墙倒倚着壁，落难靠亲戚。

(14) 墙倒害隔壁，火着害邻舍。

(15) 上路找同伴，起屋找邻居。

(16) 因屋好过老，咸水好种稻。

(17) 不望邻舍做官府，但愿邻舍养黄牯。

(18) 穷在路边无人问，富在深山有远亲。

(19) 对门相照是面镜，隔壁邻舍是杆秤。

(20) 亲帮亲，邻帮邻，和尚要帮出家人。

(21) 前后邻舍一条心，天塌下来有人顶。

(22) 在家不会迎宾客，出门无处好歇脚。

(23) 断鱼断肉肚勿饥，断邻断舍步难行。

(24) 有酒有肉敬远亲，火烧房屋叫近邻。

(25) 有三门穷亲戚勿算富，有三门富亲戚勿算穷。

"六亲安，才是安"指亲人间长辈与晚辈的平安和睦相处，才是真正的安宁。与谚语语义相反的是"六亲不和"，指长辈与小辈间矛盾分歧迭出，破坏了正常的人伦规理。此谚语源自《老子·道经》的"六亲不和，有孝慈；国家混乱，有忠臣"[1]。因为小辈不尊敬长辈，长辈不体恤小辈，就用"棍棒底下出孝子"式的棍棒教育，培养出符合儒家礼教的"孝子"，但这样的孝子是礼制的孝子，不是真正内心善意的孝。

"远亲不如近邻"指遇到困难与麻烦时，临近的邻居比远方的亲戚更管用。谚语出自元代。比如元代南戏《杀狗记》第二十五回"月真买狗"说："（贴）算远亲不如近邻，你何须苦苦执性？"[2] 又清代《醒世姻缘传》第八十回"童寄姐报冤前世　小珍珠偿命今生"记述狄周对刘振白

---

[1] （魏）王弼注：《老子道德经注校释》，楼宇烈校释，中华书局2008年版，第43页。

[2] （明）毛晋编：《六十种曲》，中华书局1958年版，第95页。

的话，说：" '远亲不如近邻。' 你倒凡百事肯遮庇，倒出头的说话？刚才借银，实是没有，不是不借你。如今转向别人借十两银子给你，仗赖你把这件事完全出去。后来他娘老子有甚话说，也还要仗赖你哩。"① 狄周想以借银子给刘振白来套近乎，让他帮自己当传话筒，探听消息。"远亲不如近邻" 成了拉近彼此关系的客套话。谚语 "有酒有肉敬远亲，火烧房屋叫近邻" 从反面强调遇到燃眉之急时，"近邻" 比 "远亲" 更起作用。

"亲三代，族世世" 指社会人情关系中，亲戚三代之后基本上没有什么亲情了，但同一个宗族的辈分关系会世代承袭相传。俗话 "一代亲，二代表，三代了" 指亲戚之间的关系在社会的进程演变中，现代化的社交媒介与社会贫富差距冲击着传统的血缘关系，亲戚间的情感关系不再深厚到随意真诚的付出，彼此血脉相连的宗族关系成了社会的角色支配。

"人来投亲，鸟来投林" "墙倒倚着壁，落难靠亲戚"，指人遇到生活窘迫或落难的时候，首先投靠的是自己亲近的人，正如鸟投靠树林一样，各有归宿。谚语源自元明戏曲或小说。如全元南戏无名氏《张协状元》第十九出有 "（末）人来投人，鸟来投林。你有甚钱，把些子借它"②。又《二刻拍案惊奇》卷四 "青楼市探人踪　红花场假鬼闹" 说："自古道：'人来投主，鸟来投林'。"③ 又《醒世恒言》第二十五卷 "独孤生归途闹梦" 也说："常言鸟来投林，人来投主。"④ 谚语提倡亲戚间的相互帮衬，相互照应。又谚语 "亲帮亲，邻帮邻，和尚要帮出家人" 强调亲邻之间的命运与共、休戚相关。谚语 "断鱼断肉肚勿饥，断邻断舍步难行" 从反面强调了维系邻舍关系的重要。

"田邻好，不觉好割稻" 称赞邻居在农忙时的互帮互助。谚语 "邻舍好，不觉好过老" 主张邻居间的互相陪伴。人老了，邻居的陪伴能帮助安度晚年。又谚语 "上路找同伴，起屋找邻居" 也强调了亲邻之间的相互帮助、相互依靠。谚语 "囡屋好过老，咸水好种稻" 表达了邻里相伴相知的情感。

---

① （明）西周生撰：《醒世姻缘传》，袁世硕、邹宗良校注，三民书局1999年版，第1078页。
② 王季思主编：《全元戏曲》（第九卷），人民文学出版社1999年版，第58页。
③ （明）凌濛初：《二刻拍案惊奇》，上海古典文学出版社1957年版，第94页。
④ （明）冯梦龙：《醒世恒言》，人民文学出版社1956年版，第501页。

"住要好邻，嬉要好伴"提出了好邻居相伴的重要。古时"孟母三迁"就强调邻居对自己孩子学习的影响是何等重要。《说文解字·邑部》指"邻"是"五家为邻。从邑粦声"。段玉裁解释"邻"义，引申为"凡亲密之称"。只要是亲密关系的朋友都可以相邻相毗，但关系的疏远不是判断良莠的标准。德行与涵养是"好邻"为伍的标准。

"香饭勿饱，靠亲勿长"提出了生活自食其力的重要。亲戚关系再好也会日久生变。邻居关系再亲密，也有各自的生活烦恼，依靠他人生活，终遭嫌弃。如清人昂孙笔记小说《网庐漫墨》说"靠亲久，亦必变心"[1]。所以邻里关系要保持适当的距离，把握彼此的分寸。遇到困顿时应不卑不亢、不攀援富贵，也不妄自菲薄，这样才能保持本心。

"新亲带被，老亲带米"指出了亲戚朋友间亲疏远近的关系。由于交往的深入，新亲变老亲、关系层层递进、步步加深。谚语也指出了老亲比新亲更可靠信任。

"三年勿上门，当亲也勿亲"指亲朋好友、邻里乡亲因为长时间不来往，彼此关系变得疏淡。就算是真正的亲戚，有血缘关系也显得生疏。谚语强调亲邻之间应多走动常来往。谚语出自明代吴承恩的小说《西游记》第四十回"婴儿戏化禅心乱　猿马刀归木母空"，沙和尚笑道："哥啊，常言道：三年不上门，当亲也不亲哩。你与他相别五六百年，又不曾往还杯酒，又没有个节礼相邀，他那里与你认甚么亲耶？"[2] 所以亲邻平日多交往，不是有事求人才认亲。俗语"无事不登三宝殿"，这种临时有求于人的社会交往在现代人情社会中很难有市场。

"亲眷篮对篮，邻舍碗对碗"，"打勿断的亲，骂勿断的邻"，指邻里纠纷，闹矛盾是常有的事，习惯成自然。亲戚关系因为有血浓于水的关系，也是割不断剪不掉。谚语主张对邻舍与亲戚纠纷应坦然面对。谚语"打勿断的亲，骂勿断的邻"语出《西游记》第九十四回"四僧宴乐御花园　一怪空怀情欲喜"八戒的话："没事没事！我们与他亲家礼道的，他便不好生怪。常言道，打不断的亲，骂不断的邻。"[3]

"墙倒害隔壁，火着害邻舍"指邻里关系是唇亡齿寒、祸福相依。如

---

[1] （清）昂孙：《网庐漫墨》，山西古籍出版社1996年版，第166页。
[2] （明）吴承恩：《西游记》，岳麓书社1987年版，第308页。
[3] 同上书，第720页。

《珍珠舶》卷二第一回"穷秀才十年落魄"就记述了穷秀才金生到朋友家做客喝酒时,不料隔壁家失火,殃及主人家,最后狼狈逃窜的事情:"谁想坐下刚刚酒过三巡,忽听得一片声乱嚷,却是隔壁人家火起,那主人家惊得慌忙失措,连唤收拾,金生亦即跟跄作谢出门。"① 邻居互为隔壁,距离近关系紧,关系相互影响渗透。如唐代诗人贾岛的诗《题郑常侍厅前竹》,如"侵庭根出土,隔壁笋成丛"②。邻居家的竹根渗透进隔壁家的庭院,隔壁家涌现成群的竹笋,比喻邻里关系亲近和睦。

"不望邻舍做官府,但愿邻舍养黄牯",谚语运用借喻的修辞表示邻居能解燃眉之急,不奢望邻居位居高官施与福荫。黄牯,指牛的一种。农忙时,邻居的牛能及时协助耕地。

"穷在路边无人问,富在深山有远亲"刻画出了亲邻之间唯利是图、人情世故的社会现实。谚语源自元明戏曲或小说。比如元代无名氏《张协状元》第六出就说:"(旦)晓得了。贫居闹市无相问,(末)富在深山有远亲。(并下)"③ 明代罗贯中小说《三遂平妖传》第二回"胡永儿大雪买炊饼 圣姑姑传授玄女法"说:"贫居闹市无人问,富在深山有远亲"。④ 谚语"穷在路边无人问"与"贫居闹市无人问"语义相近。

"对门相照是面镜,隔壁邻舍是杆秤"指在社交网络中,人心是杆秤,将心比心。谚语与"将心比心"语义相合。如明代小说《醒世姻缘传》第四十八回"不贤妇逆姑殴婿 护短母吃脚遭拳"记述了薛夫人喝茶后,对于狄夫人再三挽留时的言语,说:"亲家,将心比心,我有甚么颜面坐着扰亲家?就是亲家宽宏大量,不计较,我就没个羞耻么?"⑤ 所以亲邻之间将心比心,互为秤杆。

"前后邻舍一条心,天塌下来有人顶"指邻舍之间的同心协力、团结与共、共患难同呼吸。俗语"兄弟同心,其利断金",如《周易·系辞上》说:"二人同心。其利断金。"⑥《醒名花》第十五回"证错笺花烛话

---

① 《中国古代孤本小说集》编写组编:《珍珠舶》,中国文史出版社1998年版,第2348页。
② 孙海通、王海燕:《全唐诗》,中华书局1999年版,第6690页。
③ 王季思主编:《全元戏曲》(第九卷),人民文学出版社1999年版,第20页。
④ (明)罗贯中:《三遂平妖传》,北京大学出版社1983年版,第9页。
⑤ (明)西周生:《醒世姻缘传》,袁世硕、邹宗良校注,三民书局2000年版,第673页。
⑥ (魏)王弼注、(唐)孔颖达疏:《周易正义》,北京大学出版社1999年版,第276页。

前因　脱空门情郎完旧约"也说："三人同心，其利断金。"① 强调了勠力同心能战胜一切困难。

"在家不会迎宾客，出门无处好歇脚"强调了社交场合中学会应酬的重要。平日在家学会待人接物，出门才能立足社会。谚语源自明清，如明代儿童启蒙读物《增广贤文》有"在家不会迎宾客，出外方知少主人"②。又清代褚人获小说《隋唐演义》第二十三回"酒筵供盗状生死无辞　灯前焚捕批古今罕见"记述了贾润甫对自己手下人的训斥："你们好没分晓，在家不会迎宾客，出外方知少主人。"③ 谚语"出门无处好歇脚"是对"出外方知少主人"语义的递进、延伸。

"有三门穷亲戚勿算富，有三门富亲戚勿算穷"指"穷亲"与"富戚"之间的相互影响、相互帮衬，语义侧重对"穷亲戚"的帮助。社会的发展、贫富差距的拉大，加剧了社会资源分配的不均，造成社会地位的悬殊，这影响着人们之间的社交关系。从贫穷到富裕，社会声望发生转变。在力所能及之下，尽可施恩惠顾。如《红楼梦》第六回"贾宝玉初试云雨情　刘姥姥一进荣国府"记述了刘姥姥家道艰难时，不好意思去荣国府求亲戚帮忙的事情。进大观园求凤姐帮衬时，凤姐对刘姥姥那番难为情的话，回复说："这话没的叫人恶心。不过借赖着祖父虚名，作了穷官儿，谁家有什么，不过是个旧日的空架子。俗语说'朝廷还有三门子穷亲戚'呢，何况你我。"④ 可见，有"穷亲戚"不可耻，可耻的是居高临下、作威作福及戏谑嘲弄。

第五节　交友

在社交文化中，作为主体的人是离不开朋友的。"交往作为一个关系性范畴，它从横向反映了人与人之间的社会联系，体现的是一种主体与主

---

① （明）冯梦龙：《醒名花》，《古本小说丛刊》（第三十五辑第四册），中华书局1991年版，第1954页。
② （清）周希陶：《重订增广贤文》，朱利注释，上海古籍出版社1991年版，第20页。
③ （清）褚人获：《隋唐演义》，世界书局1985年版，第173页。
④ （清）曹雪芹：《红楼梦》，广文书局1973年版，第256页。

体之间的关系"①，结交朋友体现了人的社会性特征。"全部的社会生活包括人能动地改造外部自然环境的生产活动，当然也应包括社会的人们之间所进行的交往活动"。②与朋友相交是人社会生活的重要组成部分。但如何交友？浙南地域的台州人民有自己的传统文化。如《台州府志·风俗志上》③记述："台人尊贤重士""犹种（同"重"）诗书而敦礼让近"，但到了后期，"新说勃兴，朋党渐起，长厚之俗，替而排击之风萌"。处在新旧学说变更的社会时代，社会交往拷问着交友的多重人性。交友不仅是外在的社会联系，重要的是"交心"。正如台州谚语所云"交友交心，浇花浇根。"又如白居易《伤唐衢二首》说"交心不交面，从此重相忆"④。李频《关东逢薛能》诗有"交心如到老，会面未为迟"⑤。调查台州方言谚语，在交友的社会交往上，提倡广结善缘、结交知己、谨慎交友、公私分明、善始善终等。比如：

(1) 相好弟兄勤算账。
(2) 朋友交杯莫交财。
(3) 多交朋友，少交冤家。
(4) 交友交心，浇花浇根。
(5) 待人太好，反被人咬。
(6) 待猪待狗旋转咬一口。
(7) 人情留一线，日后好相见。
(8) 在家靠父母，出门靠朋友。
(9) 朋友千个要，冤家一个多。
(10) 好酒好烟，勿如知己聊天。
(11) 送人送上岸，送佛送到殿。
(12) 清酒红人面，财帛动人心。

---

① 徐水华：《马克思社会交往理论对高校思想政治教育的启示》，《湖北社会科学》2009年第11期。
② 高振兴：《马克思的社会交往理论及其启示》，《延安大学学报》（社会科学版）2010年第5期。
③ 喻长霖等纂修：《台州府志》，成文出版有限公司1936年版，第898页。
④ 孙海通、王海燕：《全唐诗》，中华书局1999年版，第4663页。
⑤ 同上书，第6828页。

(13) 君子如淡水,小人口如蜜。
(14) 尚交半天云,莫交外路人。
(15) 落水要命,上岸讨包袱雨伞。
(16) 酒肉朋友处处有,落难之中无一人。

"相好弟兄勤算账"指社会结交的兄弟朋友,相互之间公私分明。俗语"亲兄弟明算账"就指出了消除误解与矛盾的方法是公平公义。

"朋友交杯莫交财"主张朋友之间的交往以不涉及钱财为准。可以喝交杯酒、做酒桌朋友,但不以财力结交,否则祸患无穷。谚语提出了要谨慎地处理友谊与钱财的关系。谚语"清酒红人面,财帛动人心"就道出了朋友之交涉及钱财就会摇曳人心、心生恶念的道理。

"多交朋友,少交冤家"提倡广结善缘、少树敌。朋友间以互不贬损、真诚以义、宽容以仁,才不会成为冤家。如《敦煌变文集新书》卷二说"互兴损害,终结冤家"①。但对朋友也应有分寸。如谚语"待人太好,反被人咬","待猪待狗旋转咬一口",就警醒人们谨慎处理朋友间的利害关系,把握适度原则。又如谚语"朋友千个要,冤家一个多"就提出交友比结冤家重要得多。《三侠剑》第一回就说"朋友千个不为多"②。

"人情留一线,日后好相见"指交友应把握适度原则,切忌过分、损了对方颜面。又如谚语"在家靠父母,出门靠朋友"就强调了朋友间的互相支撑、交面交心。谚语源自清代小说《歧路灯》第二十九回"皮匠炫色攫利 王氏舍金护儿",书中记述了皮匠与谭大叔的对话,说:"谭大叔呀!我们离乡人,在家靠父母,出门靠主人。你既读孔孟之书,必达周公之礼,为什么欺负作践俺?我去喊乡保打更的去!"③

"好酒好烟,勿如知己聊天"批评了酒肉朋友的交往,赞扬知己间的平淡之交。如《庄子·外篇·山木》上有"且君子之交淡若水,小人之交甘若醴;君子淡以亲,小人甘以绝"④。又如清代魏秀仁小说《花月痕》

---

① 潘重规编:《敦煌变文集新书》,中国文化大学中文研究所,1984年,第33页。
② (清) 张杰鑫:《三侠剑》,北京燕山出版社1997年版,第209页。
③ (清) 李绿园:《歧路灯》,李颖点校,中华书局2004年版,第203页。
④ (清) 郭庆藩:《庄子集释》(第三册),王孝鱼点校,中华书局1961年版,第685页。

第三十四回"汾神庙春风生麈尾　碧霞宫明月听鹍弦"说"君子之交淡如水,淡则迹疏而可久,浓则情纵而难长"①。朋友交往重在交心,不重在交面。如谚语"君子如淡水,小人口如蜜"就揭示了平淡之交友谊的绵长。谚语"酒肉朋友处处有,落难之中无一人",更是从反面揭露了酒肉朋友不可靠。

"送人送上岸,送佛送到殿"主张给予朋友的帮助要坚持到底、善始善终,不可中途而废。俗语"帮人帮到底,送佛送到西",如清代乌有先生的《绣鞋记》第二回"宝莲庵请尼作合"记述的古语"送佛送到西天"②。

"尚交半天云,莫交外路人"提出了交友应以熟悉的地域环境为主,对陌生人应保持应有的警惕。"外路人",温州方言指"外乡人"。

"落水要命,上岸讨包袱雨伞"指出了人际交往中人心的贪婪。如明代方汝浩历史小说《禅真逸史》第五回"大侠夜阑降盗贼　淫僧梦里害相思"记述了钟守静得到主持师兄林澹然的解救后,心里还惦记着师兄分给众贼皮匣子里的银两的事情。后人感叹钟守静是"落水要命,上岸要钱"③。谚语刻画出了贪婪的人性。

第六节　集体与团结观念

据《台州府志·风俗志上》记述"台郡负山面海,交通阻塞","台郡庶而不富"④。台州人口众多,地理位置闭塞,因此在社会交往方面更加喜欢抱团,注重集体与团结观念。台商在国际国内各个领域非常注重"老乡"情节。他们喜欢集体行事,紧密团结共同抗压。比如明代海患与海寇侵扰肆虐时,四民同奔、荣辱与共,鲜明的集体意识与团结行为帮助台州人民战胜了外侮与内患。在台州各地都建有宗祠,严明的乡规民约将同宗同脉的台州人紧密地团结起来。除此之外,台州还有各种慈善组织、

---

① (清)魏子安:《花月痕》,世界书局1969年版,第167页。
② (清)乌有先生订:《绣鞋记》,《中国古代珍稀本小说》,春风文艺出版社1994年版,第17页。
③ (明)方汝浩编:《禅真逸史》,黄珅校注,三民书局2017年版,第74页。
④ 喻长霖等纂修:《台州府志》,成文出版有限公司1936年版,第898页。

公益组织与信仰组织以及各种商业行会等。这种传统的集体观念，在今天的日常生活或经商生涯里，被完整地传承了下来。

一　集体观念

在集体观念方面：台州人主张同心协力、众志成城，集众人智慧成就大事。谚语从正反两方面强调人多力量大、点滴江水汇成大海。在困难面前，大家集结成命运共同体：同呼吸、共命运、聚智能、谋正事。表达这种语义的谚语有：

(1) 大河有水小河满。
(2) 三个白目抵军师。
(3) 三个臭皮匠，抵个诸葛亮。
(4) 独只皮鞋咯勿响。
(5) 独脚难行，孤掌难鸣。
(6) 独木勿成林，单丝勿成线。
(7) 只要人手多，石磨搬过河。
(8) 光棍光棍，全靠大家帮衬。
(9) 烂麻拧成绳，力胜千斤顶。
(10) 星多天空亮，人多智慧广。
(11) 一人无主意，三人唱台戏。
(12) 一个牙齿痛，满嘴勿安宁。
(13) 一个篱笆三个桩，一个好汉三个帮。
(14) 一人勿如二人计，三人出个好主意。
(15) 一人心里没有计，三人合作唱台戏。
(16) 一块砖头难砌墙，一根甘蔗难榨糖。
(17) 一人挑土不显眼，众人挑土堆成山。
(18) 一家盖不起龙皇庙，万人造起洛阳桥。
(19) 遇事大家商量，集体胜过诸葛亮。
(20) 千人同船共条命，千朵桃花一树生。
(21) 飞来燕子独家伙，本地麻雀帮手多。
(22) 莫学蜘蛛多结网，要学蜜蜂共酿蜜。

二 团结观念

台州人习惯"抱团",有其本乡本土情节,也是自古地理位置使然。为此,台州人有非常强烈的团结观念。他们主张齐心协力、上下团结一心、互帮互助、集结成事。谚语从正反两方面,运用借代或隐喻或类比的修辞强调众人团结的重要。比如:

(1) 人心齐,泰山移。
(2) 伙计调和,钞票白驮。
(3) 大家一条心,砻糠好搓绳。
(4) 单面砌墙勿牢,双夹墙推勿倒。
(5) 一人踩不死一根草,众人走出阳光道。
(6) 一根竹竿容易断,十根竹竿当扁担。
(7) 打虎还须亲兄弟,上阵仍须父子兵。
(8) 小船靠在大河边,勿愁柴米勿愁盐。
(9) 低头勿见抬头见,开门勿见关门见。
(10) 船帮船,水帮水,撑船老大帮水鬼。
(11) 轻霜打死单根草,狂风难毁大树林。
(12) 莫学篾箩千只眼,要学蜡烛一条心。
(13) 鞋底离勿开鞋面,秤砣离勿开秤杆。

第七节 训教

中国文化源远流长,祖辈遗留的训诫与规矩影响后代学人。台州自古交通壅塞、四面环山靠海、风俗敦厚。宗祠的乡约礼俗或劝诫或警醒。《中国民俗志》第一辑浙江省《浙江民俗篇》修纂的《台州府志·风俗》记述了明代谢文肃《新志》,里面就记录着对台州士民的训教。比如:"是吾台风俗之美,视宋岂不为有光哉!自是以来,百余年间,士皆激昂奋励,以礼义廉耻为先,以行检名节为贵,非下愚不移必不屑。自弃于贪墨,归故乡者,见父老必以齿。有尚气者,折之以义,则从有好争者,谕之以礼则服。"① 台州民众秉奉儒家仁义观念,以礼化人。

训教是对愚民恶行的警钟,行正道、避歪门。南北朝大教育家颜之推非常重视家庭的训教。《颜氏家训·序》有言:"自时厥后,寖微寖昌,子孙有弗若厥训,亦弗克保厥家,则训教之不立也。凡民性非有恒,善恶罔不在厥初;图惟厥初,莫先教训。诗曰:'螟蛉有子,果蠃负之。教诲尔子,式谷似之。'言子必用教,教必用善也。教之以善,犹惧弗率,况导之以不轨不物,俾惟慆淫是即,其何善之有?故子之在教也,犹金之有铏,水之有源也;铏正则正,源清则清,弗可改也已!"② 颜之推主张对子孙加强训教,并讲究训教的方法。调查台州方言谚语,社交方面的训教对人们的言行举止、做人原则、行事规章、品质历练、交友、志向以及生活作风等方面都表达了谆谆教诲。谚语口语化程度高、通俗易懂、言浅而义深。比如:

(1) 逼犬跳墙。
(2) 十赌九输。
(3) 十赔九不足。
(4) 真金勿怕火。
(5) 酒后吐真言。
(6) 篱牢犬不入。
(7) 无水勿行船。
(8) 无尾巴猪抲勿牢。
(9) 无主无宾,一事无成。
(10) 无主无张,做勿成道场。
(11) 让人三分不蚀本。
(12) 大虫刺蓬勿留。
(13) 大路朝天,各走一边。
(14) 大人相吵难得好,小人相吵同路行。
(15) 大风先打出头草,大雨先淋出头椽。
(16) 王百万,借雨伞。

---

① 张聊元主修:《中国民俗志》,东方文化供应社1970年版,第213—214页。
② (南北朝)颜之推撰、王利器集解:《颜氏家训集解》,中华书局1993年版,第619页。

(17) 朋友妻，勿可戏。
(18) 猪吃麦差羊赶。
(19) 好汉勿吃眼前亏。
(20) 好事勿出门，恶事传千里。
(21) 好稳勿稳，弹涂钻竹棍。
(22) 真人面前勿说假话。
(23) 真心勿露相，露相非真人。
(24) 说嘴郎中无好药。
(25) 鲜鱼勿可交给猫望。
(26) 贪小失大，贪嘴摸夜。
(27) 人有失手，马有失蹄。
(28) 人心难料，海水难量。
(29) 人心难摸，鸭肫难剥。
(30) 人有良心，狗勿吃屎。
(31) 人心隔肚皮，有难各自飞。
(32) 人熟礼勿熟，面和心勿和。
(33) 人面兽心伪君子，鼠目寸光烂小人。
(34) 少时偷针，长大偷金。
(35) 少叫一声哥，多走十里坡。
(36) 三场（赌场、法场、相打场）莫入。
(37) 千次好，就怕一次糟。
(38) 千里送鹅毛，礼轻情意重。
(39) 打人莫打头，做贼莫偷牛。
(40) 打人莫打脸，骂人莫揭短。
(41) 见死勿救，心肠发臭。
(42) 对面是人，背后是鬼。
(43) 蜡烛斗大，照勿肩后。
(44) 貂好裘好，勿如心好。
(45) 家火不起，野火不来。
(46) 天下广阔，逃难狭窄。
(47) 天下无难事，只怕有心人。
(48) 等人易老，等车难到。

(49) 等人易久，嫌人易丑。

(50) 面上无肉，不可同宿。

(51) 面上笑呵呵，心里毒蛇窝。

(52) 出门带个人，不如带根绳。

(53) 张嘴同你讲，双脚撩你网。

(54) 嘴巴抹蜜糖，肚里藏砒霜。

(55) 肩头一刮搭，莫忖老实煞。

(56) 眼乌珠黑，钱财银子白。

(57) 斫高难为树，斫低难为地。

(58) 只有大意吃亏，没有小心上当。

(59) 在家千日好，出门半朝难。

(60) 在家难打和尚，出门难打黄胖。

(61) 活到八十八，难笑别人头疮眼瞎。

(62) 借米好落镬，讨米难落镬。

(63) 借人衣衫勿贴肉，借人布裙长短幅。

  台州方言谚语反映了社会多元结构的社交文化特质。人是社会的主体，与自然、他人发生多重社会关系，担任多元情感角色。"现代社会结构是一个多样化的社会结构，现代社会中的人是一个多元的社会角色"[1]。社会分工的细化与差异以及交往手段的变化，让人们的社会交往不同于落后农业文明的乡土捆绑方式。台州方言谚语的社交文化反映了社会多个面向和多元角色的特征。在工作交往方面：提倡主动积极、稳重耐心、谦逊耐劳的品质；在言语谈吐方面：注重分寸的把握，讲道理明事理；在社交场合应酬方面：强调自我内涵与修养的提升；在交友方面：主张交"心"甚于交"面"，提倡广结善缘、公私分明、善始善终；在亲邻相处方面：主张和睦共处、友爱团结、互助互谅；在集体与团结观念方面：倡导众筹谋略、同舟共济、齐心协力、缔结命运共同体；在社交各个领域的行为训教方面：主张秉承儒家文化的"仁义"核心精神，以礼与德化人。

---

[1] 杨国斌：《社会阶层论》，中国社会科学院出版社2009年版，第82页。

第十章　浙南气象谚语文化研究

中国最早的气象记录在殷商时代就有记载，如一些甲骨卜辞中就有关于风雨的文字刻录。比如"癸卯卜今日雨。其自东来雨。其自南来雨。其自西来雨。其自北来雨"，"大鳳（风）自北入日"等。"殷商时期已经有了较为系统的气象档案的记载和积累"[①]。又如起源于西周武王初年的《诗经》，就有通过对天气现象与物候的观察，作出解释与预测。比如《诗经·邶风·终风》的"终风且霾"[②]，指处于河南省汲县东北的邶地，当时风沙多，容易成霾。又如《诗经·豳风·七月》卷八有"春日载阳，有鸣仓庚。女执懿筐，遵彼微行，爰求柔桑"，"四月秀葽，五月鸣蜩"，"五月斯螽动股，六月莎鸡振羽"，"七月鸣贝鸟，八月载绩"，"十月蟋蟀入我床下……八月剥枣，十月获稻"[③]等。从甲骨文系辞到先秦《诗经》以降，史书文献都记载了当时当地的气象观测与物候变化。这反映了先贤通过观测天气现象与物候变迁来预测天气的方法，也是百姓生产生活经验的智慧总结。与天气相关的谚语也在人民群众中世代相传，成为人们的居住、出行、生产与生活等领域的行动指南，反映了日常生活的气象文化。

丽水，隋朝古称处州，属于浙南区域。《处州府志》卷五载："处州，山多田少，地瘠人贫，较之他郡，穰岁不及""惟土农按节候占晴雨得稼穑之宜"。[④] 这表明丽水农民通过占卜和观察天气的变化，预测农时、指导农业生产。根据气象与物候的观察预测气候，这种传统在日常生活中非

[①] 丁海斌、冷静：《中国古代气象档案遗存及其科技文化价值研究》，《辽宁大学学报》（哲学社会科学）2009年第2期。

[②] （汉）毛亨传、郑玄笺、（唐）孔颖达疏：《毛诗正义》，北京大学出版社1999年版，第126页。

[③] 同上书，第494—503页。

[④] 娄子匡编辑：《中国民俗志·浙江民俗篇》（第一辑），东方文化供应社1970年版，第1—2页。

常普遍，久而久之，形成了诸多气象谚语，它凝结了百姓的生活感知与民俗文化。调查丽水气象谚语，浙南气象文化主要是对气象的预测与物候的记载，它为人们的生活与生产提供借鉴，这些谚语至今仍有顽强的生命力。

第一节　气象预测

丽水方言谚语有很多气象预测。谚语通过观察云的形状、移动方位以及云与日之间的关系，来预测云雨的形成。除此外，还观察天象的闪电、雷鸣、星辰、日晕、月晕、霜雪、霓虹、风形以及四季节令变化、日出日落等预测天气的阴晴与下雨。这些为人们的日常生活带来了便利，也丰富了我国气象民俗学知识。

一　与云相关谚语

丽水重峦叠嶂、水量充沛、空气湿度较大，有着"天然氧吧"的称誉。山区云象众生，云雨关系密切，而雨来自云。比如唐代诗人李白《梦游天姥吟留别》的诗句"云青青兮欲雨，水澹澹兮生烟"[1] 揭示了云雨互生互依的关系。常年生活在山区的人们学会了识云观天气。

（一）云的形状种类

云的形状与天气有密切的关系。古人很早就注意到了通过观察云的形状来预测风雨。如春秋战国时期的《吕氏春秋·应同》载："山云草莽，水云鱼鳞，旱云如烟，雨云水波。"[2] 这是古人在没有今天气象学知识的背景下，凭借经验观测出云的形状变化来预测会有什么样的雨情，云状成为某种天晴或下雨的前兆。云是地球上的水分蒸发以后，形成水蒸气进入大气中，不久之后凝结成为云，进而形成雨、雪或雹，最后再回到地面。从云到雨经过了不同的云状形成阶段。从高到低一般经过依次是高云族：卷云、卷积云；中云族：高积云、高层云、雨层云；低云族：层积云、层云；直展云族：积云、积雨云。"山云草莽"指积雨云，形状如草莽；"水云鱼鳞"指卷积云，往上变化，成阴雨天气，形状如鱼鳞；"旱云水

---

[1] 孙海通、王海燕：《全唐诗》，中华书局1999年版，第1780页。
[2] （战国）吕不韦编撰、王利器注疏：《吕氏春秋注疏》，巴蜀书社2001年版，第1283页。

波"指卷云，形状如烟纹，是晴天的征兆；"雨云水波"指层积云，形状如水波，可以继续变化为雨层云，是下雨的前兆。丽水方言谚语也有许多通过观察云状的变化预测天气。比如：

（1）云交云；半夜。
（2）云交云，雨乱盖。
（3）乌云密布定是雨，江日送山准天晴。
（4）天上勾勾云，三日之后雨水淋。
（5）天上鲤鱼斑，明朝晒谷勿要翻。
（6）天上有云鲤鱼斑，地下无水过溪滩。
（7）云势呈鱼鳞，来朝风不轻。
（8）天上飞游丝，久晴便可期。
（9）豆腐云，天要晴。
（10）瓦块云，晒死人。
（11）云叠云，雨淋淋。
（12）今晚花花云，明日晒死人。
（13）天上豆荚云，地下晒死人。
（14）豆荚云，天气晴；炮台云，雨淋淋；瓦块云，晒鬼精；悬殊云，雷雨紧。
（15）天上云象犁，地下雨淋泥。
（16）乱云满天交，风雨莅勿小。
（17）彤云压天低，大雪必纷飞。
（18）上午乌云障，下午晒死老和尚。

以上谚语都形象生动地描绘出了云状的不同种类会有什么样的天气前兆。比如"云交云"指云层与云层之间的相交，通常是广大空气层缓慢上升到相当的高度而成。云交云的形态应是层积云，预示着连续性下雨或降雪。谚语"云交云；半夜"，"云交云，雨乱盖""云叠云，雨淋淋"，"乱云满天交，风雨莅勿小"等，就指出了这种形态的云会预示有倾盆大雨，会一直到半夜。"勾勾云"和"犁云"指卷云，末端形状如弯钩，预示着三天后下雨。"鲤鱼斑""鱼鳞"形状，指卷积云，形状如鱼鳞，排列呈有规律的网状，预示短暂的晴天之后会刮风下雨。"游丝"指卷云，状如纤薄之细丝，晴天久后就会下雨。"乌云密布"一定是大雨的前奏。其他形状的云，如"豆腐云""瓦块云""花花云""豆荚云"等是天晴的征兆。而"悬殊云"一高一低，预示着会有雷雨天气。"彤云压天低"在冬天则预示着下大雪。如唐代诗人宋之问《奉和春日玩雪应制》有诗"北阙彤云掩曙霞，东风吹雪舞山家"[1]，又如明代小说《三遂平妖传》第二回"胡永儿大雪买炊饼 圣姑姑传授玄女法"说："时逢仲冬，彤云密布，朔风凛冽，纷纷洋洋下一天好大雪。"[2] 不同云的形状种类预示着天气的变化，体现了百姓的生活经验。

（二）云的移动方位

云的形状在空中随着风向的转变，形状也在不断地变化。云的移动方位，对天气的预测也提供了科学信息。比如：

（1）乌云拦东，无雨是风。

（2）乌云过河，大雨滂沱。

（3）东云爬过西，大水满大溪；北云过南，大水满龙潭。

（4）云拖东，雨落空；云拖西，雨过溪；云拖南，雨成潭；云拖北，雨即到。

（5）云向东，下雨也不凶。

（6）云翻东，大水没垟冲。

（7）云朝东，燥松松；云朝西，雨没溪。

（8）云朝东，雨朝北，雨难得。

（9）云往东，一阵风；云往南，雨涟涟；云往西，披蓑衣；云往北，一阵黑。

（10）东云翻过西，山冈滚成溪。

（11）云过东，车马通；云过南，水满潭；云过西，水满溪；云过北，日头赤烙烙。

（12）南云翻过北，烂田好开坼。

（13）南云鬼，哄得缙云不车水，永康毛毛雨，温州涨大水。

（14）南云过北，烂田好种菜；北云过南，大水满龙潭。

---

[1] 孙海通、王海燕：《全唐诗》，中华书局1999年版，第656页。

[2] （明）罗贯中：《三遂平妖传》，北京大学出版社1983年版，第9页。

（15）云从南方暗，风雨辰时见。

（16）南云翻过北，没水好磨墨；北云翻过东，大水打成潭；西云翻过东，铜锣打对通；东云翻过西，白田变成溪。

（17）打对通；东云翻过西，白田变成溪。

（18）西云翻过东，山背好栽葱。

（19）西云搬过东，无雨也是风。

（20）东云搬过西，山涧成大溪。

（21）西北黑云生，雷雨必然轰。

（22）云朝北，落到黑。

（23）云向北，雨难测。

（24）云往上，雨浇饭；云往下，日如或。

以上谚语注意到了云的移动方位与天气的变化。不同的移动方位，预示着雨量的大小，风力的有无以及雷雨的产生。这种朴素的气象观察积累着宝贵的生活经验，对现代气象学观云识天气，起着重要的辅助作用，也指导着人们的生产与生活。

（三）云的参照方位

云在空中的方位变化不定。由于人们认知注意力的不同，如云与日、月、山、风、雾及天空的关系，聚焦的参照物的位置不同就提供了不同的气象预测。比如：

（1）乌云接日晴不久，日头送山一定晴。

（2）乌云接月，下雨即刻；云下日光，天气晴朗。

（3）云遮中秋月，雨落下年冬。

（4）云下日光，晴朗无妨。

（5）云上山，晾衣衫；云下山，撑雨伞。

（7）云雾满山腰，欲雨在明朝。

（8）天光乌云罩山尖，三日之内雨出天。

（9）天光云拦腰，黄昏有雨浇。

（10）云随风云急，风雨霎时急。

（11）万里无云一日晴，七死八活九日晴。

（12）乌阴上云半夜散，半夜上云无日间。

（13）红云日出生，劝君莫远行。

同一事物，因为参照方位的变化，气象瞬息万变。比如"乌云"与"日"相接，以"日"为参照方位，此时的晴天将会变成雨天。与"月"相接，以"月"为参照方位，天气即将下雨。以"日"为参照方位，云在"日"上，"日"在云下，天气晴朗。以"山"为参照方位，云上山，不会下雨，可以晾衣服；云下山，在山的下面，预示有雨水天气，提醒人们出行要带雨伞。如果云雾绕山腰，明天可能下雨。以"天空"为参照方位，"万里无云"当天晴，接下来也会连续下雨，然后一周左右会天晴。以"日"为参照点，红云在日出时产生，可能有大雨，提醒人们不宜远行。"乌阴"，温州方言指"傍晚"。

二 与雷闪相关谚语

汉代儒家董仲舒等对自然现象之一的雷电解释表现出了虚妄无知与迷信无稽。东汉的王充在《论衡·雷虚篇》中驳斥了他们的"天谴"言论，如"盛夏之时，雷电迅疾，击折树木，坏败室屋，时犯杀人。世俗以为'击折树木，败坏室屋'者，天取宠。其'犯杀人'也，谓之阴过。饮食人以洁净，天怒，击而杀之。隆隆之声，天怒之音，若人之呴吁矣。世无愚智，莫谓不然。推人道以论之，虚妄之言也"。王充认为这是虚妄之言，明确"夫雷之发动，一气一声也"[①]。雷电其实是大气的一种自然界放电现象。打雷往往伴随着轰隆隆的雷鸣声与强光刺眼的闪电。现在气象学对雷鸣与闪电有着科学的认知。富兰克林曾成功地捕获了雷雨天气的闪电。丽水民谚根据生活的实际观察，总结出了与雷闪相关的谚语。谚语预测天气，通俗易懂、贴合日常生活感知，体现出了简单而实用的常识。比如：

（1）雷公先唱歌，有雨也勿凶。
（2）先打雷，后吹风，有雨也勿凶。
（3）先雷后雨雨勿大，先雨后雷雨冲路。
（4）雷公大声擂起鼓，有雨也是落勿多。

[①] （东汉）王充：《论衡校释》，黄晖校释，中华书局1990年版，第294页。

（6）夜雷三日雨，平地好撑船。

（7）天光雷，三日雨。

（8）午雷勿过刻，过刻落到黑。

（9）午时响雷未时雨；未时响雷无粒雨；申时响雷西时雨，西时响雷无粒雨。

（10）早雷勿过午，午雷两头空，夜雷三日雨。

（11）一通早雷三通雨，吃过天光望大水。

（12）西风响早雷，大雨当时淋。

（13）闷雷雨，响雷晴。

（14）燥天雷，点点淋；水底雷，大雨淋。

（15）雷打秋，对半收。

（16）雷响天边，大雨连天。

  谚语观察到打雷与下雨的先后次序，借此预示雨水的凶猛与否。如果先打雷后下雨，那么雨一般不会很大，俗语"雷声大雨点小"正是此意，也如谚语"雷公大声擂起鼓，有雨也是落勿多"所言。

  打雷的时间不同，给生活也带了不同的影响。如果夜晚打雷，预示会连续下雨。如"夜雷三日雨，平地好撑船"指出了夜晚打雷会有连续暴雨的情形，地面积水很深，就像能撑船的河床一样。天刚刚亮时打雷，也会连续下雨，如谚语"天光雷，三日雨"。如果午时打雷，没有超过午刻，一般不会下雨，如果过了正午刻点，就会下雨到天黑，如谚语"午雷勿过刻，过刻落到黑"。北宋诗人苏轼的诗《六月七日泊金陵，阻风，得钟山泉公书，寄诗为谢》云："今日江头天色恶，礠车云起风欲作。"注云："暴风之候，有礠车云。"[1] 指夏日午后，天空有厚积云和积雨云时，午后将下暴雨。又谚语"午时响雷未时雨；未时响雷无粒雨；申时响雷西时雨，西时响雷无粒雨"，就指出了不同时刻打雷会有不同的下雨征兆。

  丽水人们还总结出了雷的不同种类，如"闷雷""响雷""旱雷""燥天雷""水底雷"等。这几种雷，除了响雷是晴天和燥天雷会下小雨

---

[1] （宋）苏轼撰、（清）王文诰辑注：《苏轼诗集》，孔凡礼点校，中华书局1986年版，第2031页。

外，其他都预示着连续性下大雨。但是如果响雷是在天边，不是当空，也会有连绵的大雨。这反映了百姓辩证看待打雷与下雨的关系，如"雷响天边，大雨连天"。打雷对稻谷秋收影响很大，因为雷雨天气，造成年成歉收，如谚语"雷打秋，对半收"。

在日常生活中，一年四季我们都可能听到打雷现象。在不同的节气打雷，天气会有不同的呈现。如谚语：

(1) 雷响惊蛰前，四十二日勿见天。
(2) 未过惊蛰先响雷，七七四十九日不开天。
(3) 未到惊蛰先响雷，四十二日雨水灾；日响全灾，夜响半灾。
(4) 夏至响雷六月旱。
(5) 夏至响雷公，塘底好栽葱。
(6) 春天响旱雷，必定大雨淋。

谚语指出惊蛰前打雷，一般都有长时间的大雨滂沱，而且可能会酿成水灾。如果惊蛰前在白天打雷，灾害严重，夜晚打雷灾害会相对减轻。夏至节气听到响雷，天气一般晴好，可以在河塘里面栽葱，但也预示着六月有干旱天气。春天是雨水充沛的季节，会频繁地听到旱雷响动，这预示着暴雨即将来临。

与打雷相伴而生的就是闪电。闪电在高空闪动的不同方位预示着是否下雨与天晴。如：

(1) 电光乱明，无雨转晴。
(2) 南闪火门开，北山有雨来。
(3) 电光西北边，雨下涟涟。
(4) 东晃日头西晃雨。
(5) 东闪西闪，糊田开坼。
(6) 东闪日头红，西闪雨重重，北闪当面射，南闪闪三夜。

在积雨云（或叫雷雨云）形成的高空中，云团与云团之间形成强烈的电场，当电荷积聚到一定程度时，会把空气撕裂击穿，强行放电，光线耀眼，这就是闪电。如果电光路线混乱，忽左忽右，预示着天空会晴朗。

闪电在东南西北四个方位的不同亮相,也会有不同的气象预报。如果在南方出现闪电,北边会下雨;西北边闪电,会连续性下大雨;东方出现闪电,当日会暴晒,天气晴朗;西边闪电会雨水阴绵。闪电在不同的方位也呈现不同的高空姿态。北边闪电一般瞬时间放射完成,短暂强烈。而南边闪电则持续性出现,历时弥久,强光刺眼。

三 与雾露相关谚语

《尔雅·释天》载"地气之发,天不应曰雾。雾谓之晦"。这是认为"雾"是地面水汽蒸发升空,无法扩散而成。现代气象学原理指出雾是因为水汽饱和形成的。当近地面的水蒸气,遇冷凝结成细微液态的水滴,就会形成雾。丽水山区雨季漫长,时常水汽弥漫。云雾关系紧密,宛如姐妹,以雾识天气也成为习俗。与雾相关的谚语反映了当地的气象特征。

(1) 重雾三日必下雨。
(2) 三日雾蒙,必起狂风。
(4) 十雾九晴。
(5) 雾罩山尖,晒死神仙。
(6) 一日雾纱三日雨,三日雾纱无点雨。
(7) 久晴大雾雨,久雨大雾晴。
(8) 雾起不收,细雨霏流。

以雾来判断天气的晴好与雨绵,主要根据雾在大气层中的持久状态。"重雾""三日雾蒙""一日雾纱"与"雾起不收"的情形,天气一般是三日雨水纷飞,阴雨绵绵。这些都是浓厚的雾,不易消散、遮云蔽日。如果"三日雾纱"或"雾罩山头",就会日头暴晒,天气晴热。雨与雾关系相依相生、相互转化。谚语"久晴大雾雨,久雨大雾晴"就指出晴天久了就会生大雾,将会下雨;下雨久了生大雾,后续天会晴。谚语"十雾久晴"指深秋、冬季和初春的大雾,一般预示着多半是晴天。

与雾浮动形态迥异的是"露"。露是近地面的水蒸气,遇冷凝结成液态的小水滴,附着在物体上而形成,而雾是漂浮于空中。雾露往往相伴而生。比如:

（1）雾露平，天必晴。
（2）雾露漫山头，大水氽神州；雾露拦山腰，有该日没明朝。
（3）雾露落村，晒死子孙；雾露落垟，晒死老娘。

谚语观察到"雾露"的浮动形态。如果雾在空中呈水平状，露水分布比较均匀，预示天会放晴；如果遮盖整个山头，预示将会下暴雨；如果拦横在山腰，预示天气多变，明日与今日天气殊异。如果村庄山沟有浓重的雾露，则预示着大晴天，太阳炙热。谚语"雾露落村，晒死子孙；雾露落垟，晒死老娘"刻画出的天气状况栩栩如生。

有时注意力聚焦在"露"上也能判别天气状况，成为准确预测天气的重要参照点。比如：

（1）涂露散散带雨伞，涂露平平要天晴。
（2）涂露平平，明日天晴；涂露有高低，明日有得嬉。
（3）涂露涂山尖，大雨满溪边；涂露涂山脚，石头光烁烁。

"涂露"指厚重的露。如南北朝诗人谢玄晖（谢朓）《酬王晋安德元诗》有诗"稍稍枝早劲，涂涂露晚晞"[1]。王逸在《昭明文选》卷二十六注曰："涂涂，厚貌也。"[2] 丽水山区森林覆盖面积广阔，有"浙江绿谷"的美誉。山势呈西南向东北走向，主要有仙霞岭、洞宫山、括苍山等山脉。山区雾露厚重，百姓常常根据"涂露"的分布样态与区域来识别天气。"涂露"的附着状态多样，预示着天气的多变。如果比较分散、不集中，有的多有的少，这就提醒人们出门要带雨伞。如果附着枝叶或其他物体的"涂露"比较平均，则预示着明日天晴。人们还观察到"涂露"的分布位置不同，天气也是完全不同。如果山头有厚重的露水，则预示着下暴雨；如果在山脚发现有"涂露"，则预示着天气晴朗，阳光闪耀。

雾露除了浮动的状态、分布的样态与位置外，发生的时间也会影响天气的变化。比如：

---

[1] 逯钦立辑校：《先秦汉魏晋南北朝诗·齐诗卷三》，中华书局1983年版，第1426页。
[2] （南朝梁）萧统编、（唐）李善注：《李善注昭明文选》，河洛图书出版社1975年版，第565页。

（1）早上起大雾，必见一晴天。
（2）早上有雾露，放心洗衣裤。
（3）早晨雾满地，尽管去洗被。
（4）早雾拦腰，雨落明朝。
（5）天光雾露浆，日午晒死老和尚。
（6）春晨有雾天晴朗，夏晨有雾雨重重。

谚语观察到一般早晨起雾，而且是覆盖地面，则预示着大晴天，人们可以放心洗东西。如唐朝诗人崔亘诗《暮怨》说"夜尽梦初惊，纱窗早雾明"[1]。李约的诗《城南访裴氏昆季》有"早雾桑柘隐，晓光溪涧明"[2]。如果早雾浮动在半山腰，则意味着明天要下雨，提醒人们要合理安排好时间。天刚亮时起雾，预示着中午要出大太阳，做好防晒工作。早雾在不同的季节，带来的天气也会不同。如果是春天早雾，天空就会晴朗；如果是夏天早雾，则会连绵阴雨。这些都是长久住在山区里的人们的生活经验总结。

四　与日月星辰相关谚语

丽水山区空气清新，水汽湿气较重。人们根据日常生活经验，上观天文、下察地理，对日月星辰的观察细致入微，由此形成民间口耳相传的谚语，用来预测天气，给人的生产与生活提供便捷服务。

（一）与日相关谚语

"日"是方言词，普通话称为"太阳"。日出、日落、日晕及太阳出现的时间、移动路线与外在形态，成为天气变化的前兆。比如：

（1）日出暗红，无雨必风。
（2）日无晴彩，久晴可待。
（3）日出即遇云，没有必天晴；日落云里走，雨在夜半后。
（4）日出早，雨淋淋。
（5）天光日头探一探，一日雨涟涟。

---

[1] 孙海通、王海燕：《全唐诗》，中华书局1999年版，第1467页。
[2] 同上书，第3495页。

谚语观察到日出时天气的状态。日出天空暗红色，预示不下雨就会刮风。日出时天空没有晴朗，而是阴天，预示可能连续性下雨，需要等待时日天空才会放晴。日出时与云相接，天气难测，不一定会天晴。天亮时，日头出得早，只是晃一晃，预示着下大雨。有日出就有日落。日落时天气如何变幻，丽水百姓也总结出了很多的经验。如"日落云里走，雨在夜半后"就指出了日落在云里移动，预示着后半夜要下雨。除此外，日落相关的谚语还有：

（1）日落西山不发光，明朝起大风。
（2）日落西山榴柁红，不过三日雨到门。
（3）日落暗红，无雨必风。
（4）日落云里走，落雨半夜后；日落胭脂红，无雨必有风。
（5）日落云连天，必有大雨来。
（6）日落看两边，天气容易断。

谚语观察到日落后西山天边的云彩颜色与自身的颜色变化，通过颜色来判断天气。如西山云彩呈"榴柁红"，没有光亮，意味着明后天可能下雨。日落自身呈现的颜色是"暗红"与"胭脂红"，预示着"无雨必有风"、阴晴不定。日落时，云天相连，可能明天下大雨。所以谚语根据日落观察天边的云彩预判天气的变化，这俨然成为习惯。"日落看两边，天气容易断"正是日常判断天气的方法。

人们观察天气的变化，还注意到了太阳周围的光圈现象，俗称"日晕"。"晕"是大气中悬浮的冰晶将日光或月光折射或反射而形成的环弧等状的光学现象。通过日晕的出现时间预判天气的谚语有：

（1）大晕三日内，细晕逃勿脱。
（2）大晕晴，小晕雨。
（3）午间日珥，明日有雨。
（4）天光日珥，狂风即起。
（5）日晕雨，夜晕晴。
（6）日晕雨，月晕风。
（7）日晕三更雨，月晕午时风。

(8) 日晕不过周,月晕晒九州。
(9) 日晕勿过悠,月晕晒死鳅。

对"晕"的观察在西汉就有专职人员分析"晕"的结构,如《周礼·春官·眡祲》有"眡祲章十煇之法,以观妖祥,辨吉凶,盖以察天之变象,而以测人事之吉凶"①。"眡祲"是职掌天文气象观察及预报的官吏,"煇"指日光气,即"晕"。丽水民间传承前人,观察"晕"识别天气。"大晕"预示着晴天,"小晕""细晕"预示着下雨,"逃勿脱"则下雨。"晕"出现的时间不同,天气也不同。"午间"有日晕,明天可能下雨;"天光"有日晕,当日可能起大风。"珥"是温州方言词,指太阳周边的珥状气体,属于"晕"的一类。白天出现"日晕",一般意味着三更时分会下大雨,提醒人们出门带伞。与此相反,"月晕"或"夜晕"往往会天晴或有风。

有时人们观察太阳的移动路线来预判天气的变化。比如:

(1) 日头打洞,落雨起风。
(2) 日头打洞,大雨满墙弄。
(3) 日头点灯,雨打脚后跟。
(4) 日头送山,雨落平坑。
(5) 日头送山尖,明天仍好天。

谚语以"山"为参照点,以日头(太阳)的移动路径来判断天晴还是下雨。"日头打洞"指太阳穿过山谷,似是打洞,这时即将下大雨。"点灯"指日头立在山尖上,宛如蜡烛点燃,预示着会有阵雨。"日头送山"是太阳远远望去,沿着山的方向移动,像是送行一样,这意味着会有暴雨。"日头送山尖"指太阳从山尖上方移动,预示着明天天气晴好。

人们有时也会注意太阳与周围云层的关系,描绘它们的形态来预测天气。如:

(1) 日枷夜枷,晒死老鸦。

---

① (汉)郑玄注、(唐)贾公彦疏:《周礼注疏》,北京大学出版社1999年版,第656页。

（2）日头负枷好落雨，月亮负枷好起风。（畲族）
（3）太阳月亮穿外衣，不是刮风便下雨。

谚语中"枷"形象地指太阳与月亮四周的云像是套上的枷锁，"负枷"就是与四周的云相伴而行。"日枷"有时下雨，有时天晴。"月枷"一般会刮风或下雨。有时以"穿外衣"来形容太阳与云如影随形的动态，这时的天气一般都不会好。

（二）与月相关谚语

与日相对的是月。月亮在夜间呈现的外在形态对天气的预判也有一定的帮助。比如：

（1）月亮毛毛，春雨在明朝。
（2）月光生毛，大雨难逃。
（3）月光生毛，雨坐牢。
（4）月亮生毛，有雨在明朝；一日生毛三日雨。
（5）三日无毛无点雨。
（6）月晕为风，础润为雨。

谚语根据月亮的外在样态推测天气的状况。"月亮毛毛""月光生毛"及"月亮生毛"指月晕。月亮四周因为大气中冰晶的反射月光的作用而形成环弧或光点现象，民间俗称"生毛"。月亮四周生"毛"了，根据这种征兆推测天明天会下雨。如果没有生"毛"，明天可能没有雨。谚语"月晕为风，础润为雨"，出自宋代苏洵的《辨奸论》，文载"事有必至，理有固然，惟天下之静者乃能见微而知著。月晕而风，础润而雨，人人知之"[1]。谚语比喻根据事情的征兆推知将要发生的事情。根据现代气象观测，"月晕为风"不一定发生，需要综合天象的其他因素才能判断，单方面地观察月晕来判断天气不一定科学，而且地域气候的不同也有判断的差异。"础润为雨"指础石湿润，会有下雨迹象。

（三）与星辰相关谚语

古人很早就从观察月亮在各星宿的位置与风雨的关系上来预测天气。

---

[1] 王文濡校勘：《古文观止·宋文》（卷十），台湾中华书局1961年版，第27页。

如唐代的《相雨书·察日月看星宿》载述："月宿房,雨如霰,日中逐散。月宿箕,大风升水。月宿斗口中,三日大雨,月宿虚,风发大水。月宿毕,风雨兴也。"① 后来人们夜观天象,根据星星的特征来预判天气。比如:

(1) 明星照湿土,明朝照样晴。
(2) 久雨露星光,明朝雨更凶。
(3) 夏夜星星亮晶晶,明朝天气一定晴。
(4) 星呀星,朗朗晴,密密阴,细密雨淋淋。
(5) 星星眨眼,大雨不远。
(6) 星眨眼,天要哭。
(7) 星朗朗,雨断种;星密密,雨叠叠。
(8) 今夜星星稀,明日好洗衣。
(9) 天上稀稀星,地上长长晴。
(10) 疏疏星,密密雨;密密星,无点雨。
(11) 亘河弯弯,谷米尽担;亘河直直,没米好担。
(12) 星白天晴,星红有风。
(13) 东木杓,胡乱着。

谚语观察星星明亮与否、稀疏与否来判断明日天气变化。若是"明星""朗朗"(指明亮的意思),明日的天气则是晴朗。若是繁星满天、密密麻麻,一般预示着明日有雨。如果星空稀稀落落、距离分散较广,预示着明天还是大晴天。谚语"疏疏星,密密雨;密密星,无点雨"具有地域天气特征,与一般情况相反。这也说明以星识天气具有多变性。"亘河"指银河,其展现的形状不同,预示着年成由于天气好坏将受到不同程度的影响。"星白""星红"指星星反射月光的颜色,预示着前者可能天晴,后者会有风兆。"东木杓"指夜观北斗七星的杓柄,若它指向东方,就意味着下大雨。"胡乱着"指瓢泼大雨,没有方向。"着"是温州方言词,指"泼"义。

---

① (唐)黄子发:《相雨书》,《丛书集成初编》(二十五册),新文丰出版公司 1985 年影印版,第 2 页。

五　与虹霞相关谚语

西周时期人们就观察天空中虹出现的位置来预测风雨。比如《诗经·鄘风·蝃蝀》卷二载"蝃蝀在东，莫之敢指"，"朝隮于西，崇朝其雨"。朱熹注曰："蝃蝀，虹也。日与雨倏然成质，似有血气之类，乃阴阳之气不当交。而交者，盖天地之淫气也。在东者，莫虹也。虹随日所映，故朝西而暮东也"，"云雨而虹见，则其雨终朝而止矣！"[①] 意思是太阳东升，光映西方，在西方见彩虹，显示空中水汽湿润，故"崇朝其雨"。"虹"按照现代气象学理论，它是由于光线的折射作用而形成，一般有红、橙、黄、绿、青、蓝、紫七种颜色。唐代孔颖达在《礼记·月令》疏中有比较科学的解释，如"若云薄漏日，日照雨漏则虹生"[②]。后人观察虹出现的位置、时间及形状来预判天晴还是下雨。比如：

（1）东虹日头西虹雨，三日西虹做大水。
（2）东虹晴，西虹雨，南虹大水北虹灾。
（3）虹过西，山坑变成溪；虹过东，山坑没水洗葱。

谚语根据虹出现的方位来判断天气。虹出现在东方，一般会天晴，夏季可能会干旱。出现在西方，一般会连续性下雨。出现在南方，可能会有水灾。出现在北方，可能出现灾患。虹的出现方位，警诫人们在秋收农忙时节应做好预防工作。虹的出现和当地未来的天气变化有着密切的联系，俗语"东虹日出，西虹雨"有一定的道理。

虹出现的时间早晚，也会成为天气预判的方法。比如：

（1）雨后垂虹，晴朗可期。
（2）虹见雨相隔，虹断雨倾盆。
（3）早虹阴，晚虹晴。
（4）天光出虹，隈日完落雨。
（5）天光发虹大水冲，隈日完发虹日日虹。

[①]（宋）朱熹注：《诗经集注》，世界书局1943年版，第26页。
[②]（汉）郑玄注、（唐）孔颖达疏：《礼记正义》，北京大学出版社1999年版，第543页。

(6) 一日早虹三日雨，三日早虹没大水。

雨后见彩虹，天空一般晴朗。虹的弯形不完整，似是断裂，预示将有倾盆大雨。天亮出现彩虹，晚上会下雨。"隈日完"指晚上。早上出现彩虹，会是阴天；傍晚出现彩虹，明天可能会放晴。谚语"一日早虹三日雨，三日早虹没大水"指出了早虹持续的时间，晴雨殊异。

彩虹的形态特征也为天气预测提供参考。比如：

(1) 天上半断虹，大水没过陇。
(2) 虹吃水，天见晴。

谚语指出天空出现断虹，预示着暴雨天气的来临。如果显现"虹吃水"的姿态，则可以预见天空放晴。

有时可以观察云霞的出现时间来预测天气的晴雨变化。比如：

(1) 早霞三日雨，晚霞半年晴。
(2) 早晨起霞，大水满到树根；黄昏起霞，明天晒死老鸦。
(3) 早霞九日雨，晚霞九日晴。
(4) 天光红霞，浸死虾蟆；黄昏红霞，无水烧茶。

太阳东升或西沉，地平线以下有太阳的那部分天空，往往出现色彩绚丽、变幻万千的彩霞。这是一种大气光象，只有当云层达到一定的厚度，云层的温度和气压场比较稳定，太阳光正好射入其中就会形成彩霞。根据彩霞出现时间的早晚，可以分为早霞（朝霞）或晚霞。霞与天气有极为复杂的关系。谚语指出早霞一般会下雨，而且持续时间长。晚霞一般预示明日天空晴朗。唐诗《占雨》"朝霞不出门，晚霞行千里"[①]，根据现代气象学的科学解释有一定的道理。太阳刚探出头，天刚刚亮时出现红霞，会有暴雨；而黄昏时分出现红霞，由于太阳下山、地面冷却、气压稳定、与空气上层的湿气对流减弱、空中云彩消散，第二天天气将会晴好。"无水烧茶"极言黄昏出现红霞的色彩十分红艳、似火烧，预示着明天是大

---

① 孙海通、王海燕：《全唐诗》，中华书局1999年版，第9957页。

六 与霜雪相关谚语

按照现代气象学理论,"霜"是近地面的水蒸气,遇冷凝结成细微固态白色的冰粒,附着于物体上,形成"霜"。"雪"是水蒸气凝结成固态的冰,漂浮于空中,形成"雪"。在西周就有根据云层的色彩来预测降雪。如《诗经·小雅·信南山》有"上天同云,雨雪纷纷"[1]。"同云"泛指今天的层云,冬天一般降雪。东汉时期,人们观察到了霜与天气的关系,比如《论衡·寒温篇》载"朝有繁霜,夕有列光"[2]。因为早晨多霜,天空晴朗无云,所以晚上繁星满天、星空明亮。丽水大部分地方是山区,地处浙南,一年四季天气温热,下雪比较少见,因此对每次下雪的天象记录就显得格外留意,这也给后来人判断降雪天气提供了参证。

与雪相关的谚语:

(1) 初三见月,初四见雪,初五初六不落不歇。(畲族)
(2) 初三晴,初六雪。
(3) 初一落,初二散,初三落半月。
(4) 雨夹雪,落不歇。
(5) 高山雪,平地霜。
(6) 地下作热,天上作雪。
(7) 地上暖,天上孵雪卵。
(8) 雪勿烊,候雪娘。
(9) 落雪勿清 炀雪清。
(10) 边落边炀,又落第二场。
(11) 雪雨回头百廿日。

谚语记录了下雪的时间、雪的形状以及地上气温的变化对降雪的影响。如冬季快过年的时候,初三如果晴天、初四下雪的话,初五、初六就

---

[1] (汉)毛亨传、郑玄笺、(唐)孔颖达疏:《毛诗正义》,北京大学出版社1999年版,第827页。

[2] (东汉)王充:《论衡校释》,黄晖校释,中华书局1990年版,第632页。

会连续降雪。降雪的状态不同,也预示着雪的历时性的变化。谚语"初一落,初二散,初三落半月","散"同"霰",是大气温度在摄氏零度以下时,云中水汽急骤凝结成圆粒状。初一落雪,即降雪;初二降霰,继续这种极冷天气的话,初三仍然下雪,将持续半月。谚语"雪勿烊,候雪娘"和"边落边炀,又落第二场","烊"与"炀"指(雪)融化。降雪时没有融化,接下来会有大雪。如果边下边化,则预示着后续还要下雪。下雪气温会下降,人感觉到冷,但比起雪融化时的体表感知,人们会觉得雪融化时更冷。俗语"落雪不冷化雪寒",谚语"落雪勿清炀雪清"正是此意。"清",温州方言指"冷(寒冷)"。雪的形状不同,如"雨夹雪"与"高山雪"带来的天气也不同。前者会持续下雪,后者地面会打霜。下雪时地表温度和地下温度的差异也能描摹雪霰的状态。"上暖下寒"天气不同。"地上暖"天降霰,"雪卵"指霰。"地下热"而地表寒,天降雪。这些都刻画了丽水人们对冬季天气变化的细致观察。谚语"雪雨回头百廿日"指雨夹雪,天不晴。

与霜相关的谚语:

(1) 见霜三日晴。
(2) 头霜难压三天晴。
(3) 春霜没有三日晴,如有三日晴,落雨到清明。
(4) 一日春霜三日雨,三日春霜九日晴。
(5) 一日霜,三日雨;三天霜,九天晴。
(6) 春霜勿过夜,过夜晴到立夏。
(7) 春霜三日白,晴到割大麦。
(8) 白露晴汪汪,三天便见霜。
(9) 白露青铜镜,三日就起霜。
(10) 冬天月亮光光,明朝遍地是霜。

谚语观察到了冬天或秋天早上见到地上霜时,预示会有连续性天晴的兆头。如果是春霜,则预示着会有三天左右的下雨天气。"春霜"如果夜晚还没消散,第二天是晴天的话,接下来会有长时间的晴天。"春霜三日白,晴到割大麦"就指出了这种春霜带来的持续性晴天气候,有利于农时收割。古人也很早观察到了露与霜的关系。如《诗经·秦风·蒹葭》

载"蒹葭苍苍,白露为霜"①,认为白露凝泪为霜。白露与霜的成因不同,古人的看法与现代气象学的科学原理相悖。通过白露来预判地上或枝叶生霜,可以提供参照。"白露晴汪汪"指天晴时,地上或草木有白露,预判三天后会生霜。"白露青铜镜"指天上无云,像一面铜镜样干净,而地上或草木有白露,推知三天后生霜。冬天夜晚月亮清冷明亮,意味着明天草木生霜。以上都是对霜的细心察觉与预判,有一定的科学道理。

七 与风雨相关谚语

风与雨之间有密切的关系,古人很早就观察到风对气候的影响。春秋时范蠡在《范子计然·风雨》说:"风为天气,雨为地气,风顺时而行雨,应风而下,命曰:天气下,地之气上升,阴阳交通,万物成矣。"②这是古人观察到风雨与水汽蒸发的变化相关。战国时代人们对季风有了初步认识,还命名了"八风"。如《吕氏春秋·有始》载:"何谓八风?东北曰炎风,东方曰滔风,东南曰熏风,南方曰巨风,西南曰凄风,西方曰飂风,西北曰厉风,北方曰寒风。"③ 这是对天地四方不同方位风的认识。《吕氏春秋·贵信》还说:"春之德风,风不信,其华不盛;华不盛,则果实不生。"④ 意思是春天吹暖和的东风和东南季风,如果逾期不至,则花不开。这是对信风或花信风认识的滥觞。从古至今,人们就关注到了风与雨带来的气候影响。如唐代诗人许浑《咸阳城东楼》有诗"溪云初起日沈阁,山雨欲来风满楼"⑤。丽水山区的生活环境给人们的生活带来了体验与感知,总结的谚语对气象的预测有积极的引导作用。比如:

(1) 一天风,三尺浪。
(2) 无风不起浪,无云不下雨。
(3) 无雨必有风。

---

① (汉)毛亨传、郑玄笺、(唐)孔颖达疏:《毛诗正义》,北京大学出版社1999年版,第422页。
② (清)黄奭辑:《范子计然》,《丛书集成三编》,艺文印书馆1972年版,第3页。
③ (战国)吕不韦编撰、王利器注疏:《吕氏春秋注疏》,巴蜀书社2001年版,第1257—1261页。
④ 同上书,第2388页。
⑤ 孙海通、王海燕:《全唐诗》,中华书局1999年版,第6085页。

（4）若有乱头风，欲雨勿用问天公。
（5）强雨怕大风，昙朗怕雷公。
（6）晴风送日落，雨风半夜起。
（7）骤风勿终朝，骤雨勿落日。
（8）风静郁蒸热，云雷必震烈。
（9）细风匀吹每日晴。
（10）还未落雨先刮风，落起雨来也勿凶。
（11）热极生风，闷极生雨。
（12）返照黄光，明日风狂。

谚语观察到了风雨、风浪之间的必然联系。狂风带来巨浪，也能预示雨天的脚步。"乱头风"将会下雨。强雨怕大风，如同生活中常见的狂风暴雨。"昙朗"指乍雨乍晴，这时打雷闪电会给人们的生活造成极大的灾害。日落刮风，半夜会下雨。骤风骤雨一般比较持久。如果和风细风，则预示天晴。炎热夏天，风静则预示会有强雷阵雨。下雨前先刮风的，一会儿下起雨来就非常凶猛。"热极生风，闷极生雨"辩证地观察到气候的湿热与风雨的兴起之间的关系，这在生活中有一定的道理。"返照黄光"指月晕，预示明天会刮大风。

不同方向的风以及不同季节的风，也会成为天晴与下雨的判断依据，这给人们的生活带来积极引导。比如谚语：

（1）东边风，雨祖宗。
（2）东风湿，西风干，南风暖，北风寒。
（3）东风雨，西风晴，北风起来冷煞人。
（4）三日东南风，不必问天公。
（5）一日南风，三日关门。
（6）早西风，晚东风，热得象火笼。
（7）久旱西风更不雨，久雨东风更不晴。
（8）日风晴，夜风雨。
（9）日枷风，夜枷雨。
（10）早风雨淋淋，夜风大天晴。
（11）早晒晚东风，一日好天公。

第十章　浙南气象谚语文化研究

（12）早白暮黑，飞砂走石。
（13）早西晚东，田垟晒空。
（14）隈日完起风半夜雨，明朝天光望大水。
（15）五月西风大雨花。
（16）春南风，夏北风，欲雨不必问天公。
（17）春南风，雪祖宗；夏南风，腾荡空。
（18）春天南风雨刮刮，夏天南风一定晴。
（19）春南风，雨祖宗；夏南风，燥松松。
（20）春风雨祖宗，夏风燥松松。
（21）春天南风现交刮，夏天南风海洋干。
（22）夏东风，热烘烘；冬东风，雪祖宗。
（23）夏东风，燥松松；冬东风，雨太公。
（24）长夏风势轻，舟船宜初行。
（25）南风嗷嗷，耘田割草。

谚语观察到了东南西北方向吹的风的各自特性，如东风湿、西风干、南风暖、北风寒。东边刮风，一般将下雨。西风会晴、北风会很冷、南风会下雨、东南风吹三天，气象可以自知。这些都是对生活的感知，有一定的地域性与时效性。诸如此类不同方位的风，对人们的生活带来一定的影响。把握不同季节与不同方向吹的风，也能未雨绸缪，做好相关应对工作，防患于未然。比如"南风嗷嗷，耘田割草"南风吹的暖风，体感舒适、天气晴朗、适宜田间农作。

八　与节令气象相关谚语

根据节令来预测天气，是自古承袭的传统。西汉时期的《淮南子·天文训》载："冬至四十六日而立春，阳气解冻，音比南吕；加十五日指寅则雨水，音比夷则；加十五日指甲则雷惊蛰，音比林钟；加十五日指卯中绳，故曰春分，则雷行，音比蕤宾；加十五日指乙则清明风至，音比仲吕；加十五日指辰则谷雨，音比姑洗；……加十五日指壬则大雪，音比应钟。"[1]《天文训》所载有二十节气。汉武帝时据此二十四节气与星象制作

---

[1] （汉）刘向撰、何宁集释：《淮南子集释》，中华书局1998年版，第216页。

太初历，二十四节气一直沿用至今。又宗懔《荆楚岁时记·六月》载："六月必有三时雨，田家以为甘泽，邑里相贺，曰贺嘉雨。""贺嘉雨"又名"濯枝雨""留客雨"①。"八月雨，谓之豆花雨"②。"重九日常有疏雨冷风，俗呼为催禾雨"③。根据岁时节令记录气候变化。丽水百姓根据二十四节气的气候变化，总结出了当地的节令气象谚语，语言通俗易懂，具有可预判性。比如：

（1）雨打清明节，旱到夏至歇。
（2）立夏晴，大雨满田塍。
（3）雨打夏，无水洗犁耙。
（4）芒种火烧天，夏至雨涟涟。
（5）芒种火烧溪，大水十八遍。
（6）芒种落雨火烧溪。
（7）芒种落得大，山冈背好插糯。
（8）夏至无雨六月旱。
（9）重阳无雨看十三，十三无雨一冬旱。
（10）重阳落雨一冬水，重阳无水一冬晴。
（11）重阳三九晴，晴到明年大清明。
（12）立冬无雨一冬晴。
（13）冬至雨，除夕晴；冬至晴，除夕雨。
（14）四月六落雨，大落大旱，小落小旱。
（15）九月三九晴，雨雪到清明。
（16）夏雨打日午两头晒。
（17）秋夜一片黑麻麻，明朝一定有雨泻。
（18）春看西边明，明朝必天晴。
（19）步朝宜黑半边天，大雪纷飞是旱年。
（20）雨点落地起泡潦，落到清明勿会晴。
（21）三九四九滴滴冻。

---

① （南朝梁）宗懔：《荆楚岁时记校注》，王毓荣校注，文津出版社1988年版，第186页。
② 同上书，第206页。
③ 同上书，第217页。

现代二十四节气依次是冬至、小寒、大寒、立春、雨水、惊蛰、春分、清明、谷雨、立夏、小满、芒种、夏至、小暑、大暑、立秋、处暑、白露、秋分、寒露、霜降、立冬、小雪、大雪。其中立春到立夏前为春季，立夏到立秋前为夏季，立秋到立冬前为秋季，立冬到立春前为冬季。谚语关涉的节令主要有清明、夏至、立夏、雨水、芒种、立冬、冬至以及传统节日，如重阳、除夕。不同的节令与节日气候的变化都是相对的、相互转化。比如"雨打清明节，旱到夏至歇"，清明节连绵下雨，夏至时节就不会发生旱灾。"芒种火烧天，夏至雨涟涟"，芒种是六月的第一个星期，如果天气炎热、晚间出现火烧云、持续两周左右，到了夏至就会雨水不断，进入两周左右的黄梅雨季。这是晴雨相互转化的气候辩证思想。如谚语所言"久晴必有久雨，久雨必有久晴"。又如谚语"重阳落雨一冬水，重阳无水一冬晴"指出了重阳节的天气与冬天的气候相互影响。重阳节，九月九日如果下雨，到了冬天也会长时间地下雨。重阳节如果没有下雨，冬天将会是个暖冬，天气晴和。"落雨"，温州方言指"下雨"。"四月六"指清明时节。"九月三九"指农历冬至后的第十九天至二十七天，此时已经进入冬天。如果天气一直晴好，到了明年的四月清明时节，天气将会变得异常，可能会下雨夹雪。"三九四九滴滴冻"则是冬季最寒冷的时候。谚语中的雨与晴、雨与旱连接前后相隔的节气，气候就会相互转化。这体现了中国朴素的唯物主义辩证法思想，也是百姓简单智慧的生活体现，具有积极的预判作用。

九　辩证看待天气的其他相关谚语

与节令相关的气候谚语相互转化，具有辩证哲思。丽水百姓还用辩证的方法体察到了天气的阴晴冷暖相互转化的道理，总结出的谚语对人们看待问题的方式具有借鉴意义。比如：

（1）早怕南云涨，夜怕北风催。
（2）早出天无云，日出渐光明。
（3）早看东南黑，雨势午前急。

谚语用时间的对立，比如"早"与"夜""早"与"午""早出"与"日出"等时间先后的出现，预测天气状况，暗含矛盾的相互对立关系与事态发展的必然趋势。如早上东南方，天空黑鸦鸦，中午前将会有骤雨。

根据时间来判断天气，从时间纵横轴上预知天气的顺延发展已经成为日常思维习惯。比如：

(1) 天光望水口，日午望山后。
(2) 天光云起花，大水满树桠；乌阴云起花，晒死野老鸦。
(3) 天光阴一阴，日午晒断筋。
(4) 天光阴凉，日午晒墙。
(5) 天光乌溜溜，日头晒死鳅。
(6) 天光阴瞳瞳，日午晒头痛。

谚语推知了天刚刚亮时的天气发展趋势。夏季天刚亮时，天空比较阴凉、云层乌黑。发展到了中午，可能就会暴晒、天晴。此时阴暗的云层像浪花式的卷云。如果天亮，观察到高空中的云卷起浪花，则预示中午会有大雨。所以谚语说"天光望水口，日午望山后"。因为天刚亮时，水井里的水倒映出天空的阴晴状态，天空阴暗，则预示日午大晴。到了日午，观察山后的云层颜色与形状来判断天气变化。一天 24 小时，以中午为界限。天气的多变也是在日午发生。是下雨还是继续阴晴，日午是重要的时间参照点。比如谚语：

(1) 午前半阴阳，日午好晒酱。
(2) 午时落雨雨头空，未时落雨早歇工。
(3) 雨打中，两头空。
(4) 先下牛毛没大雨，后下牛毛雨不停。
(5) 午后云遮，夜雨滂沱。
(6) 午后云遮，夜雨大下。
(7) 好天不开午。
(8) 大雨不过午时夜。

雨与晴相对，又相互转化，它们是一对"孪生兄弟"。如唐代诗人宋之问《登粤王台》诗有"地湿烟尝起,山晴雨半来"[1]。又清代传奇小说《飞龙全传》第四回"伸己忿雹打御院 雪父仇血溅花楼"有"约过片时,天晴雨收,日色重光"[2]。雨下久了,天就会晴。晴天久了,就会下雨。两者是矛盾的双方,既对立又统一。比如谚语:

(1) 人没三日新鲜,天没三日晴天。
(2) 七晴勿过九,八晴勿过夜。
(3) 久晴必有久雨,久雨必有久晴。
(4) 长晴有长雨,长雨有长晴。
(5) 长晴廿三落,长落廿三晴。
(6) 久晴逢庚雨,久雨逢庚晴。
(7) 久晴必有三雨。
(8) 天晴不过早,落雨无定期。
(9) 夜里开天日半晴。
(10) 晴一秋,烂一冬;晴一冬,烂一秋。
(11) 上八晴,雨打灯。
(12) 四六开天不下九,二八开天半日晴。

在多雨的山区与季节里,丽水人民对下雨的时辰也有清晰的认识,总结出了下雨"时刻表",对现代气象的预报起着重要的辅助作用。比如:

(1) 雨打鸡啼丑,路上断人走。
(2) 头伏有雨伏伏雨。
(3) 落一莫落二,初三落雨到十二。
(4) 伏日漏,天天漏。
(5) 雨打丁,卯日晴。
(6) 龙庚不雨,犬庚不晴。
(7) 雨打天光头,一日好日头。
(8) 雨打早五更,雨伞勿用撑。

---

[1] 孙海通、王海燕:《全唐诗》,中华书局1999年版,第651页。
[2] (清)吴睿:《飞龙全传》,李玉广点校,齐鲁书社1995年版,第18页。

（9）早晨落雨当日晴，晚上落雨到天明。

（10）雨打晨头，还有大日头。

（11）雨打五更头，一日不用愁。

（12）落雨天光勿心慌，落雨日午两头透，落雨黄昏落不干。

（13）朝雨三日晴。

（14）雨打天光白，雨伞白白拿。

（15）雨打天光饭，蓑衣笠帽拿去扌贯。

（16）初一落雨初二算，初二落雨初三算，初三落雨到月半；月半塌一塌，到年七八，廿七八雨勿止，从头算起。

（17）初三乌一乌，落到月半勿多。

（18）上半月望初三，下半月望十四；十四乌搭搭，雨到廿七八。

人们对下雨的各种预知方法与智慧来源于他们的生活经验。从历史上看，丽水或其管辖下的青田，每年夏季常常爆发山洪、暴雨连年，给当地人民的生活造成了严重灾害。丽水人民对雨的敏感与细致入微的感知，通过谚语传递着人们的智慧。比如：

（1）一日黄沙三日雨，三日黄沙雨淋淋。

（2）天气热又闷，下雨不要问。

（3）大旱年辰多雨意。

（4）寒天多雨意。

（5）有雨日边亮，无雨顶上光。

（6）开门雨，饭前雨；关门雨，一日雨。

（7）黄田起雨，赶死男女。

（8）莫讲天公无偏见，六月落雨隔田岸。

谚语道理浅显、语义明畅，也生动地刻画了下雨时欢乐的生活场面。"六月"进入雨季，绵长的雨季生活也让不能外出的男女老少多了些嫌怨，"莫讲天公无偏见"就把人们埋怨的心理刻画得入木三分。雨季时，长江流域进入黄梅天，下雨历时长、生活物资因受潮、长期不能接受阳光、容易发生霉变现象。谚语"黄梅天，十八变"正是雨季生活的写照。

另外谚语"一日赤膊，三日头缩"生动形象地描摹出了天气多变给人们生活带来的影响。谚语"天上下火殃，地下出火场"刻画出了夏季炎热气候带来的灾难。

第二节　物候记载

利用物候来观察天气给现代气象学的预测和民间预知天气提供某种参据。西周从《诗经》开始，古人就注意到了物候的变迁给天气带来的重要启示。汉代以后就有文献记载关于物候与天气的关联。比如《论衡·变动篇》有"故天且雨，商羊起舞，使天雨也"[1]。魏人王肃《孔子家语·辨政篇》说："齐有一足之鸟，飞集于宫朝，不止于殿前，舒翅而跳，齐侯大怪之，使使聘鲁，问孔子。孔子曰：'此鸟名曰商羊，水祥也。昔童儿有屈其一脚，振讯两眉而跳，且谣曰；'天将大雨，商羊鼓儛。'今齐有之，其应至矣。"[2] "商羊"能预知天雨。商羊又名商鸟鶂，此鸟独足、文身赤口、声如人啸、不吃稻粱。天将雨时，且鸣且舞。这是汉代先民观察动物的动作和行为来预测天气。又西汉《淮南子·缪称训》卷十载"鹊巢知风所起，獭穴知水之高下，晖目知晏，阴谐知雨"[3]。指来年若多风，鹊作巢卑。水獭根据水的高下而筑穴。天转晴时，晖目（鸠鸟）则鸣。天将阴时，雌鸩则鸣。这是古人根据动物的感觉来预测天气。又《礼记·月令》有按节气论物候的记载，如孟春之月"东风解冻，蛰虫始振，鱼上冰，獭祭鱼，鸿雁来"[4]。这对气象的预测提供参证。

丽水百姓在日常生活中，对山区的一草一木、飞禽走兽、河海水鲜以及日常生活用具的细微变化都熟稔于心，观察到它们的变化与气候有某种关联，成为推知未来天气的重要线索。调查丽水气象谚语，利用物候来预测天气的谚语类别主要有：禽畜类、动物类、虫类、河鲜类以及生活用具类。

---

[1] （东汉）王充：《论衡校释》，黄晖校释，中华书局1990年版，第649页。
[2] 王盛元译注：《孔子家语译注》，上海三联书店2012年版，第161页。
[3] （汉）刘向撰、何宁集释：《淮南子集释》，中华书局1998年版，第749页。
[4] （汉）郑玄注、（唐）孔颖达疏：《礼记正义》，北京大学出版社1999年版，第454页。

一　禽畜类谚语

禽畜是农民经常接触的"伙伴",它们的异常变化都会引起人们的注意。根据日积月累的观察与经验,禽畜类的反常行为暗示着某种天气的变化。比如：

禽类谚语：
(1) 燕子低飞狗洗澡,一场雷雨即将到。
(2) 燕子高飞天放晴,燕子低飞暴雨淋。
(3) 鸟雀高飞天气晴,鸟雀低飞雨淋淋。
(4) 久雨闻鸟声,不久会天晴。
(5) 鸟儿搭高窝,大水没树杈。
(6) 久晴鹊噪雨,久雨鹊噪晴。
(7) 一鸪晴,二鸪落,三鸪涨大水。
(8) 鸡若上笼早,明天天气好。
(9) 鸡若上笼迟,有雨不多时。
(10) 鸡不进窝,天将落雨。
(11) 鸡在高处啼,雨止天会晴。
(12) 鸡寒上树,鸭寒下水。
(13) 鸭子钻水快,天气要变坏。

谚语观察到天上飞的、地下走的禽类生物的动作行为与天气的某种关联。有的不一定科学,有的也有预示未来天气的趋向。谚语指出燕子低飞,天会下雷雨或暴雨,而高飞天气一般晴朗。这是我们常常在下雨天看到燕子的飞行状态。下雨时燕子几乎贴着地面飞翔,因为下雨,需要减少阻力,高飞非常吃力。相反天晴,燕子高飞就比较轻松惬意。其他鸟雀与燕子一样,天晴与下雨的飞行姿态不同。有时"久雨"与"久晴"都能听到鸟声,前者预示会天晴,后者预示会下雨。这是事物物极必反的道理。尤其是春天雨水多,清晨听到鸟雀在枝头聒噪,一般预示会有连续性雨水天气。"鸟儿搭高窝,大水没树杈"谚语指出了鸟把窝搭在高处,一方面是鸟出于自身安全的考虑,另一方面也成为当年发大水时水位的参照线。"鸪"指"鹧鸪"鸟,喜欢在矮小灌木丛中活动、善于地上行走、喜欢单独或成对活动、喜暖怕冷、善斗。谚语"一鸪晴，二鸪落，三鸪涨大水"，没有科学道理。"鸡"与"鸭"类家禽生物，常常作为预知天气变化的信号。比如宋代苏轼《惠崇春江晚景二首》诗"竹外桃花三两枝，春江水暖鸭先知"[①]。鸭子感觉天气转暖时，就会主动下水，所以谚语说"鸭寒下水"。如果鸭子迅速钻出水面，它的感觉意味着天气要变寒。对于鸡进笼时间的早晚或不进窝是否预知天气，没有科学道理，天气的变化只是偶然因素。谚语"鸡在高处啼，雨止天会晴"刻画出了公鸡在高处鸣叫时农村生活场景，是否"雨止天会晴"也只是概率因素。

畜类谚语：
（1）狗晴猫雨。
（2）狗屎放在路中正，老天要把风雨兴。
（3）猪衔草，寒潮到。
（4）六畜乱，有灾害。

"狗""猪"属于家畜生物，它们的异常行为用来预判天气的变化。但不一定有科学道理，天气的变化与它们的行为没有必然的联系。但"六畜乱，有灾害"则暗含着某种关联。比如"瘟疫"，就会对"六畜"造成灾害。极端恶劣的严寒或酷热天气也会给"六畜"带来灾害。

二 动物类谚语

根据动物的习性与生理特征，谚语观察它们的动作行为预知天气变化。动物类别主要有哺乳类动物，如"角鹿"和"猫"；两栖类动物，如"蛤蟆"；爬行类动物，如"蛇"；环节类动物，如"蜘蛛""蚯蚓"和"蚂蟥"。这类动物的反常异举暗示着天气的变化，体现了丽水人们的生活观察，但有的只能成为参考。如：

（1）角鹿叫下山，必定雨涟涟。
（2）睡猫脸朝天，连日雨绵绵。

---

① （宋）苏轼撰、（清）王文诰辑注：《苏轼诗集》，孔凡礼点校，中华书局1986年版，第1401页。

(3) 猫儿卧屋背，檐头挂雨帘。

(4) 猫吃水，天将晴；狗吃水，天将雨。

(5) 蛤蟆叫，大雨到。

(6) 蛇过道，阴雨到。

(7) 蛇过道，有雨在明朝。

(8) 老蛇出洞，大雨来临。

(9) 老蛇离窝，大雨哗哗。

(10) 蜘蛛勤结网，久雨必天晴。

(11) 蜘蛛成群飞，马上送雨归。

(12) 蚯蚓吹箫，无水烧茶。

(13) 蚯蚓滚沙，赶快回家。

(14) 蚂蟥水面浮，大雨流成河。

(15) 蝗蛤滚沙，大雨到家。

谚语根据大气温度的变化，如冷热，造成动物体表特征的改变，并根据它们的行为方式来预知天气，但缺乏严密的科学逻辑与气象实证，有的只是毫无关联的猜想。比如蛇出洞就不一定预示大雨来临，有的可能是出洞寻觅食物。蛇是变温动物，天气冷热时体表特征会随之改变。唐代诗人曹唐《送羽人王锡归罗浮》诗有"龙蛇出洞闲邀雨，犀象眠花不避人"[①]，把"蛇"与"雨"相关联，充满了想象。

三 虫类谚语

自然界的生物都是有灵性的，外界的细微变化，自身体感都会有所反应。下雨前，如果遇到蚂蚁搬家，则预示着一场大雨即将来临。因为大水会淹没蚁巢。如果成群的蚂蚁从山上搬到山下，则成为干旱的前兆。因为大气湿度的变化，迫使它们离开高处，迁徙至低洼处生活。蚂蚁的触角对外界环境和气温的变化异常敏感，它们的行为常常预示着雨天与干旱的征兆。诸如此类的虫类谚语，还有：

(1) 萤火虫归家，大水满人家。

---

① 孙海通、王海燕：《全唐诗》，中华书局1999年版，第7340页。

（2）蚊虫聚堂中，不必问天公。
（3）落雨知了叫，明朝天会笑。
（4）初晴蜻蜓高，出雨蜻蜓低。
（5）蚂蚁上树，满天风雨。
（6）蚂蚁搬家，下雨必大。
（7）蚂蚁牵龙，洪水就到。
（8）蚂蚁下山，必要旱灾。
（9）蚂蚁盘龙灯，大雨哩啦声。
（10）蚂蚁老鼠搬家，大水要没人家。
（11）黄蚁惊狂，要做大水王；蚯蚓蘸沙，大水过街。
（12）月生毛，雨坐牢；蚁布桥，大水到。

四 河鲜谚语

江河湖海生活着各类生物，它们对水面外的气压感知非常敏锐。氧气的减少、水温的上升等都会威胁到它们的生命，于是人们观察它们的反常行为，并利用这种行为预知气象的变化。比如：

（1）螃蟹上岸要落雨。
（2）老蟹掰脚急逃命，三日之内有雨淋。
（3）鱼出水面蛇过道，大雨不久就来到。
（4）溪里鱼打花，天天有雨下。
（5）田螺水面浮，风雨有得愁。
（6）泥鳅翻滚斗，老龙要喷水。

谚语观察到螃蟹、河溪里的鱼、田螺、泥鳅等的异常行为，它们的动作行为预示着暴风雨的来临。

五 用具类谚语

天气的变化在日常生活用具上也会有所反应。过度潮湿的天气，家里的一些物品就会发潮、渗透水迹，这往往是大雨来临的前兆。比如：

（1）水缸穿裙山戴帽，大雨就要到。
（2）水缸湿淋淋，天空雨淋淋。
（3）水缸出汗蛙蟆叫，大雨不久就来到。
（4）缸根潮气大，天上雨难下。
（5）粪缸泛，云将散。
（6）插秧望缸口，割谷望山头。
（7）盐罐发潮，大雨难逃。
（8）盐罐边湿，有雨不远。
（9）盐出水，铁出汗，雨水不少见。
（10）灶烟往下罩，不久雨来到。
（11）灶烟直，无风雨。
（12）烟囱不见烟，一定是阴天。
（13）烟勿出屋，滴滴答答。

　　谚语观察到了盛水用的水缸，大雨来临前，水缸外围显现水渍，形象比喻为"裙山戴帽"。因为潮湿，空气湿度大，附着在水缸外就映现出此类景象，预示不久就会下暴雨。水缸底部潮气最大，因为与地面接触，湿气上升。所以人们观察到水缸外在形态的变化，以此预测晴雨天气。"盐罐"装盐，受潮或出水，往往预示着将有大雨。生火做饭的灶台，观察灶烟上升与下降的状态，也能预测天气。空气气压稳定，烟囱出去的热烟呈直状，意味着无风无雨、天气晴好。如果空气湿度大、气压不稳定，上升的灶烟遇冷空气就会收缩，退回到烟囱里，"往下罩"就预知会下雨。所以烟出不去，一般已经下雨。烟囱不见烟，一般是阴天。

　　除此外，人们还观察到其他的物象来预知天气。比如"地潮湿，雨将出""井水变色，台风紧促""水沟浮青苔，台风跟着来""落雨起泡，大水就到"等都是生活中常常预知气象变化的前兆。

　　浙南丽水山区多变的气候条件，给当地百姓的生活带了重大影响，也激发了百姓的智慧。总结的气象谚语，如对气象的预测与物候的记载，为人们的生产和生活提供了便利，也为现代气象学的预测提供参照。丽水，雨水充沛，每至夏秋暴雨涟涟，多雨的气象为谚语的提炼提供了生活的土壤。据清代气象记录，清宣宗道光二年（1822年，壬午）载丽水管辖的青田县"五月大水，饥"①。清宣宗道光七年（1827年，丁亥）载："云和县，八月初一日大雨，水溢。"② 清宣宗道光九年（1829年，乙丑）载："青田县，八月二十七日大水，山崩川溢，十一、十二诸都田庐漂没无算。奉文豁免田粮。"③ 清宣宗道光十年（1830年，庚寅）载："丽水市，八月二十日未刻微雨，申酉戌三时大雨如注，滨溪堤岸房屋尽被漂没，亥刻则晴明见月也。"④ 从清代史载来看，丽水全年的降雨频繁，给当地人民的生活带来了灾害。积极预测气象，为他们的生活提供了指导。集百姓智慧和生活经验总结出的气象谚语，语言通俗晓白、比喻贴切、形容生动，在日常生活中有着积极的预知作用。

① 张德二主编：《中国三千年气象记录总集》，凤凰出版社2004年版，第2858页。
② 同上书，第2899页。
③ 同上书，第2911页。
④ 同上书，第2916页。

附录　浙南方言谚语语料

浙南方言谚语涉及的温州、台州和丽水方言语料，以首个汉字的拼音音序排列。

A

安家才能乐业。

B

《百花台》大小姐生来丑。
把戏人，七嘴八舌讲来吃。种田人，十指五甲挖来吃。
白菜汤吃眼光，糙米饭吃体壮。
白露白利利，秋分晚稻齐；寒露不出头，晚稻喂黄牛。
白露白露，身体勿露。
白露不秀，寒露吭收。
白露青铜镜，三日就起霜。
白露晴汪汪，三天便见霜。
白露汤，种田不用慌。
白露天，带鱼满船尖。
白米细面，土中提炼。
白日打一堂，黄昏困一床。
百病从口入。
百货中百客，蹩脚牛娘有卖牛客。
百货中百客，老太婆中意老伯伯。
百脚蜈蚣咬爻蜘蛛医，蚊虫咬爻唾沫抹。
百客面前莫叱狗。
百客人前开口难。

百鸟吃百虫，百货中百客。

百日鸭，正好杀；三月蛋，可当饭。

百样毛病有百药，只有懒病呒药治。

百样生意不值铲草皮。

百药医百病，心病无药医。

稗草除得快，水稻长得好。

半斤酒，四两烟，汤罐燥，柴仓完。

半年不吃酒，买头大黄牛。

棒头好躲，箸头难挡。

棒头教出孝顺子，箸头吭出忤逆儿。

包办婚姻不美满，强扭瓜儿不香甜。

饱备干粮晴备伞，丰年也要防歉年。

饱吹饿唱。

暴利不取，赔本不干。

北有评书，南有唱词。

畚斗侨来，钱秤秤去。

笨鸟先飞。

逼犬跳墙。

边落边炀，又落第二场。

变把戏瞒不过敲锣的。

别人求我三春雨，我求别人六月霜。

病从口入，寒从脚起。

病后求医，不如病前防御。

病来似风火，病去如抽丝。

不当家不知柴米贵。

不干不净，吃了生病。

不会算，一世穷到臀。

不怕不丰收，只怕地上丢。

不怕不识货，只怕货比货。

不怕荒年，只怕靠天。

不怕神河鬼，只怕饭后一口水。

不怕事干难，只怕脚手懒。

不怕硬嘴鸟，只怕蛀心虫。
不前也不后，种麦十月半。
不望邻舍做官府，但愿邻舍养黄牯。
步朝宜黑半边天，大雪纷飞是旱年。

C

财莫外露，穷勿外偷。
菜头出，医生绝。
苍蝇不叮无缝蛋。
草怕断根，稻怕枯心。
草是百谷病，不除要送命。
草鞋省起补，铜钱省起赌。
插秧不过清明，移栽不过立夏。
插秧望缸口，割谷望山头。
茶地不挖，茶芽不发。
茶山杨梅梧埏柑，要吃鲜货到灵昆。
差不得一口，添不得一斗。
长晴廿三落，长落廿三晴。
长晴有长雨，长雨有长晴。
尝新吃个饱，卅日吃个爽。
常晒太阳，体健寿长。
唱戏要嗓子，拉弓要膀子。
长夏风势轻，舟船宜初行。
柴怕扭，人怕忧。
潮大漫不过白塔尖，水急冲不掉净水崖。
潮基鱼咸，溪坦柴爿。
潮水尽大，漫不过江心寺。
潮水涨快退得快，夫妻打架好得快。
潮涨吃鲜，潮落点盐。
炒淮豆要沙多，炖牛肉要汤多。
车水去通田，定是好丰年。
吃饱栏暖，一日长斤半。

吃不穷，用不穷，不会划算一定空。
吃得凶，吞得慌，又伤胃口又伤肠。
吃饭不宜过饱，喝茶不宜过浓。
吃饭大似皇帝。
吃饭防噎，走路防跌。
吃饭黄泥倒坎，做生活黄泥闸上田岸。
吃饭要量肚，着衣要称身。
吃好红葱，着好威风。
吃鸡吃鸭，也着青菜搭搭。
吃尽五味盐好，走遍天下田好。
吃酒人空话多，懒惰人尿屙多。
吃旗儿店，住佛堂角。
吃人一口，报人一斗。
吃肉不如养肉。
吃香困香，长寿百年。
吃醉酒嘴里糊涂，生病人肚里明白。
痴者吊眼，疯者定眼，悲者掩泣，羡者色飞。
赤膊大裸，难站人前。
宠子不教父之过。
宠子不孝，宠猪拆灶。
臭鱼烂虾，生病冤家。
出口快，招人怪。
出门不带伞，回来披稻秆。
出门带个人，不如带根绳。
出门人，处处让三分。
出门人，言语要谨慎；家里人，防火要当心。
出挑女人会忘记自个岁数。
初冬北风起，出门带棉衣。
初晴蜻蜓高，出雨蜻蜓低。
初三见月，初四见雪，初五初六不落不歇。（畲族）
初三晴，初六雪。
初三乌一乌，落到月半勿多。

初四接灶，初五路头日。

初四缩一缩，初五觋台阁。

初一开殿门，初二拜丈人，初三拜娘舅，初四会亲友。

初一落，初二散，初三落半月。

初一落雨初二算，初二落雨初三算，初三落雨到月半；月半塌一塌，到年七八，廿七八雨勿止，从头算起。

锄头柄长，一年就有一年粮。

处暑根头摸，一把烂泥一把谷。

处暑牛栏白露壅。

处暑壅田白露歇。

处州十县九阢城，平阳一县九条城。

穿破才是衣，到老才算妻。

穿山甲，王不留，妇人服了乳长流。

船帮船，水帮水，撑船老大帮水鬼。

船到滩头险，货到地头死。

船怕漏，人怕嗽。

船同水，两隔壁。吃点水，不算奇。

床儿子，不值半个妻。

春插时，夏插刻；春争日，夏争时。

春茶留一芽，夏茶发一把。

春晨有雾天晴朗，夏晨有雾雨重重。

春锄泥，夏锄皮。

春分麦起身，一刻值千金。

春风似尖刀，瘦牛站不牢。

春风雨祖宗，夏风燥松松。

春耕到，牛是宝。

春过三十六，河鱼上田渎。

春旱不算旱，秋旱减一半。

春积一担肥，秋多一担米。

春看西边明，明朝必天晴。

春南风，夏北风，欲雨不必问天公。

春南风，雪祖宗；夏南风，腾荡空。

春南风，雨祖宗；夏南风，燥松松。
春霜没有三日晴，如有三日晴，落雨到清明。
春霜三日白，晴到割大麦。
春霜勿过夜，过夜晴到立夏。
春天巴篓鱼兔，冬天马鲛鳗。
春天不下土，一年要饿肚。
春天南风现交刮，夏天南风海洋干。
春天南风雨刮刮，夏天南风一定晴。
春天响早雷，必定大雨淋。
春天种一把，胜过货郎一夏。
春捂秋冻，身体健康。
春雪发鳓鱼，冬雪鱼结群。
春游西湖，秋游雁荡。
春雨足，谷满屋。
春月宜食甘，冬月宜食苦。
春早一日，秋早十日；春误一日，秋误十日。
赐子千金，不如教子一艺。
从小不劳动，老来做药桶。
凑巧不如起早。
寸木斗水丈地湿。
寸土不可丢，种瓜种豆都有收。
重五大于年。
重阳落雨一冬水，重阳无水一冬晴。
重阳三九晴，晴到明年大清明。
重阳无雨看十三，十三无雨一冬旱。

D

打赌成千，吃粥点盐。
打赌钱，一筒烟；种田钱，万万年。
打赌钱不过夜，做工钱千万年。
打赌输极钱，狗咬破衣裳。
打鼓听鼓声，讲话听话音。

打虎还须亲兄弟，上阵仍须父子兵。
打炮碰着胡大海。
打破砂锅问到底。
打人莫打脸，骂人莫揭短。
打人莫打头，做贼莫偷牛。
打铁不惜炭，养儿不惜饭。
打铁先打钉，学唱先学声。
打铁先要自身硬。
打勿断的亲，骂勿断的邻。
打渔翁，十网打来九网空，一网上来做富翁。
大安笑，南院叫；大安叫，南院笑。
大便常通，身体轻松。
大病从痧起，大贼从瓜起。
大吃不惊，只怕失算。
大虫刺蓬勿留。
大风先打出头草，大雨先淋出头椽。
大风载松，有力无功。
大富靠天，小富靠勤。
打狗摸着狗肚肠。
大旱年辰多雨意。
大河有水小河满。
大花学双腿，小花练张嘴。
大家一条心，砻糠好搓绳。
大路朝天，各走一边。
大麦不过夏，小麦不过满；小麦过了满，不折自会断。
大麦种到年，只愁唔有田。
大麦种过年，小麦冬至前。
大人相吵难得好，小人相吵同路行。
大树难栽，大口难开。
大雨不过午时夜。
大晕晴，小晕雨。
大晕三日内，细晕逃勿脱。

呆人看遲秤。
待人太好，反被人咬。
待猪待狗旋转咬一口。
担担怕仰口，讨饭怕街狗。
担破肩膀皮，抵不上种绿肥。
单面砌墙勿牢，双夹墙推勿倒。
但望来年竹，不图今年笋。
淡茶温饮长百岁。
当和尚不能冇袈裟。
当忙冇闲人，八月冇破箩。
当面教子，背后教妻。
当省不省，必会当用不用。
当阳油茶背阴木。
刀工好觑，火工好吃。
刀切豆腐两面光生。
到洞房间冇大小，进祠堂门就排辈。
到了雨水天，农活勿迟延。
稻插立秋后，晚稻割唔冇。
稻倒满仓谷，麦倒如砻糠。
稻老要养，麦老要抢。
稻秀雨浇，麦秀风摇。
稻壅月里，麦壅年里。
得病如射箭，治病如拉弓。
得病想亲人，越想病越深。
得人钱财，降福消灾。
灯火冇油点不光，家里冇钱家难当。
灯勿拔勿亮，话勿讲勿明。
灯下媛主月下郎。
等人易久，嫌人易丑。
等人易老，等车难到。
低头勿见抬头见，开门勿见关门见。
地潮湿，雨将出。

地上暖，天上孵雪卵。
地是宝，越重越好。
地是刷金板，服勤不服懒。
地下作热，天上作雪。
点点雨水汇成海，粒粒黄沙堆成山。
点将不如激将，扮相不如长相。
电光乱明，无雨转晴。
电光西北边，雨下涟涟。
貂好裘好，勿如心好。
爹娘盘算金和银，女儿盘算人和心。
东边风，雨祖宗。
东风湿，西风干，南风暖，北风寒。
东风雨，西风晴，北风起来冷煞人。
东虹晴，西虹雨，南虹大水北虹灾。
东虹日头西虹雨，三日西虹做大水。
东晃日头西晃雨。
东木杓，胡乱着。
东南风淡淡，乌贼上岩。
东闪日头红，西闪雨重重，北闪当面射，南闪闪三夜。
东闪西闪，糊田开坼。
东溪吙西溪讨，炎亭吙货去肥艚。
东炎亭，南霞关；西到分水岭，北上玉苍山。
东云搬过西，山涧成大溪。
东云翻过西，山冈滚成溪。
东云爬过西，大水满大溪；北云过南，大水满龙潭。
冬不节约春要愁，夏不锄头不开花。
冬不蒙头，春不露背。
冬吃萝卜夏吃姜，郎中先生卖老娘。
冬季不当拢手汉，不愁来春无柴烧。
冬季捻河泥，桑树胀破皮。
冬季山里走几趟，来春家里满柴仓。
冬节汤圆吃过大一岁。

冬牛不瘦，春耕勿愁。
冬牛的食，夏天的力。
冬天不停脚，春天不饿肚。
冬天冻不爻纺织女，荒年饿不爻苦耕郎。
冬天灰满缸，秋天谷满仓。
冬天晒回被，抵过一件衣。
冬天月亮光光，明朝遍地是霜。
冬羊伏狗，营养丰富。
冬雨麦命，春雨麦病。
冬至过，年兜末，带鱼成柴爿。
冬至开霜，薯丝归仓。
冬至雨，除夕晴；冬至晴，除夕雨。
冻冻晒晒身体壮，抖抖索索面皮黄。
斗里不省升里省。
豆腐云，天要晴。
豆荚云，天气晴；炮台云，雨淋淋；瓦块云，晒鬼精；悬殊云，雷雨紧。
独脚难行，孤掌难鸣。
独木勿成林，单丝勿成线。
独只皮鞋咯勿响。
赌近盗，奸近杀。
赌赢钱，不过夜。
肚饱嫌憎肉苦。
肚肠直，无衣食。
肚饿不管冷粥冇配，要困不管油车水碓。
肚饿番薯果，肚饱肉也苦。
肚饿勿做贼，肚饱勿贪色。
断鱼断肉肚勿饥，断邻断舍步难行。
对门吃饭，多谢隔壁。
对门相照是面镜，隔壁邻舍是杆秤。
对面买好嘴，背后弄死鬼。
对面是人，背后是鬼。

多吃姜葱蒜，好处讲不完。
多交朋友，少交冤家。

E

屙多要命，尿多冇病。
饿时糠也香，肚饱蜜不甜。
饿死独自人，晒干水边田。
耳大要有轮，嘴大要有唇，眼大要有神。

F

发财快，做买卖。
发痧打针，打十个死十一个。
番薯压到六月六，生起象萝卜。
返青一雨水，分蘖一寸水，抽穗寸半水，灌浆跑马水。
返照黄光，明日风狂。
饭不熟勿吃，水不开勿呷。
饭后百步走，活到九十九。
饭后茶消食，困后茶提神，空肚茶心发慌，过夜茶伤脾胃。
饭后漱口汤，胜如开药方。
饭后走百步，强如开药铺。
饭前饭后吃冷水，神仙也会碰着鬼。
饭食有节，肚子不泻。
飞来燕子独家伙，本地麻雀帮手多。
肥料足，多收谷，一熟顶两熟。
肥田不如肥秧。
粪缸泛，云将散。
粪是摇钱树，土是聚宝盆。
风静郁蒸热，云雷必震烈。
蜂儿采蜜要好花，寮里全靠女当家。
逢桥须下马，过渡莫争船。
佛靠金装，人靠衣装。
夫妻冇隔夜的气。

伏里雨多，谷里米多。
伏日漏，天天漏。
伏天棉花锄八遍，绒细好纺多出线。
父母是子女样子，子女是父母镜子。
富从勤中来，裕从俭中得。
富是升合起，贫是不算来。

G

赶早不忙，种早不慌。
赶种抢收，不紧叫苦。
干铲棉花湿铲麻，雾露小雨铲芝麻。
干活细心，吃喝当心。
缸根潮气大，天上雨难下。
高昆乱弹，和调讨饭。
高帽勿是货，戴戴都好过。
高山雪，平地霜。
高山云雾出名茶。
各地各乡风，各人各祖公。
亘河弯弯，谷米尽担；亘河直直，没米好担。
耕田深一寸，耐旱五天。
工玳响吱吱，三个铜钿一畚箕。
狗晴猫雨。
狗屎放在路中正，老天要把风雨兴。
狗嘴吐勿出象牙。
枸子，肉桂，不及饭一嘴。
钑柴觇纹路，生意觇门路。
钑柴觇绺，踏亲觇舅。
姑娘拣婆家，心细如绣花。
谷收犁头上，麦收锄头上。
谷雨前，好种棉。
谷雨种棉花，要多三根杈。
谷种落田百日收。

鼓鼓糊，三分大。
痼癃生遏皮，决着三月梨。
关公守华容道，曹操抓不牢。
光棍光棍，全靠大家帮衬。
光犁不耙，枉把力下。
光水蛐蟮暗水蟹。
过头酒难喝，过头话难讲。

H

蛤蟆叫，大雨到。
还未困过三领席，脾气摸不着。
还未落雨先刮风，落起雨来也勿凶。
海涂是大田，够你吃千年。
寒露无青稻，霜降一齐倒。
寒天多雨意。
旱田改水田，一年顶三年。
行船骑马三分命。
好菜出于名师手，名师还要精料配。
好吃不过茶饭饱，好觑不过素打扮。
好稻只怕倒，好汉只怕病。
好儿不吃分家饭，好女不着嫁时衣。
好饭莫饱，饭后莫跑。
好狗管三邻，好汉交三村。
好谷不见穗，好麦不见叶。
好汉勿吃眼前亏。
好葫芦结好瓢，好树苗结好桃。
好话不在多，良药不在数。
好话说一担，勿如好事做一件。
好酒好肉待女婿，好粪好料上秧田。
好酒好烟，勿如知己聊天。
好马不停蹄，好牛不停犁。
好马不在马鞍，人美不在衣衫。

好男不享祖公业，好女不着随嫁衣。
好女六月不做鞋，好儿六月不割柴。
好女有好娘，好种多打粮。
好前勿若好后。
好曲轮勿到周仓唱。
好事勿出门，恶事传千里。
好天不开午。
好稳勿稳，弹涂钻竹棍。
好种出好稻，坏种出稗草。
好种出好苗，好花出好桃。
好种种三年，不选就要变。
何仙姑对药恁，你一句，我也一句。
和尚靠佛力，为人靠饭力。
河狭水急，人急气生。
红云日出生，劝君莫远行。
虹吃水，天见晴。
虹过西，山坑变成溪；虹过东，山坑没水洗葱。
虹见雨相隔，虹断雨倾盆。
后生不积录，老起住祠堂角。
后生发福，棺材当屋；老来发福，买田起屋。
后生夫妻老来伴。
后生好比一枝花，不动锄头不开花。
后生做戏，老来摸米。
后台好，一半戏。
花怕秋，人怕老。
花配花，柳配柳，唱龙船儿配花鼓。
画起凤凰不如鸡，半路妇人不算妻。
话不可说死，事不可做绝。
话不说不透，沙锅不打不漏。
黄翠英卖花，三等三样。
黄花鱼不过年。
黄金有价玉无价。

黄梅天，十八变。

黄泥筑墙，两面光生。

黄田起雨，赶死男女。

黄蚁惊狂，要做大水王；蚯蚓蘸沙，大水过街。

蝗蛤滚沙，大雨到家。

会拣拣女婿，不会拣拣世界。

会困的人软绵绵，会干的人硬邦邦。

会烧柴胜过一把镰，会用粮胜过一丘田。

会省省八月，不会省省六月。

会省省灶头，不会省省灶尾。

会省省自己，不会省省别人。

会写的坐着，会唱的站着。

会选选儿郎，不会选选田庄。

会种草子，多收一熟麦。

馄饨好吃难当饭，菠菜好吃芥菜长。

混水泛起，趁早抛锚。

活到八十八，难笑别人头疸眼瞎。

伙计调和，钞票白驮。

货对货，免罪过。

货问三家，事问三老。

货问三家不吃亏。

货真价实，童叟无欺金三益。

祸闯出薛刚恁。

J

鸡不进窝，天将落雨。

鸡寒上树，鸭寒下水。

鸡叫出门，鬼叫进门。

鸡若上笼迟，有雨不多时。

鸡若上笼早，明天天气好。

鸡鸭大得快，饲料常变换。

鸡在高处啼，雨止天会晴。

家火不起，野火不来。
家贫常操地，人穷常梳头。
家土伴野土，一亩抵十亩。
家养百头牛，抵个万户侯。
家有千金，不点双灯。
家有千株桔，生活不须急。
家有千株桐，一世不愁穷。
家有天南星，不怕毒蛇精。
家有一园菜，能抵三分粮。
家有一株桃，永远无气淘。
家中纵有千般事，临困灶房觇一觇。
价倒如山倒。
嫁凤随凤飞，嫁鸡困草窝。
嫁官做娘子，嫁煠猪翻肠子。
嫁鸡随鸡，嫁狗随狗，嫁犁桩伏地走。
嫁女儿满间鼻涕，娶新妇满屋漆气。
嫁在远地孝顺女，不如栽好近园菜。
肩头一刮搭，莫忖老实煞。
见人讲人话，见鬼讲鬼话。
见霜三日晴。
见死勿救，心肠发臭。
建屋勿建溪边，放账勿放妻边。
贱物不可丢，贵物不可收。
健康忌三害：早酒，晚茶，五更色。
将对将，兵对兵，梅香对家丁。
姜茶治痢，糖茶和胃，菊花明目，茶花清心。
讲有节拍，唱有板眼。
交友交心，浇花浇根。
角麂叫下山，必定雨涟涟。
脚大踏田岸，手大捧饭碗。
教儿要好娘，种稻要好秧。
教子莫骄，教女莫娇。

节约如燕衔泥，浪费如河决堤。
结发夫妻丑也好，粗布缝衣衣也牢。
芥菜不剥不成株，儿不教不成人。
借来的老安过不得夜。
借米好落镬，讨米难落镬。
借人衣衫勿贴肉，借人布裙长短幅。
今年比粪堆，明年比谷堆。
今年辛勤修水库，不怕来年秋老虎。
今晚花花云，明日晒死人。
今夜星星稀，明日好洗衣。
金蝉吃个皮，金瓜吃个蒂。
金篮银篮，不如粪篮。
金子招牌落地。
近家无瘦地，远田不富人。
经一道手，脱一层皮。
惊蛰虾蛄芒种虾。
惊蛰种树树成荫，芒种种树自费心。
精打细算，钱粮不断。
井水变色，台风紧促。
净角要撑，旦角要松，生角要弓，武生取当中。
静而少动，眼花耳聋；有静有动，无病无痛。
九等生意十等做。
九熟十收，十熟九收，过熟一半收。
九月九，吃登糕，去登高。
九月九，涂头相分手。
九月三九晴，雨雪到清明。
久病成医。
久赌神仙输。
久旱西风更不雨，久雨东风更不晴。
久晴必有久雨，久雨必有久晴。
久晴必有三雨。
久晴大雾雨，久雨大雾晴。

久晴逢庚雨，久雨逢庚晴。
久晴鹊噪雨，久雨鹊噪晴。
久雨露星光，明朝雨更凶。
久雨闻鸟声，不久会天晴。
韭菜园，割不断。
酒杯一碰，万事亨通；筷子提提，办事如意。
酒吃醉爻不认人，打赌输爻不认账。
酒后方知酒浓，离别方知情重。
酒后吐真言。
酒能成事，也能败事。
酒能红人面，色能动人心。
酒能养性，仙家饮；酒能乱性，佛家戒。
酒肉朋友，没钱分手。
酒肉朋友处处有，落难之中无一人。
酒是挖心毒药，色是割肉钢刀。
柏子树不用壅，桐子树不用种。
就早不就迟，抢收如抢宝。
举手不过眉，抬手不过肩；指东先往西，指南先往北。
君子如淡水，小人口如蜜。

K

开刀总有疤，做贼总有赃。
开店不如摆摊，种田不如种山。
开店容易守店难。
开门七件事：柴米油盐酱醋茶。
开门雨，饭前雨；关门雨，一日雨。
砍树是吃祖宗饭，栽树是造子孙福。
看病不精，背刀杀人。
看菜吃饭，量体裁衣。
看儿先看娘，看兵先看将。
看牛不要早，只要常吃露水草。
看事容易做事难。

靠天越靠越荒，靠手粮食满仓。
刻薄成家短命，勤俭成家长情。
刻薄难赚钱，忠厚不蚀本。
孔明神算，曹操奸算，司马懿回头算。
口教不如身教。
口生不了三日疮。
口头言语越搬越多，铜钿越搬越少。
苦杏仁中毒，杏树皮解毒。
困多毛病多，哭多烦劳多。
困前洗洗脚，胜似吃补药。
困如弓，行如风，坐如钟，立如松。
困勿吵，吃勿讲。

L

拉不死的痢疾，饿不死的伤寒。
蜡烛斗大，照勿肩后。
懒汉世短，劳碌人命长。
懒汉嘴里明朝多。
懒人看明朝，穷人看明年。
烂柑吃凉，烂桔吃甜，烂荸荠吃肚胀。
烂脚跷，烂手吊。
烂麻拧成绳，力胜千斤顶。
劳动劳动，老来要动。
老安老安，好，老恩；不好，老冤。
老牛怕过冬，怕受西北风。
老蛇出洞，大雨来临。
老蛇离窝，大雨哗哗。
老蟹掰脚急逃命，三日之内有雨淋。
雷打冬，十个牛栏九个空。
雷打秋，稻丰收。
雷打秋，对半收。
《雷公报》里周白奇两面嘴。

雷公大声擂起鼓，有雨也是落勿多。
雷公先唱歌，有雨也勿凶。
雷响惊蛰前，四十二日勿见天。
雷响天边，大雨连天。
冷粪果木热粪菜，生粪上地连根坏。
冷粥冷饭好吃，冷言冷语难闻。
犁得深，耙得坦，一碗泥巴一碗饭。
犁地要深，耕地要平。
篱牢犬不入。
立春大似年。
立冬无雨一冬晴。
立秋一场雨，遍地出黄金。
立夏开秧门。
立夏晴，大雨满田塍。
立夏种麻，七股八两。
连种三年草，薄田长好稻。
练眼先练手。
良言一句三冬暖，恶语伤人六月寒。
两夫妻乱场常事，隔壁邻舍插嘴多事。
寮有公，乌檬檬，寮有母，篱斜斜。
邻舍好，不觉好过老。
邻舍失火，不救自苦。
刘备招亲，弄假成真。
六畜乱，有灾害。
六亲安，才是安。
六十年代打照面，七十年代谈恋爱，八十年代带儿来。
六月不坐凉风头，十二月不坐火塘头。
六月带棉袄是老客。
六月河鱼儿见筋，十二月河鱼儿戴头巾。
六月凉，稻不长；六月热，稻头结。
六月六，狗洗浴。七月七，烘烧杂麦麦。
六月种络麻，长似草鞋耙。

龙庚不雨，犬庚不晴。
龙泉宝剑好，洞头玛瑙多。
鸬鹚叼鱼不落肚。
路头妻，不算亲，同床合被两条心。
露水夫妻不长久。
乱云满天交，风雨苤勿小。
锣鼓好学戏难打。
锣鼓响，脚底痒。
络麻绳捆不牢夫妻。
落得海拣日，靠造化。
落得海送文书，乱讲瞎话。
落水要命，上岸讨包袱雨伞。
落土三分收。
落勿落，雨伞带一把；晴勿晴，草帽戴一顶！
落雪勿清炀雪清。
落一莫落二，初三落雨到十二。
落雨起泡，大水就到。
落雨天光勿心慌，落雨日午两头透，落雨黄昏落不干。
落雨知了叫，明朝天会笑。
绿遍荒山头，千沟清水流。

M

蚂蟥水面浮，大雨流成河。
蚂蚁搬家，下雨必大。
蚂蚁老鼠搬家，大水要没人家。
蚂蚁盘龙灯，大雨哩啦声。
蚂蚁牵龙，洪水就到。
蚂蚁上树，满天风雨。
蚂蚁下山，必要旱灾。
买货买真，亏本亏轻。
买卖不成仁义在。
买卖好做，伙伴难搭。

买卖觋装潢，觋戏觋行头。
买卖做不着是一时，老安揇不着是一世。
买糖吃甜一时，不如买针用一年。
麦不离豆，豆不离麦。
麦吃两年水，只怕清明前日雨。
麦吃四季水，宜早不宜迟。
麦到小满谷到秋，迟早成熟一路收。
麦黄一阵，稻黄一夜。
麦老生皮，稻老生米。
麦怕金，稻怕瘟。
麦怕老了雨，谷怕老了淋。
麦怕四月旱。
麦怕胎里瘦。
麦收三月雨，不收二月雪。
麦种调一调，好比上遍料。
麦种种得密，麦头多麦粒。
麦子屁股痒，越压越肯长。
卖柴送柴仓，担水送水缸，卖米送米缸。
卖缸客，对半掰。
卖石灰见不得卖面的。
卖头不卖尾，卖快好赚钱。
满面春风，万事亨通。
慢病在养，急病在治。
慢慢穷，身边挂烟筒；紧紧穷，宫前赌英雄。
芒种火烧天，夏至雨涟涟。
芒种火烧溪，大水十八遍。
芒种落得大，山冈背好插糯。
芒种落雨火烧溪。
芒种芒种，样样要种；芒种不种，样样断种。
芒种皮，中秋蛏。
芒种前后，夜当日走。
芒种三日杨梅红。

芒种压薯正十斤，夏至压薯只两斤，小暑压薯一条根。
猫饱不捕鼠，狗饱不防贼。
猫吃水，天将晴；狗吃水，天将雨。
猫儿卧屋背，檐头挂雨帘。
猫死挂树头，狗死趁水流。
毛毛雨湿透衣裳，杯杯酒吃败家当。
冇穿三条裤，勿走江口过。
冇饭吃，插二禾；冇钱用，养猪婆。
冇配勿请客，冇灰勿种麦。
冇三年陈谷，勿想起屋。
冇生意，吃伙计。
梅打菊花心，柴米贵如金。
媒婆评，伢郎搭。
霉班唱堂戏。
每蓬稻根摸一摸，一亩多打五斗谷。
美食家活一世，也不过是酒囊饭袋。
门前柴山，门后树山。
门上不挂牌，谁知你卖酒。
闷雷雨，响雷晴。
蒙蒙盖盖脸皮黄，风吹日晒身体壮。
米粜千钱斗，老安决着揠。
密植适当，粮食满仓。
面上无肉，不可同宿。
面上笑呵呵，心里毒蛇窝。
苗好三分稻，桑好一半蚕。
苗木当柴烧，领带系裤腰。
名山高高，只道士岩半腰。
明星照湿土，明朝照样晴。
命好看围丧，冬好看上仓。
摸田摸个透，割稻谷碰头。
摸弯（莫安）儿，摸闪（莫兴）儿。
磨刀勿误砍柴工。

莫讲天公无偏见，六月落雨隔田岸。
莫学篾箩千只眼，要学蜡烛一条心。
莫学蜘蛛多结网，要学蜜蜂共酿蜜。
母大儿肥，种好苗壮。
木过丈三，不压自弯。
木杓倒难箍，话说倒难修。
墓饼不分，墓头起火熏；墓饼不散，墓里生白蚁。

N

奶儿勿嫁塘下，走上走下冇仂坐。
奶儿勿嫁下垟厂，刮风下雨走不上。
囷屋好过老，咸水好种稻。
男赌成盗，女赌成娼。
男防车前马后，女防胎前产后。
男怕穿靴，女怕戴冠。
男人怕寻错行，女人怕寻错郎。
男人勤，锄头角出黄金；女人勤，猪栏头出白银。
男人勿养半天飞，女人勿养吭骨虫。
男人最怕女人泪，女人最怕男人跪。
男如扫帚，女如畚斗。
男无女不成家，女无男不成室。
男也嬉，女也嬉，临老盖棕衣；男也勤，女也勤，床头暖烘烘。
男子贪花花上死，女人贪花不结子。
南风嗷嗷，耘田割草。
南门外趁河厢，随口有价钱。
南闪火门开，北山有雨来。
南云翻过北，烂田好开坼。
南云翻过北，没水好磨墨；北云翻过东，大水打成潭；西云翻过东，铜锣打对通；东云翻过西，白田变成溪。
南云鬼，哄得缙云不车水，永康毛毛雨，温州涨大水。
南云过北，烂田好种菜；北云过南，大水满龙潭。
内行人觑门道，外行人觑闹热。

能人背后有能人。
泥鳅翻滚斗，老龙要喷水。
你勿会吹螺，就勿卖肉。
年底铲麦抵条被，年外铲麦补补礼。
年里施肥施根线，抵过年外施三遍。
年怕中秋月怕半，一日只怕日昼困。
年前麦壅土，寒冬麦不苦。
廿三廿四佛上天，廿五廿六散长年。
廿四夜糯米糖，封住灶王爷的嘴。
娘家情好，夫家情长。
鸟儿搭高窝，大水没树杈。
鸟雀高飞天气晴，鸟雀低飞雨淋淋。
宁波汤圆，温州鱼丸。
宁吃鲜果一口，勿吃烂果一娄。
宁穿破，不穿错。
宁可代穷人补破裤，决勿赒富人当姨娘。
宁可筋长一寸，不许肉厚一分。
宁可平时紧一紧，青黄不接不求人。
宁可摸大脚嫂，不可种大脚稻。
宁可三日吃白粥，不可一日烧空锅。
宁养败子，勿生呆子；呆儿呆到老，败子回头是个宝。
宁与人家比种田，不与人家比过年。
宁愿田等秧，不要秧等田。
牛怕底肚水。
牛有千斤力，不可一时逼。
农夫勿种田，城里断火烟。
怒甚伤气，思多损神。
女不过三，男不过四。
女人不省家门败，男人不勤肚皮撑。
女若勤，衣衫鞋袜件件新；男若勤，田边屋角出黄金。
女贪财，裤带松；男贪色，进牢笼。

P

怕问路，要迷路。

螃蟹上岸要落雨。

朋友交杯莫交财。

朋友老安不可欺。

朋友妻，勿可戏。

朋友千个要，冤家一个多。

枇杷黄，插田忙。

枇杷黄，医生忙；橘子黄，医生藏。

平常不生病，得病就不轻。

平顶的荸荠高顶的桔。

平阳出戏子，瑞安出才子，温州出荡子。

破箬笠，遮太阳；破老公，遮遮风。

蒲剑艾旗雄黄酒，钟馗爷到长虫走。

蒲门三条岭，条条透天顶。

Q

七晴勿过九，八晴勿过夜。

七日洞房冇大小。

七月半，盂兰盆。日里布施经，夜里放河灯。

七月吃柚，八月叫医生。

七月七，橙分瓣。

七月七，生瓜梨枣都好吃。

七月秋霖八月乌，种田儿郎好唱歌。

七月石榴八月梨，九月柿子黄了皮。

妻大两，黄金日日长；妻大三，黄金堆似山。

气大伤神，食多伤身。

千补万补，不如饭补。

千层万层，不如脚底一层。

千车万车，不如处暑一车。

千锄生银，万锄生金，一锄不动草生根。

千处壅田，不如一处壅秧。
千穿万穿，马屁勿穿。
千次好，就怕一次糟。
千方百计，不如种田。
千方易得，一效难求。
千杠万杠，不如轿底一杠。
千金难买天光目忽。
千金难买相连地。
千金难买心头愿。
千里马难报赌讯，一下输，一下赢。
千里送鹅毛，礼轻情意重。
千年不大黄杨木。
千人同船共条命，千朵桃花一树生。
千日胡琴百日箫。
千日琵琶百日箫。
千山万松，吃穿不空。
千株棕，百桶蜂，只愁火烛不愁穷。
前后邻舍一条心，天塌下来有人顶。
前三十年困不醒，后三十年困不着。
前屋搬后屋，也要一箩谷。
前勿算，后会乱。
强扭瓜不甜，硬凑的婚姻不长。
强雨怕大风，昙朗怕雷公。
墙倒害隔壁，火着害邻舍。
墙倒倚着壁，落难靠亲戚。
俏货不愁销。
翘竹无翘篾，唱曲不口吃。
亲帮亲，邻帮邻，和尚要帮出家人。
亲不亲，枕边人。
亲眷篮对篮，邻舍碗对碗。
亲眷少走，田头勤望。
亲三代，族世世。

勤力人亩亩种好稻，懒惰人丘丘出青草。
勤耕苦作般般有，好吃懒做样样无。
勤俭持家肚不怕。
勤快勤快，有菜有饭。
勤力丐儿懒行贩。
勤力人，破蒲鞋着起走；懒惰人，脚肚毛剃爻走。
勤力人汗水多，贪吃人口水多。
勤力人家起床等天光，懒惰人家太阳晒门窗。
勤力人一日当两日用，懒惰人十日当不得一日用。
勤力人嘴长，懒汉头肿。
勤能补拙，俭能补穷。
勤勤俭俭粮满仓，大手大脚仓底光。
勤人耕方田，懒人耕圆田。
勤是摇钱树，俭是聚宝盆。
勤是摇钱树，懒是扫帚星。
青田看石雕，乐清看木雕。
青田怕水推，温州怕火煨。
轻霜打死单根草，狂风难毁大树林。
清茶淡饭，长命百岁。
清酒红人面，财帛动人心。
清明不插柳，少年成白首。
清明鲫，谷雨鲤。
清明加三月节，墨鱼无处叠。
清明下谷种，不用问爹娘。
清明早，小满迟，谷雨种花正当时。
清明种玉米，处暑好出齐。
情人眼里出西施。
晴风送日落，雨风半夜起。
晴一秋，烂一冬；晴一冬，烂一秋。
穷家莫穷山。
穷女早嫁，穷汉晚婚。
穷人困困当补食。

穷勿穷头，极勿极裤。
穷在路边无人问，富在深山有远亲。
秋冬日出穿衣，春夏鸡鸣起床。
秋前不搁田，秋后叫皇天。
秋前生虫，损一茎，发一茎；秋后生虫，损一茎，呒一茎。
秋天划破皮，胜过冬天犁十犁。
秋夜一片黑麻麻，明朝一定有雨泻。
蚯蚓吹箫，无水烧茶。
蚯蚓滚沙，赶快回家。
求人只有一两次，三次求人勿相干。
揂妻要德不要色，交友交心不交财。
揂新妇勿要实箱实笼，只要新妇十指搦搦动。
娶老婆省，点眼药用大。
娶妻要低头，嫁女攀高楼。
娶亲要娶好姑娘，吃鱼要吃乌鳞鲳。
拳不离手，曲不离口。

R

让人三分不蚀本。
让水治人，越治越穷；让人治水，越治越富。
热防中暑，冷防伤风。
热极生风，闷极生雨。
热土加生泥，像人吃高丽。
人不亏地皮，地不亏肚皮。
人参不如米心。
人吃大麦立勿牢，猪吃大麦断条毛。
人吃大麦站不牢，猪吃大麦断条毛。
人吃五谷杂粮，难免灾枝病叶。
人到冬至边，快乐活神仙。
人鼾劳碌，猪鼾长肉。
人靠吃食，田靠壅力。
人靠地长，地靠人养。

人靠饭养，秧靠水养。
人来投亲，鸟来投林。
人懒最富也会穷，勤作最穷也会富。
人没三日新鲜，天没三日晴天。
人面兽心伪君子，鼠目寸光烂小人。
人怕上床，字怕上墙。
人怕嗽，田怕漏。
人勤地步懒，肥多就高产。
人勤地生宝，人懒地生草。
人情留一线，日后好相见。
人缺食，面皮黄；地缺肥，少打粮。
人人一把火，螟虫无处躲。
人若无妻，如屋无梁。
人是铁，饭是钢，三日不吃饿得慌。
人熟礼勿熟，面和心勿和。
人觊坯，佛觊盔，买货觊奂堆。
人头人，怕老狞。
人望子孙树望叶。
人无笑脸勿开店。
人误地一时，地误人一年。
人歇我开，和气进财。
人心隔肚皮，有难各自飞。
人心难料，海水难量。
人心难摸，鸭肫难剥。
人心齐，泰山移。
人养地，地养人。
人要饭养，稻要肥长。
人有良心，狗勿吃屎。
人有七情六欲，样样都要适度。
人有人心，地有良心。
人有失手，马有失蹄。
人有四百病，医有八百方。

人治水，水养人；不治水，水害人。
日出暗红，无雨必风。
日出即遇云，没有必天晴；日落云里走，雨在夜半后。
日出早，雨淋淋。
日风晴，夜风雨。
日枷风，夜枷雨。
日枷夜枷，晒死老鸦。
日里多动，夜里少梦。
日落暗红，无雨必风。
日落看两边，天气容易断。
日落西山不发光，明朝起大风。
日落西山槺柁红，不过三日雨到门。
日落云里走，落雨半夜后；日落胭脂红，无雨必有风。
日落云连天，必有大雨来。
日日不发愁，活到百出头。
日日要防火，夜夜要防贼。
日日园中走，瓜菜样样有。
日头打洞，大雨满墙弄。
日头打洞，落雨起风。
日头点灯，雨打脚后跟。
日头负枷好落雨，月亮负枷好起风。（畲族）
日头如水火如汤，六月种田苦难当。
日头送山，雨落平坑。
日头送山尖，明天仍好天。
日无晴彩，久晴可待。
日也斩姚期，夜也斩姚期。
日晕不过周，月晕晒九州。
日晕三更雨，月晕午时风。
日晕勿过悠，月晕晒死鳅。
日晕雨，夜晕晴。
日晕雨，月晕风。
日昼眯一眯，强你吃个鸡。

榕树不上山，杉树不落垟。
入厨先洗手，立灶勿多言。
入伏不种豆，种豆也无收。
入港随湾，入乡随俗。
入山问禁，入乡问俗。
若要不生病，碗镬洗干净。
若要草子好，经常三分燥。
若要春茶好，春山开得早。
若要断酒法，醒眼看醉人。
若要富，鸡啼三更离床铺。
若要家不和，摸个小老婆。
若要健，日日练。
若要快，当年栽竹就吃笋。
若要麦，密密拍。
若要俏，女穿孝。
若要穷，两头红；若要富，两头乌。
若要身体好，勤劳加起早。
若要身体健，饭菜嚼成泥。
若要树栽活，莫让春晓得。
若要田增产，山山撑绿伞。
若有乱头风，欲雨勿用问天公。

S

三百六十行，种田为王。
三场（赌场、法场、相打场）莫入。
三冬望一春。
三分吃药，七分调理。
三分人才，七分打扮。
三分容貌七分扮，烂头儿扮起变小旦。
三分三好赚，七分七难赔。
三分喂，七分用。
三分医，七分养。

三伏天，吃食要新鲜。
三个白目抵军师。
三个臭皮匠，抵个诸葛亮。
三个早起抵一工，三个夏海抵一冬。
《三官堂》里娘舅唔冇好话。
三九四九滴滴冻。
三句好话，百事拉倒。
三句勿离本行。
三年不翻粪成土，土翻三年也成粪。
三年不吸烟，造屋又买田。
三年护林人养树，五年成林树养人。
三年勿上门，当亲也勿亲。
三日不念，口生；三天不做，手生。
三日东南风，不必问天公。
三日无毛无点雨。
三日雾蒙，必起狂风。
三十六行，靠稻埕里出。
三十年朋友，四十年夫妻。
三十日的吃，正月初一的困。
三世修来朝南屋。
三四人千军万马，六七步万水千山。
《三仙炉》里狂生。
三月冇闲人，八月冇破箩。
三月清明不浸种，六月五谷呒处来。
三月三，辣螺爬上山；三月四，辣螺捉个吃吃觑。
三月三，鲤鱼跳过滩。
桑树不怕采叶狠，只怕光采不放本。
嗓一逼，腿一挈，风头霉头两间壁。
扫地扫角落，洗面洗眼角。
扫帚响，肥堆长。
色字头上一把刀。
杀头生意有人做，蚀本生意冇人做。

山不在高，有树是宝。
山歌不唱忘记多，稻田不耘草成窠。
山和水，勿相逢；人和人，时常碰。
山怕无林地怕荒，人怕懒惰花怕霜。
山清水秀出能人，穷山恶水出刁人。
山上雉鸟不是鸡，别人老安不是妻。
伤筋动骨一百日。
上八晴，雨打灯。
上半月望初三，下半月望十四；十四乌搭搭，雨到廿七八。
上吃雨露，下吃泥土。
上坟讲坟式，下坟只讲吃。
上粪一大片，不如一条线。
上了打赌场，不认爹和娘。
上岭慢慢走，下岭打筋斗。
上路找同伴，起屋找邻居。
上台穿龙袍，下台着破袄。
上台发台瘟，落台唱不完。
上午乌云障，下午晒死老和尚。
尚交半天云，莫交外路人。
烧酒掺老酒，吃了打娘舅。
少吃多滋味，多吃坏肚皮。
少叫一声哥，多走十里坡。
少留闲田不愁荒。
少年夫妻一朵花，人在外面心想家。
少年芥菜剥，大起做落壳。
少年骑马放鹞，老来拣字纸住庙。
少时偷针，长大偷金。
蛇过道，阴雨到。
蛇过道，有雨在明朝。
身边没有三分铜，讲话如蚊虫。
身边若有三分铜，讲话如雷公。
身如烂茧，口似铁钳。

深耕长谷，浅耕长壳。
神仙难定柴米价。
慎口胜吃药。
《蜃中楼》老戏，哮咕人老气。
生处好赚钱，熟处好过年。
生儿一身，难保一世。
生好不如中意好，中意好不如情愿好。
生好真底骨，扮好只一出。
生气催人老，笑多变年少。
生意场中无父子，见财不发是屌头。
生意卖家眼前花，狂风吹不倒犁尾巴。
生意命，种田定。
生意钱，顾眼前；锄头钱，万万年。
生意生意，生出主意。
生子千斤重，教子重千斤。
省吃勤赌，点盐划卤。
省了盐，坏了酱；怕丢蔫饭坏肚肠。
虱子不捉身上痒，害虫不除稻遭殃。
十八岁的后生饿死怨勿得爹，十八岁的媛主冻死怨勿得娘。
十成稻，九成秧，插秧要插扁蒲秧。
十赌九输。
十赌九死，勿赌最是。
十二月日日好娶亲，六月日日好尝新。
十二月鲨鱼头戴金。
十分干，不及三分算。
十分奶儿，做不得三分新妇。
十个打赌九个输，只帮庄家做富翁。
十个媒人九个谎，不谎会吃白粥汤。
十里不同雷，百里不同风。
十里衣衫五里财。
十男九痔，十女九带。
十年树木，百年砌屋。

十赔九不足。
十条人命九条奸。
十条硬汉子，熬不过一个药罐子。
十雾九晴。
十月蛏，瘰条筋。
事到临头先思量，囊中未空先节省。
事虽小不做不成，子虽贤不教不明。
是竹是笋，五日作准。
收成不好一年苦，老婆不好一世苦。
手巧不用教，生好不用扮。
寿山吃薄粥，命苦。
瘦地出黄金，就怕不用心。
瘦地种芝麻，当头开朵花；结土种芝麻，颗粒不归家。
书要从头上念，病要从根上治。
疏疏星，密密雨；密密星，无点雨。
疏油密麦，豆密吭荚。
树看年轮，牛看牙齿。
树靠皮，人靠衣。
树老先老筋，人老先老脚。
树小扶直易，树大扳直难。
霜降番薯土内顶。
爽口菜吃多坏肚，快意事干多招殃。
水稻水多是糖霜，小麦水多是砒霜。
水缸出汗蛙蟆叫，大雨不久就来到。
水缸穿裙山戴帽，大雨就要到。
水缸决着满，勿怕肩压损。
水缸湿淋淋，天空雨淋淋。
水缸要满，柴仓要空。
水沟浮青苔，台风跟着来。
水果不烂，一个铜钿赚一万。
水净皮，人净衣。
水库是个聚宝盆，吃不完来用不完。

水路不通，种田之忧。
水深秧钻头，水浅苗扎根。
水停百日生虫，人停百日生病。
睡猫脸朝天，连日雨绵绵。
说话勿清，吵闹四邻。
说嘴郎中无好药。
死店活人开。
四六开天不下九，二八开天半日晴。
四月六落雨，大落大旱，小落小旱。
四月做北汤，渔网收起藏。
松树板，只怕雨打日头晒。
松树干死不下滩，柳树淹死不上山。
松树毛长一寸，会吃又会困。
松栽毛，楹栽大。
送人送上岸，送佛送到殿。
蒜有百利，独损双眼。
算了用，吃着不穷；用了算，海水掏空。
算一算，强你干。

T

台上演得流汗，台下还嫌勿好看。
台上艺精，台下人精。
台上状元，台下丐。
抬进一枝香，送出用猪羊。
太阳月亮穿外衣，不是刮风便下雨。
贪得一时嘴，瘦了一身肉。
贪多嚼勿烂，欲速则不达。
贪懒做和尚，贪吃做桌长。
贪小失大，贪嘴摸夜。
坛口好盖，人口难堵。
汤泡饭，嚼不烂。
桃吃生病，李吃送命，杨梅吃治病。

桃三杏四梨五年，枣树当年就还钱。
陶山甘蔗喷恁松，娄渡萝卜红彤彤。
体强人欺病，体弱病欺人。
剃头洗脚，胜过吃药。
天不怕，地不怕，只怕温州人打官话。
天光吃饱一日饱，老公嫁着一世爽。
天光出虹，隈日完落雨。
天光发虹大水冲，隈日完发虹日日虹。
天光红霞，浸死虾蟆；黄昏红霞，无水烧茶。
天光雷，三日雨。
天光日珥，狂风即起。
天光日头探一探，一日雨涟涟。
天光弯弯腰，一日精神好。
天光望水口，日午望山后。
天光乌溜溜，日头晒死鳅。
天光乌云罩山尖，三日之内雨出天。
天光勿多困，夜里勿多干。
天光雾露浆，日午晒死老和尚。
天光阴凉，日午晒墙。
天光阴瞳瞳，日午晒头痛。
天光阴一阴，日午晒断筋。
天光云拦腰，黄昏有雨浇。
天光云起花，大水满树桠；乌阴云起花，晒死野老鸦。
天黄有雨，人黄有病。
天怕黄亮，人怕鼓胀。
天气热又闷，下雨不要问。
天晴不过早，落雨无定期。
天晴不开沟，落雨遍地流。
天晴要顾雨天粮，健时要顾病钱。
天若改常，不风即雨；人若改常，不病即死。
天上半断虹，大水没过陇。
天上豆荚云，地下晒死人。

天上飞游丝，久晴便可期。
天上勾勾云，三日之后雨水淋。
天上鲤鱼斑，明朝晒谷勿要翻。
天上稀稀星，地上长长晴。
天上下火殃，地下出火场。
天上有云鲤鱼斑，地下无水过溪滩。
天上云象犁，地下雨淋泥。
天下第一苦，牧鸭跟摆渡。
天下广阔，逃难狭窄。
天下无难事，只怕有心人。
天养人，瘦筋筋；人养人，饱墩墩。
天在头上，路在嘴上。
田不贶别人做秧田，奶儿不贶人做姨娘。
田不冬耕不收，马无夜草不肥。
田好割有谷，妻好男有福。
田鸡配虾蟆，河蟹配头爬。
田靠管理，家靠料理。
田里多管，仓里谷满。
田邻好，不觉好割稻。
田螺水面浮，风雨有得愁。
田怕洞漏，家怕内偷。
田是死宝，人是活宝。
田是主人水是客，主人请客正本额。
田养萍，萍养田，壅稻有力，除草省力。
田种不好一年荒，子教不好一世荒。
填平积水坑，防止虫蛇生。
调田不如换种。
同行勿同命，同伞勿同柄。
彤云压天低，大雪必纷飞。
桐子桐子，快大快死。
偷吃难瞒牙齿，做贼难瞒乡里。
偷风不偷雪，偷雨比偷月。

偷来铜锣敲勿响。

头杯人喝酒，三杯酒喝人。

头代富，菜根当鱼；二代富，绸绫代土布；三代富，只爱好觋不嫌贵。

头担虾饭黄鱼价。

头等肥，泥壅泥；二等肥，草壅泥；三等肥，料壅泥。

头伏有雨伏伏雨。

头伏芝麻二伏豆，三伏天里种绿豆。

头霜难压三天晴。

涂露平平，明日天晴；涂露有高低，明日有得嬉。

涂露散散带雨伞，涂露平平要天晴。

涂露涂山尖，大雨满溪边；涂露涂山脚，石头光烁烁。

土层底子深，麦脚落得稳。

土里藏金银，不做还会穷。

兔肉吃一斤，抵上高丽参。

兔随草长，毛随兔长。

兔无夜草不长毛，吃露水草会病倒。

W

瓦块云，晒死人。

外行看热闹，内行看门道。

外贼好捉，家贼难防。

晚稻不吃寒露水，小麦不吃交夏梅。

晚稻水涝洼，越打越开花。

晚稻勿车寒露水。

万里无云一日晴，七死八活九日晴。

王百万，借雨伞。

王母娘娘看重金童子，共产党看重田秀才。

隈日完起风半夜雨，明朝天光望大水。

为老不尊，教坏子孙。

卫生是妙药，锻炼是金丹。

未到惊蛰先响雷，四十二日雨水灾；日响全灾，夜响半灾。

未过惊蛰先响雷，七七四十九日不开天。
未穷愁穷，永勿穷；未富装富，永勿富。
未穷觑自穷，一世不会穷。
未学做篾先学蹶，未学小旦先学扭。
未至惊蛰先响雷，栽插松柏勿用捶。
喂鸡穷，喂鸭富，喂鹅起大厝。
温州弹棉郎，挑担走四方。
文戏琴多，武戏鼓多。
蚊虫聚堂中，不必问天公。
乌乌店，胜过百亩田。
乌阴上云半夜散，半夜上云无日间。
乌云过河，大雨滂沱。
乌云接日晴不久，日头送山一定晴。
乌云接月，下雨即刻；云下日光，天气晴朗。
乌云拦东，无雨是风。
乌云密布定是雨，江日送山准天晴。
乌贼滑溜溜，一夜过九洲。
屋边桉树栽，三年背，五年抬。
无病无痛活神仙。
无风不起浪，无云不下雨。
无灰勿种麦，种起也白白。
无水勿行船。
无尾巴猪㧅勿牢。
无雨必有风。
无主无宾，一事无成。
无主无张，做勿成道场。
唔冇家殇，引不来外鬼。
唔冇瘟病鬼，只有瘟病水。
五六月冇鞋拖，勿走我南塘街；十二月冇笼裤，勿走我南塘过。
五忙六月不做工，年冬腊月喝北风。
五十不造屋，六十不种树，七十不作衣。
五月不晒，五谷不结；六月不晒，五谷还债。

五月盖被，有谷吭米。
五月滥，杨梅当饭。
五月六月站一站，十冬腊月少餐饭。
五月龙船两头翘，三催四催回。
五月西风大雨花。
五月压薯重十斤，六月压薯一把筋。
午后云遮，夜雨大下。
午后云遮，夜雨滂沱。
午间日珥，明日有雨。
午雷勿过刻，过刻落到黑。
午前半阴阳，日午好晒酱。
午时落雨雨头空，未时落雨早歇工。
午时响雷未时雨；未时响雷无粒雨；申时响雷西时雨，酉时响雷无粒雨。
武生不会甩枪背，小花不会谓讠颊。
武艺没一毫，讲话如铰刀。
勿怕慢，只怕站。
勿怕箱厨空，只要有个好老公。
勿贪不义财，勿饮过量酒。
勿做糊涂戏，勿学糊涂艺，勿生糊涂气。
雾露落村，晒死子孙；雾露落垟，晒死老娘。
雾露漫山头，大水籴神州；雾露拦山腰，有该日没明朝。
雾露平，天必晴。
雾起不收，细雨霏流。
雾罩山尖，晒死神仙。
吭好蒲瓜吭好种。
吭好牛娘，上犁上耙泽肠。

X

西北黑云生，雷雨必然轰。
西风响旱雷，大雨当时淋。
西云搬过东，无雨也是风；

西云翻过东,山背好栽葱。
惜饭不饿,惜衣不冷。
稀留密,密留稀,不稀不密留大的。
稀田多草,密田多稻。
溪里鱼打花,天天有雨下。
喜欢,不怕吃菜干;中意,不管流鼻涕。
戏台下挑不出老婆。
细儿长进靠大人教养,老人长寿靠自己保养。
细风匀吹每日晴。
细紧细密斗方田。
细细水,长长流;省省用,常常有。
细雨落成河,粒米积成箩。
虾虫勾虫亶升米对一篮。
下种要抢先,收割要抢天。
夏东风,热烘烘;冬东风,雪祖宗。
夏东风,燥松松;冬东风,雨太公。
夏天肥满塘,秋季谷满仓。
夏天五个忙:割、打、扇、晒、藏。
夏夜星星亮晶晶,明朝天气一定晴。
夏雨打日午两头晒。
夏至大烂,黄鱼当饭。
夏至发西北,鲆鱼墨恁黑。
夏至棉花根茎黄,好比毒蛇咬。
夏至前壅稻,夏至后壅草。
夏至水满塘,秋季谷满仓。
夏至水满塘,秋收谷满仓。
夏至无雨六月旱。
夏至夏至烂,鱼货烂爻剩爿坛。
夏至响雷公,塘底好栽葱。
夏至响雷六月旱。
夏至响声雷,茅草晒成灰,早稻担勿归。
夏至杨梅满山红,小暑杨梅满大虫。

先打雷，后吹风，有雨也勿凶。
先雷后雨雨勿大，先雨后雷雨冲路。
先下牛毛没大雨，后下牛毛雨不停。
先小人，后君子。
鲜鱼勿可交给猫望。
闲箩莫放灰，闲嘴莫做媒。
乡下三样补：青菜，豆腐，萝卜。
香饭勿饱，靠亲勿长。
相公易做，农事难学。
相好弟兄勤算账。
相骂无好言，相打无好拳。
小病不望，大病难挡。
小不可无母，老不可无妻。
小丑不会惝，大花脸唔有腿。
小船靠在大河边，勿愁柴米勿愁盐。
小旦纳一纳，台下纳爻断个末。
小儿怕惊风，中年怕伤风，老年怕中风。
小鬼怕老钟，小偷怕月光。
小脚一双，眼泪一缸。
小酒小人参，大酒误了命。
小麦到小满，不黄也倒秆。
小南门河船儿，我不撞你，你撞我。
小女每儿怕出宝，老人怕跌倒。
小女每儿生病呒真假。
小时不教，大起不孝。
小暑插老秧，呒谷纳田粮。
小暑割草，大暑割稻。
小暑黄鳝不值钱。
小细儿的屁股，媒婆的嘴巴。
小心无蚀本。
小猪要游，大猪要囚。
孝敬槽头有肉吃。

孝顺奶儿外甥孙，不值三分蔬菜园。
笑从眼起，惊怒从嘴生；愁从眉起，哭脸鼻上生。
笑口常开，青春常在。
笑一笑，十年少；愁一愁，老一老。
笑脏笑破勿笑补，笑懒笑馋勿笑苦。
笑脏笑破勿笑补，衣着清水就好过。
鞋差分，衣差寸。
鞋底离勿开鞋面，秤砣离勿开秤杆。
心病还须心药医。
心与口合，口与手合，手与眼合，眼与身合，身与气合。
心正称才平。
新婚不如小别。
新落洋带米，老落洋带被。
新娘引到房，媒人甩去爻。
新亲带被，老亲带米。
新孺人坐床杠，媒人远远抛。
星白天晴，星红有风。
星多天空亮，人多智慧广。
星朗朗，雨断种；星密密，雨叠叠。
星星眨眼，大雨不远。
星呀星，朗朗晴，密密阴，细密雨淋淋。
星眨眼，天要哭。
兄弟相打硬如铁，夫妻和好软如绵。
修塘如修仓，蓄水如蓄粮。
秀才讲书，屠夫讲猪。
学懒眼前，学勤三年。
雪勿烊，候雪娘。
雪雨回头百廿日。

Y

鸭子钻水快，天气要变坏。
牙痛不是病，痛起唔有命。

衙门人一缕烟，生意人一百年，种田人万万年。

烟囱不见烟，一定是阴天。

烟勿出屋，滴滴答答。

炎亭江蟹大，肥艚鲫鱼鲜，炊虾要推蒲门炊。

盐出水，铁出汗，雨水不少见。

盐罐边湿，有雨不远。

盐罐发潮，大雨难逃。

眼饱抵不上肚饿。

眼乌珠黑，钱财银子白。

眼痒烂，疤痒散。

燕子低飞狗洗澡，一场雷雨即将到。

燕子高飞天放晴，燕子低飞暴雨淋。

秧过小满十日种，十日不种一场空。

秧尖寸长要放水，晴天雨风夜露芽。

秧苗起身，还要点心。

羊吃碍口之草。

羊羔虽好，众口难调。

羊栏摇钱树，猪栏聚宝盆。

羊水要加盐，一日两三钱。

羊头三分人参。

阳光是宝，越晒越好。

阳坡麦子阴坡谷。

杨柳青，断鱼腥。

杨柳青，粪如金。

杨梅怕雨梨怕风。

垟坑后塔，仙篁竹闸，三年不满水，猪娘会戴耳朵脚。

仰面求人，不如低头求土。

养病如养虎。

养蚕赶桑叶，养蜂赶蜂期。

养蚕要勤起，养女每要勤洗。

养鹅勿用算，两月七斤半。

养儿不争气，番薯压夏至。

养奶儿不要嫁老三，有屋冇正间。
养牛放山，养猪关栏。
养女容易嫁女难。
养秋蚕，要四防；一防蝇，二防蚁，三防闷热四防病。
养猪不赚钱，也肥几亩田。
养猪冇巧，栏干食饱。
养猪赔一半，养女赔爻完。
养猪如储蓄，一头千斤谷。
养猪养羊，本短利长。
养猪种田，养羊栽姜。
烊雪比落雪冷，宠儿比打儿孬。
妖精配鬼王，才女配才郎。
药对方，一口汤；不对方，一水缸。
药好难医假病，酒香不解真愁。
要吃还是家常饭，要着还要粗布衣。
要吃江蟹岛炎亭，要吃蝤蠓到莘塍。
要吃梨，冬刮皮。
要待水果长得好，还得蜜蜂把花咬。
要得会，人前累；要得精，人前听。
要饭武松打虎，做生活仰腰迭肚。
要拣贤德，勿挑颜色。
要健，蒲瓜杂麦面；要死，杨梅淮豆子。
要看牛：公前，母后。
要身体好，搅亲勿早。
要省省在囤头上，不要省在囤底下。
要使松树长，隔山听锄响。
要使小儿安，常带三分饥和寒。
要田肥，猪栏垃圾泥；要稻好，上山割草脑。
要挑老婆，先看丈母娘。
要想富，多栽树。
要想富，多载果。
要想来年害虫小，今年火烧田边草。

要想棉花多，抓头摸耳朵。
要想明年宽一尺，宁叫今年省一寸。
要想人健，勿爱体面。
要想收成好，全靠手脚到。
要想长寿，戒色戒酒。
要想长寿，禁烟忌酒。
要养生，有三戒：大怒，大欲，大醉。
要知五谷，先看五畜。
要知五谷，先看五木。
要做深，懂古今。
夜饭少一餐，命长九十三。
夜雷三日雨，平地好撑船。
夜里开天日半晴。
一餐吃伤，十餐喝汤。
一寸土地一斤粮，多种就能多打粮。
一代打老虎，三代卖虎骨胶。
一代骄媳妇，三代骄儿孙。
一代种树，几代享福。
一担河泥四两谷，两担河泥吃餐粥。
一道锄头顶道粪，三道锄头土变金。
一滴血，一滴汗，五谷不到心不安。
一顿省一把，三年买匹马。
一分钱，一分货。
一分秧田一担料。
一个便宜九个爱。
一个篱笆三个桩，一个好汉三个帮。
一个牙齿痛，满嘴勿安宁。
一根蜡烛一根芯，别人老安莫痴心。
一根竹竿容易断，十根竹竿当扁担。
一鸪晴，二鸪落，三鸪涨大水。
一家盖不起龙皇庙，万人造起洛阳桥。
一靠干，二靠算，三靠年时好。

一块砖头难砌墙，一根甘蔗难榨糖。
一懒生百病。
一门生意两门做。
一年亏，九年穷。
一年劳动在于秋，谷不到仓不算收。
一年新，两年旧，三年补补凑。
一年一层皮，十年深一犁。
一女勿许两家。
一蓬番薯一蓬灰，条条番薯象沙鎄。
一人踩不死一根草，众人走出阳光道。
一人挑土不显眼，众人挑土堆成山。
一人无主意，三人唱台戏。
一人勿如二人计，三人出个好主意。
一人心里没有计，三人合作唱台戏。
一日赤膊，三日头缩。
一日春霜三日雨，三日春霜九日晴。
一日打三个嚏，勿淘医生气。
一日黄沙三日雨，三日黄沙雨淋淋。
一日讲排场，一年苦酸相。
一日叫三遍苦，黄金也变土。
一日节省一根线，一年能把牛来牵。
一日南风，三日关门。
一日省一口，一年省一斗。
一日省一钱，三年积一千。
一日霜，三日雨；三天霜，九天晴。
一日脱衣，三日盖被。
一日无粮天下乱。
一日雾纱三日雨，三日雾纱无点雨。
一日早虹三日雨，三日早虹没大水。
一时风开一时船，一潮水张一潮网。
一世人冇病就是福。
一天风，三尺浪。

一通旱雷三通雨，吃过天光望大水。
一勿赌力，二勿赌食，三勿赌气。
一只麻雀一个脑，一头毛猪统是宝。
一装二唱三敲打。
衣不如新，妻不如旧。
衣不长寸，鞋不长分。
衣裳早补破洞少，毛病要医吃苦少。
医得了病，医不了命。
依样画葫芦，慢工出细活。
萤火虫归家，大水满人家。
赢来抽头薪，输爻吃拐棍。
庸医专开太平方。
用钱容易积钱难，成家容易当家难。
用药如用兵，轻病要小心，重病要胆大。
用药如用刀。
油菜壅花麦壅芽。
油足灯才亮，肥足稻谷壮。
有本涨得利，呒本空叹气。
有病不要背，越背越吃亏。
有吃见脸，有穿见身。
有虫早治，无病先防。
有地无牛，日夜发愁。
有饭勿嫌滥，有车勿嫌慢。
有货不愁贫。
有酒有饭，勿算怠慢。
有酒有肉敬远亲，火烧房屋叫近邻。
有旧当得新。
有理服天子，无理只直死。
有理通天下，无理寸步难行。
有米常想无米苦，有钱常想无钱难。
有钱难买老来瘦。
有钱要藏，有病要讲。

有钱早想无钱日,莫等无钱想有钱。
有人救陈三,呒人救五娘。
有三门穷亲戚勿算富,有三门富亲戚勿算穷。
有收有收在于水,多收少收在于肥。
有水有粪,不用问人。
有心拜年,重五不迟。
有心开酒店,不怕赊酒钱。
有心上树不怕风,有心嫁人不怕苦。
有银揆婆大。
有雨日边亮,无雨顶上光。
鱼出水面蛇过道,大雨不久就来到。
鱼唇羊尾,斤鸡两鳖。
鱼靠水活,粮靠粪长。
鱼烂从头起,人死从脚起。
鱼肉好吃,芥菜长情。
鱼贪饵上钩,人贪色上当。
渔民不离船头,农民不离田头。
雨打晨头,还有大日头。
雨打丁,卯日晴。
雨打鸡啼丑,路上断人走。
雨打蒲瓜叶,十个行贩九个歇。
雨打清明节,旱到夏至歇。
雨打秋头,晒煞穗头。
雨打天光白,雨伞白白拿。
雨打天光饭,蓑衣笠帽拿去扌贯。
雨打天光头,一日好日头。
雨打五更头,一日不用愁。
雨打夏,无水洗犁耙。
雨打秧田泥,秧苗出不齐。
雨打早五更,雨伞勿用撑。
雨打中,两头空。
雨点落地起泡潦,落到清明勿会晴。

雨后垂虹，晴朗可期。

雨夹雪，落不歇。

遇事大家商量，集体胜过诸葛亮。

元宵乡下滚龙灯，城里闹龙灯。

媛主生好生不好，觑觑佢父母就知道。

媛主十八变，变起观音面。

媛主问送日，长年问冬节。

远来和尚好念经，近处菩萨远处灵。

远亲不如近邻。

远贼必有近脚。

月光生毛，大雨难逃。

月光生毛，秧田要筑墙。

月光生毛，雨坐牢。

月亮毛毛，春雨在明朝。

月亮生毛，有雨在明朝；一日生毛三日雨。

月生毛，雨坐牢；蚁布桥，大水到。

月斜，鱼乱撒；月平，无鱼过节。

月晕为风，础润为雨。

乐清三件宝：乌灯、炭轮、豆腐皂。

越丑越会扮。

越让越犟，越就越毛长。

越嬉越懒，越吃越口淡。

云布满山低，连宵雨乱苴；云起南山暗，风雨辰时见。

云朝北，落到黑。

云朝东，雨朝北，雨难得。

云朝东，燥松松；云朝西，雨没溪。

云从南方暗，风雨辰时见。

云叠云，雨淋淋。

云翻东，大水没垟冲。

云过东，车马通；云过南，水满潭；云过西，水满溪；云过北，日头赤烙烙。

云交云，雨乱盖。

云交云；半夜。

云上山，晾衣衫；云下山，撑雨伞。

云势呈鱼鳞，来朝风不轻。

云随风云急，风雨霎时急。

云拖东，雨落空；云拖西，雨过溪；云拖南，雨成潭；云拖北，雨即到。

云往东，一阵风；云往南，雨涟涟；云往西，披蓑衣；云往北，一阵黑。

云往上，雨浇饭；云往下，日如或。

云雾满山腰，欲雨在明朝。

云下日光，晴朗无妨。

云向北，雨难测。

云向东，下雨也不凶。

云遮中秋月，雨落下年冬。

运动贵有恒，饮食贵有节。

运动运动，百病难碰。

Z

栽桑栽桐，享福无穷。

栽树不过清明节。

栽树忙一日，利益得百年。

栽树一刻，管树十年。

栽竹无时，雨过就移。

在家不会迎宾客，出门无处好歇脚。

在家靠父母，出门靠朋友。

在家难打和尚，出门难打黄胖。

在家千日好，出门半朝难。

在家千日好，出门半时难。

在家勿识人，出门人勿识。

脏生虱，懒生病。

早白暮黑，飞沙走石。

早白越热越生杈，京成越淋越生桠。

早茶西洋参，晚茶断过筋。
早晨落雨当日晴，晚上落雨到天明。
早晨起霞，大水满到树根；黄昏起霞，明天晒死老鸦。
早晨雾满地，尽管去洗被。
早出天无云，日出渐光明。
早打算，好一半；迟打算，坏一半；不打算，裤头着一半。
早稻怕抑痒，愈摸愈生长。
早稻闪龙闪来；晚稻闪龙闪去，闪一闪，去一勺。
早稻要抢，晚稻要养。
早饭要吃好，午饭要吃饱，晚饭要吃少。
早风雨淋淋，夜风大天晴。
早管早发，早熟早收。
早虹阴，晚虹晴。
早看东南黑，雨势午前急。
早困早起，冇病惹你。
早雷勿过午，午雷两头空，夜雷三日雨。
早落船，迟上岸。
早怕南云涨，夜怕北风催。
早起三朝当一工。
早起三光，迟起三忙。
早晒晚东风，一日好天公。
早上吃片姜，一年不用开药箱。
早上起大雾，必见一晴天。
早上有雾露，放心洗衣裤。
早雾拦腰，雨落明朝。
早西风，晚东风，热得象火笼。
早西晚东，田垟晒空。
早霞九日雨，晚霞九日晴。
早霞三日雨，晚霞半年晴。
灶烟往下罩，不久雨来到。
灶烟直，无风雨。
造林不护林，到老是个零。

燥天雷，点点淋；水底雷，大雨淋。

贼胆如斗，色胆包天。

贼去关门迟。

贼偷一半，火烧爻完。

贼偷一更，守贼一眠。

朝雨三日晴。

站有站相，坐有坐相。

站在三岔口，要问过路人。

张网人盼南流，小商贩盼称头。

张鱼怕打风，赶鸭怕干冬。

张嘴同你讲，双脚撩你网。

长得俏来才是俏，扮得俏来惹人笑。

长勿长头上，破勿破裤上。

真病无药医。

真金勿怕火。

真人面前勿说假话。

真杉木，不会烂。

真心勿露相，露相非真人。

正月初一端元宝，口口声声沃是好。

正月灯，二月鸢，三月麦秆作吹箫。

正月头好插柳，正月初好栽树，正月中好栽松。

正月嬉，二月旷，三月落田种不逮。

正月鞋，八月柴。正月不做鞋，一年着破鞋；八月不砍柴，一年烧青柴。

正月正月慢，二月才抲坎。

正月种松，二月种衫。

正月竹，二月木。

只看别人种田，勿看别人过年。

只可吃朋友鸡，不可共朋友妻。

只可搭有理人讲话，勿可搭无理人相骂。

只卖得行情，卖不得人情。

只怕肩头唔有货，不怕脚下唔有路。

只怕懒汉不耕，不怕黄土不生。
只勤不俭，好比竹篮打水；只俭不勤，好比一潭死水。
只要骨肌好，不搽脂粉也风流。
只要人手多，石磨搬过河。
只要戏唱好，不在开场迟早。
只要媛主俊，不怕有婆家。
只有白发夫妻，唔有白发兄弟。
只有苍蝇冻死，唔有蜜蜂饿死。
只有大意吃亏，没有小心上当。
只有密二百，唔有稀三担。
只有破人，唔有破田。
只种不管，打破金碗。
芝麻爱生不爱熟。
芝麻开花节节高，蚕豆开花黑乌心。
芝麻种熟地，毛病生到底。
蜘蛛成群飞，马上送雨归。
蜘蛛勤结网，久雨必天晴。
植树容易管树难。
治虫，三个窍：治早，治少，治了。
治虫如锄草，一定要趁早。
治山治水不栽树，有水有土保不住。
中秋月光圆，家家庆团圆。
种不好庄稼一季穷，修不好塘堰一辈穷。
种地如绣花。
种麻冇巧，只要壅饱。
种麦冇灰，到头吃亏。
种苗点料子，买苗肥到死。
种年番薯种年稻，一年就有两年好。
种树无他巧，只要用力敲。
种田不认爹和娘，深耕细作多打粮。
种田不养猪，仓里不见谷。
种田靠肥，养命靠粮。

种田靠雨水，媒人靠媛主。
种田人怕耘草，单个儿怕升宝。
种田人望大稻，读书人望大考。
种田选好种，等于土地多两垅。
种田有巧，粪水管饱。
种田只怕田底漏，成家只怕家底偷。
种田种到老，难扣正好好。
种田种田摸，一年摸到头。
种竹怕春知，插杉怕雨来。
种竹养鱼千贯利。
种子换一换，多碗割稻饭。
重雾三日必下雨。
粥越煮越糊，力越练越强。
骤风勿终朝，骤雨勿落日。
猪吃麦差羊赶。
猪多困长膘，人多困补腰。
猪牯好，好一地；猪娘好，好一窝。
猪靠饲料，田靠肥料。
猪困长肉，人困卖屋。
猪是农家宝，栏肥壅田好。
猪衔草，寒潮到。
猪壮三层肉，田肥三层谷。
煮饭烧菜，全觑火候。
住山边，烧新鲜。
住要好邻，嬉要好伴。
赚吃是张嘴，赚柴也是张嘴。
赚钱手还要积钱斗。
壮不赌力，老不赌吃。
捉奸成双，捉贼拿赃。
捉小羊，看母羊。
斫高难为树，斫低难为地。
《紫霞怀》里大伯娘只爱自好。

自己勿会喝酒，勿傲别人脸红。
走不着，只一脚，吃不着，只一夹。
走出长弄堂，忘记讨饭棒。
走到麻行僧街口，觋着沃是和尚头。
走路勿凹胸，出汗不迎风。
走走温州过，去爻一条裤。
嘴巴抹蜜糖，肚里藏砒霜。
嘴吃千饱呒人知，身上无衣被人欺。
嘴动动也有三分饱。
坐北朝南，呒吃也心安。
坐吃山会倒，勤俭日子好。
坐吃山空，铁板也会吃开缝。
坐贾行商，不如开荒。
坐卧避风如避箭。
做到老，学到老，学勿好。
做日短，看日长。
做日和尚撞日钟。
做日县官理日事。
做生意不怕蚀，只怕歇。
做瓦靠坯，种番薯靠灰。
做小打娘，娘笑；大起打娘，娘跳。
做贼底偷出，摸米外摸底。
做做力出，缩缩病出。

参考文献

安云凤：《中国传统家教文化与民族精神的培育》，《齐鲁学刊》2005年第5期。

（清）昂孙：《网庐漫墨》，山西古籍出版社1996年版。

（唐）白居易：《白氏长庆集》，艺文印书馆1973年版。

（汉）班固：《汉书》，鼎文书局1986年版。

（汉）班固撰、（唐）颜师古注：《汉书》，中华书局1962年版。

（汉）班固撰：《白虎通义》，中华书局1985年版。

蔡锷辑录：《曾胡治兵语录》，广西师范大学出版社2007年版。

蔡克骄、刘同彪：《明代温州民俗文化》，知识产权出版社2010年版。

仓阳卿：《中国养生文化》，上海古籍出版社2001年版。

（东汉）曹操：《曹操诗文选》，人民文学出版社1975年版。

曹庭栋：《养生随笔》，上海书店1981年版。

（清）曹雪芹、高鹗：《红楼梦》，人民文学出版社1973年版。

（清）曹雪芹：《红楼梦》，广文书局1973年版。

（清）曹雪芹：《红楼梦》，周汝昌汇校，人民出版社2006年版。

（清）曾国藩：《曾国藩文集》，京华出版社1999年版。

（清）曾朴撰：《孽海花》，三民书局2005年版。

（南宋）陈旉：《农书集注》，万国鼎集注，农业出版社1965年版。

陈馥丹：《中国婆媳关系初探》，《社会心理科学》2011年第9期。

（明）陈继儒：《读书镜》，《丛书集成初编》，商务印书馆1936年版。

陈丽霞：《历史视野下的温州人地关系研究》，浙江大学出版社2011年版。

陈奇猷校注：《韩非子集释》，河洛图书出版社1974年版。

陈文华：《论农业考古》，江西教育出版社1990年版。

（宋）程颢、程颐撰：《二程遗书》，上海古籍出版社 1992 年版。

（清）褚人获：《隋唐演义》，上海古籍出版社 1981 年版。

（清）褚人获：《隋唐演义》，世界书局 1985 年版。

崔应令：《婆媳关系与当代乡村和谐家庭的构建》，《武汉大学学报》（哲学社会科学版）2007 年第 3 期。

（清）戴璐：《藤阴杂记》，上海古籍出版社 1985 年版。

丁海斌、冷静：《中国古代气象档案遗存及其科技文化价值研究》，《辽宁大学学报》（哲学社会科学）2009 年第 2 期。

东隅逸士编：《飞龙全传》，裴效维校订，宝文堂书店 1982 年版。

（清）杜文澜辑：《古谣谚》，清咸丰间刊本。

（唐）段成式：《酉阳杂俎》，中华书局 1985 年版。

范婷、丁鼎棣：《和合文化的哲学考察与现代价值》，《求索》2009 年第 9 期。

（宋）范晔撰、（唐）李贤等注：《后汉书》，中华书局 1965 年版。

（明）方汝浩编：《禅真逸史》，黄珅校注，三民书局 2017 年版。

（唐）房玄龄等撰：《晋书》，中华书局 1974 年版。

费孝通：《从实求知》，北京大学出版社 1998 年版。

费孝通：《乡土中国 生育制度》，北京大学出版社 1998 年版。

（明）冯梦龙、蔡元放：《东周列国志》，上海古籍出版社 2012 年版。

（明）冯梦龙：《警世通言》，人民文学出版社 1956 年版。

（明）冯梦龙：《醒名花》，《古本小说丛刊》，中华书局 1991 年版。

（明）冯梦龙：《醒世恒言》，人民文学出版社 1956 年版。

（明）冯梦龙改编、（清）蔡元放修订：《东周列国志》，陈先行、李梦生点校，上海古籍出版社 2012 年版。

傅维康：《医药文化随笔》，上海古籍出版社 2001 年版。

傅璇琮主编：《全宋词》，北京大学出版社 1998 年版。

高丙中：《民间风俗志》，上海人民出版社 1998 年版。

高诚鸢：《饮食之道：中国饮食文化的理路思考》，山东画报出版社 2008 年版。

高诚鸢：《食·味·道：华人的饮食歧路与文化异彩》，紫禁城出版社 2011 年版。

［苏］高尔基：《高尔基妙语录》，纹绮编译，甘肃人民出版社 1989

年版。

［日］高楠顺次郎、渡边海旭等监修，《大正新修大藏经·诸宗部三》，新文丰出版公司1983年影印版。

高振兴：《马克思的社会交往理论及其启示》，《延安大学学报》（社会科学版）2010年第5期。

（晋）葛洪撰：《抱朴子》，商务印书馆1937年版。

龚杰：《早期儒家的养生文化》，《哲学与文化》1999年第7期。

谷晓恒：《青海汉语方言谚语的句法结构及语义特征分析》，《青海民族学院学报》2007年第4期。

（清）顾禄：《清嘉录》，上海古籍出版社1986年版。

顾瑞：《渔史文集》，淑馨出版社1992年版。

（齐）管仲著、（唐）房玄龄注：《管子》，台湾中华书局1973年版。

郭凤平、赵忠、邓瑾、胡钢：《〈太平广记〉反映的中国古代森林文化》，《世界林业研究》2006年第3期。

（宋）郭茂倩编：《乐府诗集》，《四部丛刊初编·集部》，商务印书馆1936年版。

（晋）郭璞注：《穆天子传》，《四部丛刊初编·子部》，上海涵芬楼影印藏明天一阁刊本。

（清）郭庆藩：《庄子集释》，王孝鱼点校，中华书局1961年版。

（清）郭小亭：《济公全传》，华夏出版社1994年版。

（清）韩邦庆：《海上花列传》，齐鲁书社1993年版。

韩养民、郭兴文：《中国古代节日风俗》，陕西人民出版社2002年版。

（汉）韩婴：《韩诗外传》，许维遹校释，中华书局1980年版。

何刚：《话语、社交、文化——文化驱动的社会语用视角》，《外语教学理论与实践》2011年第3期。

（魏）何晏注、（宋）邢昺疏：《论语注疏》，北京大学出版社1999年版。

（明）洪楩辑：《清平山堂话本校注》，程毅中校注，中华书局2012年版。

（明）侯一麟、赵士帧：《龙门集》，蔡克骄点校，上海社会科学院出版社2006年版。

（明）侯一元：《乐清县志》（卷三），石印本，国家图书馆藏 1918 年版。

（元）忽思慧：《饮膳正要注释》，尚衍斌、孙立慧、林欢注释，中央民族大学出版社 2009 年版。

胡朴安：《中华全国风俗志》，上海书店 1986 年影印版。

黄光国、胡先缙：《人情与面子：中国人的权力游戏》，中国人民大学出版社 2010 年版。

黄权生、黄勇：《三峡林业谚语中的人树关系及林木栽培探微》，《三峡大学学报》（人文社会科学版）2009 年第 3 期。

（清）黄奭辑：《范子计然》，《丛书集成三编》，艺文印书馆 1972 年版。

（清）黄小配：《廿载繁华梦》，上海古籍出版社 1997 年版。

（唐）黄子发：《相雨书》，《丛书集成初编》（二十五册），新文丰出版公司 1985 年影印版。

（清）嵇璜等撰：《皇朝文献通考》（第六册），上海图书集成局遵武英殿聚珍版校印，1901 年。

（清）纪昀：《阅微草堂笔记》，新兴书局 1977 年版。

（北魏）贾思勰：《齐民要术校释》，缪启愉等校释，明文书局 1986 年版。

江峰：《论"和"与文化养生》，《湖北大学学报》（哲学社会科学版）2006 年第 2 期。

（明）姜清：《姜氏秘史》，《丛书集成续编》，新文丰出版公司 1989 年版。

（明）姜准撰：《岐海琐谈》，蔡克骄点校，上海社会科学院出版社 2002 年版。

（晋）孔晁注：《逸周书集训校释》，商务印书馆 1937 年版。

（明）郎瑛：《七修类稿》，中华书局 1959 年版。

（唐）李百药：《北齐书》，中华书局 1997 年版。

（清）李宝嘉：《官场现形记》，桂冠图书股份有限公司 1984 年版。

（清）李宝嘉：《官场现形记》，世界书局 1956 年版。

李伯重：《江南农业的发展：1620—1850》，王湘云译，上海古籍出版社 2007 年版。

李成文:《中医史》,人民军医出版社 2009 年版。

(明清)李春芳:《海公大红袍传》,伍哂之点校,宝文堂书店 1984 年版。

(周)李耳撰、(晋)王弼注:《老子》,台湾中华书局 1980 年版。

(宋)李昉等编:《太平广记》,上海古籍出版社 1990 年版。

李金梅:《山西方言谚语语义研究》,《语文建设》2014 年第 1 期。

李丽颖、曾芳:《湖南湘乡方言谚语的句法结构分析》,《兰州教育学院学报》2011 年第 2 期。

(唐)李隆基注、(宋)邢昺疏:《孝经注疏》,北京大学出版社 1999 年版。

(清)李绿园:《歧路灯》,李颖点校,中华书局 2004 年版。

李韧:《家风家教与中华民族精神构建》,《光明日报》2014 年 5 月 17 日。

(清)李汝珍:《镜花缘》,张友鹤校注,人民文学出版社 1992 年版。

(唐)李商隐:《李义山诗集》,冯浩注,中庸书局 1965 年版。

(晋)李石撰、(明)吴琯校:《续博物志》,商务印书馆 1936 年版。

李素霞、李延江:《交往手段革命与交往方式变迁》,《河北师范大学学报》(哲学社会科学版) 2006 年第 1 期。

(明)李梴编:《医学入门》,台联国风出版社 1968 年版。

李银河:《生育与村落文化》,文化艺术出版社 2003 年版。

李永匡、王熹:《中国节令史》,文津出版社 1995 年版。

李勇:《百年中国渔文化研究特点评述》,《甘肃社会科学》2009 年第 6 期。

(明)李渔:《李渔全集》,浙江古籍出版社 1991 年版。

练春招:《从客家谚语看客家的家庭观和家庭制》,《福建师范大学学报》(哲学社会科学) 1995 年第 4 期。

梁实秋:《梁实秋谈吃》,北方文艺出版社 2006 年版。

梁永红、吕佳佳:《襄垣方言谚语的文化内涵》,《长治学院学报》2011 年第 1 期。

林国良:《佛典选读》,广西师范大学出版社 2006 年版。

林伦伦:《潮汕方言谚语的文化内涵》,《汕头大学学报》1990 年第 7 期。

林乃燊：《中国饮食文化》，南天书局出版社 1981 年版。

林文镇：《森林文化》，造林协会 1997 年版。

[日] 林野厅：《平成六年林业白书》，日本林业协会发行 1995 年版。

（明）凌濛初：《初刻拍案惊奇》，天津古籍出版社 2004 年版。

（明）凌濛初：《二刻拍案惊奇》，上海古典文学出版社 1957 年版。

（唐）令狐德棻等撰：《周书》，中华书局 1971 年版。

（汉）刘安撰：《淮南子》，上海书店出版社 1959 年版。

（汉）刘安撰、何宁集释：《淮南子集释》，中华书局 1998 年版。

刘桂华：《论中国古代婚恋文化对当代婚姻生活的启示》，《齐鲁学刊》2004 年第 3 期。

刘向辑录：《战国策笺证》，范祥雍笺证，上海古籍出版社 2006 年版。

（汉）刘向撰：《说苑》，湖葛氏传朴堂藏明抄本，商务印书馆 1936 年版。

刘艳平：《定襄方言谚语语义研究》，硕士学位论文，广西师范大学，2011 年。

（清初）刘应棠：《梭山农谱》，王毓瑚校注，农业出版社 1960 年版。

龙应台：《文化是什么，文化在哪里》，《中国社会报》2007 年第 6 期。

娄子匡编辑：《中国民俗志·浙江民俗篇》，东方文化供应社 1970 年版。

陆勤：《扬州方言谚语的句法结构分析》，《扬州教育学院学报》2011 年第 1 期。

逯钦立辑校：《先秦汉魏晋南北朝诗·齐诗卷三》，中华书局 1983 年版。

（明）罗贯中：《粉妆楼》，微风草堂文化事业有限公司 2001 年版。

（明）罗贯中：《三遂平妖传》，北京大学出版社 1983 年版。

（明）罗懋登：《三宝太监西洋记》，华夏出版社 1995 年版。

（战国）吕不韦编撰、王利器注疏：《吕氏春秋注疏》，巴蜀书社 2001 年版。

吕福新等：《浙商的崛起与挑战——改革开放 30 年》，中国发展出版社 2009 年版。

（汉）毛亨传、（汉）郑玄笺、（唐）孔颖达疏：《毛诗正义》，北京大学出版社 1998 年版。

（明）毛晋辑：《六十种曲》，中华书局 1958 年版。

（明）梦觉道人：《三刻拍案惊奇》，西湖浪子辑，北京大学出版社 1987 年版。

牛兵占、肖正权主编：《黄帝内经素问译注》，中医古籍出版社 2003 年版。

（宋）欧阳修、宋祁撰：《新唐书》，中华书局 1975 年版。

潘重规编：《敦煌变文集新书》，中国文化大学中文研究所 1984 年版。

（清）齐召南等纂、（清）李琬等修：《温州府志》，清刊本。

（清）钱泳撰：《履园丛话》，孟斐点校，上海古籍出版社 2012 年版。

（清）秦子忱：《续红楼梦》，北京大学出版社 1988 年版。

（南朝梁）任昉撰：《述异记》，清末刊本。

（宋）沈括：《梦溪笔谈校证》，胡道静校证，上海古籍出版社 2011 年版。

沈善洪：《浙江文化史》，浙江大学出版社 2009 年版。

盛爱萍：《瓯越语语汇研究》，人民出版社 2001 年版。

（明）施耐庵：《水浒传》，人民文学出版社 1973 年版。

（清）石玉昆述、俞樾重编：《七侠五义》，中国书店 1989 年版。

（清）石玉昆述：《七侠五义》，宝文堂书店 1980 年版。

（汉）司马迁：《史记》，中华书局 1959 年版。

（明）宋应星：《天工开物译注》，潘吉星译注，上海古籍出版社 2008 年版。

（宋）苏轼撰、（清）王文诰辑注：《苏轼诗集》，孔凡礼点校，中华书局 1982 年版。

（清）苏与撰：《春秋繁露义证》，钟哲点校，中华书局 1992 年版。

孙海通、王海燕：《全唐诗》，中华书局 1960 年版。

（唐）孙思邈：《千金翼方》，人民卫生出版社 1983 年版。

孙同德：《中国养生术》，中央编译出版社 2008 年版。

（清）孙星衍、孙冯翼辑：《神农本草经》，《丛书集成简编》，台湾商务印书馆 1965 年版。

（清）孙星衍注：《尚书今古文注疏》，广文书局1962年版。

（清）孙诒让撰：《墨子间诂》，北京图书馆出版社2002年版。

（清）孙诒让撰：《墨子间诂》，世界书局1955年版。

（清）孙诒让撰：《墨子间诂》，中华书局2001年版。

（清）贪梦道人：《彭公案》，白莉蓉、张金环点校，齐鲁书社1995年版。

（清）贪梦道人：《彭公案》，上海古籍出版社2011年版。

（宋）陶毅撰：《清异录》，中华书局1991年版。

田学军：《策略社会交往的理论和模式》，《重庆交通大学学报》（社科版）2008年第6期。

（元）脱脱等撰：《宋史》，中华书局1997年版。

[保加利亚]瓦西列夫：《情爱论》，赵永穆等译，生活·读书·新知三联书店1985年版。

（魏）王弼注、（唐）孔颖达疏：《周易正义》，北京大学出版社1999年版。

（魏）王弼注：《老子道德经注校释》，楼宇烈校释，中华书局2008年版。

（魏）王弼注：《周易注》，楼宇烈校释，中华书局1981年版。

（唐）王冰：《黄帝内经》，《四部丛刊初编》，商务印书馆1965年版。

（北宋）王溥：《唐会要》，上海古籍出版社2006年版。

（东汉）王充：《论衡》，上海古籍出版社1990年版。

（东汉）王充：《论衡校释》，黄晖校释，中华书局1990年版。

王纯娟、林君黛、陈丽丽：《从中医观点谈生活起居养生》，《护理杂志》2010年第2期。

王德毅主编：《丛书集成三编》（第五十三册），新文丰出版公司1997年版。

王鸿雁：《汉语谚语的句法形式特点分析》，《广西社会科学》2005年第8期。

王季思主编：《全元戏曲》，人民文学出版社1999年版。

王利：《山西壶关方言谚语的句法、语义、修辞特点分析》，《乐山师范学院学报》2015年第1期。

王仁湘：《民以食为天：中国饮食文化》，台湾中华书局1990年版。

王仁湘：《饮食与中国文化》，人民出版社 1999 年版。

王盛元译注：《孔子家语译注》，上海三联书店 2012 年版。

（明）王士性：《广志绎》，中华书局 1981 年版。

（明）王守仁撰：《王阳明全集》（第十六卷），上海古籍出版社 1992 年版。

王文濡校勘：《古文观止》，台湾中华书局 1961 年版。

王学泰：《华夏饮食文化》，中华书局 1993 年版。

王瓒、蔡芳编：《弘治温州府志》，胡珠生校注，上海社会科学院出版社 2006 年版。

（元）王祯：《农书》，中华书局 1991 年版。

（元）王祯：《农书译注》，缪启愉、缪桂龙译注，齐鲁书社 2009 年版。

王子辉：《饮食探幽》，山东画报出版社 2010 年版。

（吴）韦昭注、（宋）宋庠补点：《国语》，学民文化社 1998 年版。

魏采蘋、屠思华：《吴地服饰文化研究》，中央编译出版社 1996 年版。

（北齐）魏收：《魏书》，中华书局 1974 年版。

（清）魏子安：《花月痕》，世界书局 1969 年版。

温端政：《谚语的语义》，《中国语文》1984 年第 4 期。

温茂兴：《论道教文化对中医调神养生思想的影响》，《贵阳中医学院学报》2006 年第 4 期。

（清）乌有先生订：《绣鞋记》，《中国古代珍稀本小说》，春风文艺出版社 1994 年版。

（明）无名氏著、安遇时编：《包龙图判百家公案》（又名包公案），济南出版社 1997 年版。

（明）吴承恩：《西游记》，岳麓书社 1987 年版。

吴聪贤：《中国农业发展》，中央文物供应社 1984 年版。

吴点明：《周祖农耕文化思想探究》，《甘肃社会科学》2009 年第 6 期。

（清）吴趼人：《二十年目睹之怪现状》，中国文史出版社 2002 年版。

（唐）吴兢撰：《贞观政要》，中华书局 1963 年版。

（清）吴璿：《飞龙全传》，李玉广点校，齐鲁书社 1995 年版。

吴晓铃选注：《合影楼》，《话本选》，人民文学出版社 1984 年版。

（南宋）吴自牧：《梦粱录》，商务印书馆 1939 年版。

（明）西湖渔隐人：《续欢喜冤家》，双笛国际事务有限公司 1994 年版。

（明）西周生：《醒世姻缘传》，袁世硕、邹宗良校注，三民书局 1999 年版。

（清）西子湖伏雌教主编：《醋葫芦》，维思点校，中州古籍出版社 1993 年版。

夏丏尊：《夏丏尊选集》（第三辑），黎明文化事业股份有限公司 1977 年版。

肖群忠：《孝道的生命崇拜与儒家的养生之道》，《哲学与文化》2011 年第 6 期。

（南朝梁）萧统编、（唐）李善注：《李善注昭明文选》，河洛图书出版社 1975 年版。

（梁）萧子显撰：《南齐书》，中华书局 1988 年版。

（明）徐光启：《农政全书》，陈焕良、罗文华校注，岳麓书社 2002 年版。

徐沁君点校：《新校元刊杂剧三十种》，中华书局 1980 年版。

徐水华：《马克思社会交往理论对高校思想政治教育的启示》，《湖北社会科学》2009 年第 11 期。

闫晓宇、刘哲峰：《〈淮南子〉与〈内经〉养生观的研究》，中国医药文化遗产考论，中医古籍出版社 2005 年版。

言岚：《方言谚语的地域文化解读——以醴陵方言谚语为例》，《船山学刊》2009 年第 2 期。

颜长珂：《中国戏曲文化》：中国国际广播出版社 2011 年版。

（南北朝）颜之推撰、王利器集解：《颜氏家训集解》，中华书局 1993 年版。

（西汉）扬雄撰：《輶轩使者绝代语释别国方言》，《丛书集成简编》，台湾商务印书馆 1966 年版。

杨伯峻编：《春秋左传注》，中华书局 1981 年版。

杨风勇：《构建和谐社会的传统文化基础》，《石家庄学院学报》2008 年第 1 期。

杨国斌：《社会阶层论》，中国社会科学院出版社2009年版。

杨家骆主编：《全元杂剧》，世界书局1973年版。

（清）杨屾：《豳风广义》，郑辟疆、郑宗元校勘，农业出版社1970年版。

杨乙丹、何婧云：《浅谈魏晋南北朝时期南北农业文化的交流》，《农业考古》2008年第1期。

杨植民：《农学思想史》，湖南教育出版社2006年版。

杨志林主编：《洞头县志》，浙江人民出版社1983年版。

姚兆余：《中国农耕文化的优良传统及其现代价值》，《甘肃社会科学》2008年第6期。

叶大兵：《温州民俗大全》，新疆人民出版社1998年版。

叶大兵：《浙江民俗》，甘肃人民出版社2002年版。

（清）佚名：《施公案》，上海古籍出版社1993年版。

尹伟伦、严耕：《中国林业与生态史研究》，中国经济出版社2012年版。

永嘉县地方志编纂委员会：《永嘉县志》，方志出版社2003年版。

游建西：《论老庄养生哲学》，《宗教学研究》2006年第1期。

游修龄：《中国稻作史》，中国农业出版社1995年版。

余秋雨：《中国戏剧史》，天下远见出版社2007年版。

喻长霖等纂修：《台州府志》，成文出版社有限公司1936年版。

（唐）元稹、谢永芳：《元稹诗全集》，崇文书局2016年版。

（清）袁枚：《随园食单》，南京出版社2009年版。

（清）云槎外史撰：《红楼梦影》，尉仰茄点校，北京大学出版社1988年版。

张德二主编：《中国三千年气象记录总集》，凤凰出版社2004年版。

张鸿文：《论林业在建设生态文明中的作用》，《林业经济》2008年第6期。

（晋）张华撰：《博物志》，台湾中华书局1978年版。

（清）张杰鑫：《三侠剑》，北京燕山出版社1997年版。

张钧成：《中国古代林业史·先秦篇》，五南图书出版有限公司1995年版。

张聊元主修：《中国民俗志》，东方文化供应社1970年版。

（清）张履祥：《杨园先生全集》，陈祖武点校，中华书局 2002 年版。

张一兵：《生育文化》，北方文艺出版社 1991 年版。

（清）张志聪：《黄帝内经灵枢集注》，孙国中等点校，学苑出版社 2006 年版。

赵杰：《论韩国知识女性的婚恋文化》，《当代韩国》2000 年第 1 期。

赵宗福、梁家胜：《中国人应知的民俗常识》，华北文创 2016 年版。

（汉）郑玄笺、（唐）孔颖达疏：《礼记正义》，北京大学出版社 1999 年版。

（汉）郑玄笺、（唐）孔颖达疏：《周礼注疏》，北京大学出版社 1999 年版。

《中国古代孤本小说集》编写组编：《珍珠舶》，中国文史出版社 1998 年版。

（清）周希陶：《重订增广贤文》，上海古籍出版社 1991 年版。

周志锋：《浙东方言与海洋文化探析》，《绍兴文理学院学报》2009 年第 2 期。

（明）朱伯庐：《朱子治家格言》，上海古籍出版社 1991 年版。

（宋）朱熹注：《论语集注》，艺文印书馆 1980 年版。

（宋）朱熹注：《诗经集注》，世界书局 1943 年版。

（宋）朱熹撰：《孟子集注》，《四书章句集注》，商务印书馆 1948 年版。

（宋）朱熹撰：《四书集注》，景宋忠吴志刻本，中文出版社 1980 年版。

（南朝梁）宗懔：《荆楚岁时记校注》，谭麟校注，湖北人民出版社 1985 年版。

（南朝梁）宗懔：《荆楚岁时记校注》，王毓荣校注，文津出版社 1988 年版。

邹鑫等：《婆媳冲突成因的混合方法研究——质性与量性的结合》，《北京大学学报》（自然科学版）2015 年第 1 期。

后　记

　　本课题的撰写离不开在台湾大学校园里的生活。我于 2017 年 9 月 1 日作为访问学者，来台湾大学语言学研究所进修半年，迄于 2018 年 2 月 28 日。

　　台湾大学校园环境清幽，图书馆藏书宏丰，是一个做学问的好地方。语言研究所教授都是留美留德学者，他们学术视野开阔，知识渊博，他们给我课题的完成提供了很好的启迪。尤其是台湾大学民主、自由与开明的治校学风以及尊师重教的氛围，让我深深感受到学术的昌明。

　　课题原本设计是谚语语言与文化的研究。撰写过程中，发现谚语语言本体部分的研究成果比较成熟，而谚语文化部分的研究往往浮于表面，缺乏学术性。于是，课题在整个撰写中着重突出谚语文化的发掘与整理。对文化的研究，重视文献的搜集与印证。台湾大学图书馆在古文献的收藏方面，真是相当全面，偶有文献缺失，台北图书馆善本书室及其他书库藏书也是异常丰富，这有利于本课题对文化的研究。所以，课题有很多文献是甄别最优版本，脚注当中有很多台湾出版的书籍。课题对每一章节里面的文献，都仔细核对原文，确保与原文献一致。我很欣慰，能有这个难得的机会来台湾大学学习。在此我诚挚地感谢邀请我来访学的台湾大学语言研究所教授江文瑜老师。江教授早年留美读博，后又到日本早稻田大学和美国哈佛大学担任访问学者。江教授还曾担任台湾大学语言学研究所所长，研究领域涵盖譬喻理论、多媒体譬喻、情绪分析、声音象征、社会语言学、认知语言学、跨语言概念比较等。江教授学理通透，思路开明。旁听她给大学本科生开始的《语言学导论》课，收获颇丰。她的课生动有趣，注重师生互动，从未让人感觉到语言课的枯燥与乏味。我也非常感谢台大语言研究所的苏以文教授，为了满足我对同理心语言理论的兴趣，远在美国的她给她的学生写邮件，帮我找来很多难得的电子资源与论文。

　　从去年的 9 月开始，台北就进入了秋季。9 月以来，晴天是少数，这半年算起来有晴的日子不超过 20 天，剩下的时间台北都是在下雨。这六个月以来，我一直孜孜以求地撰写论文，没有丝毫懈怠。绵长的雨季，让我 30 年来都没感觉腰疼的我，长久的坐立使我在雨天都直不起腰来。"冬季来台北来看雨"现在想来不是浪漫，而是实在的生活。这半年的时间匆匆而过，日子虽简单但很充实。其间我们中国胜利召开了十九大，确立了实现中华民族伟大复兴的宏伟方针，这让身处异地的我们群情激昂，满怀信心。就在快结束最后一章节的时候，台湾花莲地区发生强烈地震，统帅饭店倒塌倾斜，云门翠堤大楼倒塌，还有民房坍塌，损失伤亡惨重。不断的余震波及台北，我住的学人公寓大楼，晚上 11 点 50 分左右剧烈摇晃，长达 30 秒，那晚真是睡得惊心。事后，大家感叹"我们是用生命学习"。接下来的日子，时不时半夜被余震惊醒。大家在微信群里，稍有晃动，就互相提醒，还笑言半夜起来牵手逛街去，那份苦中作乐、淡定从容的心态让人感怀求学的不易。

在台湾学习，非常感谢来台湾访学的同事。大家天南海北，来自不同的内地高校，彼此交流着学术方法与心得，这给单调的日子平添了几分悠然。

最后，我也非常感谢我的导师赵振铎先生和雷汉卿教授。赵先生已经 90 岁高龄了，还时常惦记着我在台北的学习与生活，敬祝先生身体康泰，安享晚年！雷教授曾为我的访学不辞辛劳地邮寄推荐函，甚是感激，愿雷先生事业顺利，生活康乐！

此外，我也非常感谢浙江师范大学"江南文化研究中心"给予我研究方言谚语文化的机会，课题不足之处，我将虚心改正！

课题的撰写一定还有很多不足之处，敬请大家批评指正，所有过错我一并承担，虚心学习。

涂海强于台北温州街学人公寓
2018 年 2 月 20 日